"十三五"普通高等教育本科部委级规划教材

国际商务单证实务

GUOJISHANGWU DANZHENG SHIWU SHIWU

许晓冬 刘凡◎主编　刘金◎副主编

国家一级出版社　中国纺织出版社　全国百佳图书出版单位

内 容 提 要

全书分为三大篇：第一篇主要涉及单证理论、贸易磋商与合同订立、贸易流程；第二篇涉及三种主要贸易结算方式，重点是信用证付款方式，从对外贸易实践层面对信用证的审核与操作做了详细阐述；第三篇讲授国际贸易流程中每个环节涉及到的单据的基本理论与制作方法。全书以外贸公司实际发生的业务作为主线，将理论与实践紧密连接，可供从事国际贸易、货运代理相关工作的业务人员学习参考。

图书在版编目（CIP）数据

国际商务单证实务/许晓冬，刘凡主编．—北京：中国纺织出版社，2017.9（2025.7重印）

"十三五"普通高等教育本科部委级规划教材

ISBN 978-7-5180-3849-7

Ⅰ.①国… Ⅱ.①许… ②刘… Ⅲ.①国际商务—票据—高等学校—教材 Ⅳ.①F740.44

中国版本图书馆CIP数据核字（2017）第173618号

策划编辑：曹炳镝　　责任印制：储志伟

中国纺织出版社出版发行
地址：北京市朝阳区百子湾东里A407号楼　邮政编码：100124
销售电话：010—67004422　传真：010—87155801
http://www.c-textilep.com
E-mail: faxing@c-textilep.com
中国纺织出版社天猫旗舰店
官方微博 http://weibo.com/2119887771
北京虎彩文化传播有限公司印刷　各地新华书店经销
2017年9月第1版　2025年7月第4次印刷
开本：710毫米×1000毫米　1/16　印张：22.5
字数：343千字　定价：48.00元

凡购本书，如有缺页、倒页、脱页，由本社图书营销中心调换

高等院校"十三五"部委级规划教材经济管理类编委会

主　任：

倪阳生：中国纺织服装教育学会会长

赵　宏：天津工业大学副校长、教授、博导

郑伟良：中国纺织出版社社长

赵晓康：东华大学旭日工商管理学院院长、教授、博导

编　委：（按姓氏音序排列）

蔡为民：天津工业大学管理学院院长、教授、硕导

郭　伟：西安工程大学党委常委、教授、博导

胡剑峰：浙江理工大学经济管理学院院长、教授、博导

黎继子：武汉纺织大学国际教育学院院长、教授、博导

琚春华：浙江工商大学计算机与信息工程学院院长、教授、博导

李晓慧：北京服装学院教务处处长兼商学院院长、教授、硕导

李志军：中央财经大学文化与传媒学院党总支书记、副教授、硕导

林一鸣：北京吉利学院执行校长、教授

刘晓喆：西安工程大学高教研究室主任、教务处副处长、副研究员

刘箴言：中国纺织出版社工商管理分社社长、编审

苏文平：北京航空航天大学经济管理学院副教授、硕导

单红忠：北京服装学院商学院副院长、副教授、硕导

石　涛：山西大学经济与工商管理学院副院长、教授、博导

王核成：杭州电子科技大学管理学院院长、教授、博导

王进富：西安工程大学管理学院院长、教授、硕导

王若军：北京经济管理职业学院院长、教授

乌丹星：国家开放大学社会工作学院执行院长、教授

吴中元：天津工业大学科研处处长、教授

夏火松：武汉纺织大学管理学院院长、教授、博导

张健东：大连工业大学管理学院院长、教授、硕导

张科静：东华大学旭日工商管理学院副院长、教授、硕导

张芝萍：浙江纺织服装职业技术学院商学院院长、教授

赵开华：北京吉利学院副校长、教授

赵志泉：中原工学院经济管理学院院长、教授、硕导

朱春红：天津工业大学经济学院院长、教授、硕导

PREFACE 前 言

中国加入世界贸易组织已经有十余年时间，中国对外贸易蓬勃发展，外贸对国民经济的促进作用愈来愈明显。单证工作是国际商务的基础性工作，是从业人员的基本技能。国际商务单证又是外贸工作的重要环节，国际商务单据的操作直接影响到企业安全收汇。近年来，国际贸易单证方面的教材很多，但现存的同类教材多为重理论轻实践，重文字描述轻单据操作，造成学生理论联系实际能力薄弱，远远不能适应现代的社会需求。

本书通过对国际贸易流程进行模拟式训练和单据制作训练，让学生掌握涉外工作的基本技能，作为国际贸易专业实践课程体系的强有力的支持，对提高学生的操作水平，提高理论融合实践的能力及实现"创新型、应用型"人才的培养目标具有积极作用。

全书分为三大篇：第一篇主要涉及国际贸易单证的基本理论、贸易磋商与合同订立、贸易流程；第二篇涉及三种主要贸易结算方式，重点是信用证付款方式，从对外贸易实践层面对信用证的审核与操作做了详细阐述；第三篇就国际贸易流程中涉及到的相关单据进行阐述。每一章涉及单据内容、缮制方法与实务操作，理论与实践联系非常紧密。

本教材以国际贸易单证理论为干，以单据为枝，习题、实训为叶，按照进出口贸易流程中单据出单时间先后进行编写。本教材的编写具有以下几个特色：

第一，连贯性和可操作性。本教材依据商务单据制作规范与操作流程，通过一笔业务贯穿整个贸易流程，各个环节紧密相连。各章采用先理论介绍，再分析公司单据业务，最后进行习题训练的模式编写，思路清晰、结构严谨，教与学融会贯通。

第二,突出理论性、应用性与实践性。教材以国际贸易业务为基础,围绕不同的单据业务收集样单,重点阐述各种单据的内容与缮制方法及在制单过程中的注意事项。突出实践环节的各项操作技能,培养学生综合应用能力和运用理论制单的能力。

第三,单证齐全,密切贴近现实。书中选取大量的国际商务单据均来源于外贸公司、银行、货代等机构,实用性、针对性强,对即将从事涉外工作的外贸业务员来说可以迅速掌握制单的方法。

第四,配套习题全面,与职业资格考试联系紧密。全书配有知识链接、单元习题及综合实训,习题以目前热门的国际商务单证职业资格考试题型为基础,无论从理论还是实践方面都能满足教学和实际工作的需要。对有愿望考取单证员、报关员、外销员、报检员等职业资格的人员也有很大帮助。

本书由大连工业大学许晓冬老师主编,负责全书提纲拟定、修改、编纂和定稿。全书具体编写分工如下:许晓冬编写第一章、第二章、第三章、第五章、第七章;刘凡编写第六章、第八章、第九章、第十章;刘金编写第四章、第十一章、第十二章、第十三章及综合习题。

本教材的出版得到 2015 年辽宁省教育科研管理智库项目"基于协同理论视角的高校科研多层多元开放评价机制研究与实践"(ZK2015006)、2016 年辽宁省教育科学"十三五"规划立项课题"校企协同治理下高校'三教融合'人才培养新机制研究"(JG16DB036)、2016 年教育部产学合作专业综合改革等项目的支持。

本教材在编写过程中,借鉴了国内外多位学者的研究成果,在此一并感谢。由于作者水平有限,书中难免存在不足之处,恳请读书批评指正。

CONTENTS 目 录

第一篇 国际商务单证理论概述

第一章 国际商务单证 ···················· 002
 第一节 国际商务单证的内涵与分类 ···················· 002
 第二节 国际商务单证的基本要求 ···················· 005
 第三节 国际商务单证的发展趋势 ···················· 010

第二章 进出口交易程序 ···················· 014
 第一节 交易磋商 ···················· 014
 第二节 书面合同的签订 ···················· 016
 第三节 进出口合同的履行 ···················· 028
 第四节 合同签订操作实务 ···················· 034

第三章 国际贸易术语 ···················· 041
 第一节 国际贸易术语概述 ···················· 041
 第二节 第一类术语 ···················· 050
 第三节 第二类术语 ···················· 060

第二篇 国际结算

第四章 汇付与托收 ···················· 080
 第一节 汇付 ···················· 081
 第二节 托收 ···················· 083

第五章　信用证 ……………………………………………… 092
第一节　信用证概述 ……………………………………… 092
第二节　信用证的当事人及结算程序 …………………… 096
第三节　信用证的内容 …………………………………… 102
第四节　信用证的审核与修改 ……………………………113
第五节　信用证操作实务 …………………………………118

第三篇　国际商务单证制作

第六章　发票与包装单证 …………………………………… 138
第一节　发票 ……………………………………………… 138
第二节　包装单证 ………………………………………… 144
第三节　发票、箱单操作实务 …………………………… 146

第七章　汇票 ………………………………………………… 157
第一节　汇票概述 ………………………………………… 157
第二节　汇票内容与填制 ………………………………… 159
第三节　汇票操作实务 …………………………………… 163

第八章　运输单证 …………………………………………… 167
第一节　海运货物托运单证 ……………………………… 167
第二节　海运提单 ………………………………………… 179
第三节　海运提单操作实务 ……………………………… 194

第九章　保险单证 …………………………………………… 202
第一节　保险单概述 ……………………………………… 202
第二节　保险单的内容 …………………………………… 210
第三节　保险单证操作实务 ……………………………… 215

第十章　原产地证书 ………………………………………… 224
第一节　原产地证书概述 ………………………………… 224
第二节　一般原产地证 …………………………………… 227

目 录

  第三节 普惠制原产地证 …………………………………… 230
  第四节 原产地证操作实务 ………………………………… 236
第十一章 报检单证 ……………………………………………… 245
  第一节 检验检疫概述 …………………………………………… 245
  第二节 货物报检单 ……………………………………………… 254
  第三节 检验检疫证明操作实务 ………………………………… 257
第十二章 进出口货物报关单 ………………………………………… 261
  第一节 进出口货物报关单 ……………………………………… 261
  第二节 报关单操作实务 ………………………………………… 276
第十三章 其他单证制作 ………………………………………………… 280
  第一节 进出口许可证 …………………………………………… 280
  第二节 受益人证明 ……………………………………………… 285
  第三节 装船通知书 ……………………………………………… 287
  第四节 船公司证明 ……………………………………………… 290

综合训练 …………………………………………………………………… 293
  综合训练一 …………………………………………………………… 293
  综合训练二 …………………………………………………………… 299
  综合训练三 …………………………………………………………… 309
  习题答案 ……………………………………………………………… 316

第一篇
国际商务单证理论概述

第一章　国际商务单证

【学习目标】

掌握国际商务单证的基本概念。了解国际商务单证的基本分类,国际商务单证的改革和发展。熟悉国际商务单证工作的意义,国际商务单证工作的基本要求。

【重点与难点】

1. 单证的内涵与分类
2. 国际商务单证工作的基本要求

第一节　国际商务单证的内涵与分类

在国际贸易中,买卖双方订立合同是依据商品的基本属性及合同的各项交易条件,共同达成统一协议。在履行合同的过程中,我们处理的不是实际商品,而是支持商品流转过程中的各种单证。与国内交易不同的是,国际贸易的卖方不是直接将货物交付买方,而是使用一整套单证来代表货物进行交易。单证的流转是不以货物完好为前提,卖方只要提交了符合信用证要求的所有单证,就可以得到议付;买方只要拿到代表货物所有权的提单就可以提货。从某种意义上说,国际贸易处理的并不是实实在在的货物,而是一系列的单证。

根据国际商会的《跟单信用证统一惯例》第600号出版物(简称《UCP600》)的规定:"在信用证业务中,各有关方面当事人处理的是单证而不是有关的货物、服务或其他行为。"即从合同的签订到装运货物、保险、出关等一系列环节都与单证的制作与交接、传递有关。单证是买卖双方付款的依据,是进出口贸易重要的环节。单证的正确、完整与否直接关系到卖方是否能按时收汇,这直接影响到出口企业的经济效益。

第一章　国际商务单证

一、单证的含义

广义的国际商务单证（Documents），是指在国际贸易结算中使用的单证、文件与凭证，在国际货物的交付、运输、保险、商检、报关以及结汇等环节所处理的各种证明文件。而狭义的国际商务单证是指单证和信用证，本书要讲解的是狭义的国际商务单证。

在出口业务中，企业凭借单证来办理货物的交付与收款。进出口贸易合同签订后，在合同履行过程的每一个环节都有相应的单证缮制、组合及运行。出口单证贯穿于企业对出口产品的备货、出入境检验检疫、租船订舱、报关、保险、结汇等出口业务的全过程之中。出口单证，是指在出口贸易中使用的各种单证和证书，凭借这种文件来处理国际货物的交付、运输、保险、商检、结汇等。国际商务单证工作具有工作量大、任务繁杂、时间性强、涉及面广等特点。

二、单证的分类

国际贸易中涉及的单证比较多，不同的贸易方式与结算方式，买卖双方提交的单证也不同。常见的单证有商业单据、运输单据、保险单证和官方单据。

1. 根据贸易双方涉及的单证分类

（1）进口单证：包括进口许可证、信用证、进口报关单、进口合同、保险单等。

（2）出口单证：包括商业发票、汇票、原产地证、出口许可证、包装单证、货运单证、检验检疫证等。

2. 根据单证的性质分类

（1）金融单证：包括汇票（bill of exchange）、本票（promissory of note）、支票（cheque）。

（2）商业单证：包括发票（commercial invoice）、运输单证（shipping documents）等其他非金融类单证。

3. 根据单证的用途分类

（1）资金单证：包括汇票（bill of exchange）、本票（promissory of note）、支票（cheque）。

（2）商业单证：包括商业发票（commercial invoice）、形式发票

（proforma invoice）、装箱单（packing documents）等。

（3）货运单证：包括海运提单（bill of lading）、海运单（SWB）、空运单（AWB）等。

（4）保险单证：包括保险单（insurance policy）、预保单（open cover）、保险证明（insurance certificate）等。

（5）官方单证：包括海关发票（customs invoice）、领事发票（consular invoice）、普惠制原产地证（GSP）、商检证书（inspection certificate）等。

（6）附属单证：包括装运通知（shipping advice）、船籍证明（certificate of vessel's nationality）、受益人证明（beneficiary's certificate）等。

4. 根据业务环节分类

根据业务环节可将单证分为拖运单证、结汇单证、进口单证。

三、国际商务单证工作的意义

1. 国际结算的基本工具

国际贸易主要表现为单证的买卖。在信用证业务中，各有关当事人处理的是单证而不是有关的货物、服务或其他行为。以 CIF 贸易条件成交的合同为例，卖方凭单交货，买方凭单付款，实行单证和付款对流的原则。根据《UCP 600》第 5 条的规定："银行处理的是单证，而不是单证所涉及的货物、服务或其他行为"，尽管在国际贸易中买卖的是货物、服务等，但是在款项的结算中，单证是基础和依据。国际货物买卖已经单证化了，即卖方交付单证就代表交付了货物，买方付款赎取单证就代表买到了货物。

2. 国际商务单证是履行合同的必要手段之一

买卖合同的履行，主要取决于两个方面，即卖方交货与买方付款。而在国际货物交易中，由于买卖双方相隔遥远，在大多数情况下，货物与货款的对流并非直接进行，而必须通过单证来作为交换的手段。国际贸易中使用的单证有两类属性，一类具有货物属性，如提单是物权凭证、保险单是承担货物在运输过程中的风险的说明等。另一类具有货币属性，如汇票、本票和支票，直接代表着货币；信用证为付款的承诺。在国际贸易中，货物与货款的直接交易比较少，主要体现在单证的交付。每种单证都有其特定的功能，它们的签发、组合、流转、交换和应用反映了合同履行的进程，也反映了买卖双方权责的产生、转移和中止。由此可见，单证是完成国际贸易程序不可缺少的手段之一。

3. 企业经营效益的重要体现

在国际贸易业务中,单证工作是为贸易全过程服务的。贸易合同的内容、信用证条款、货源衔接、商品品质、交货数量、运输的安排以及交单议付等业务管理上的问题,最后都会在单证工作上集中反映出来。单证工作是外贸企业经营管理中的一个非常重要的环节,单证工作的优劣直接关系到外贸企业的经营效益。如果单证管理工作出现差错,不能及时交单,会致使客户延迟付款造成利息损失;如果单证制作出现差错,就会导致客户(或银行)拒绝付款,从而造成货款难以收回的损失。由此可见,单证就是外汇,单证工作是外贸企业经营管理的重要环节,正确地缮制出口单证是卖方安全收汇的基础。

4. 政策性很强的涉外工作

国际商务单证的缮制、流转、交换和使用,不仅反映了合同履行的进程,也体现了国际贸易货物交接过程中所涉及的有关当事人的权、责、利关系。当发生争议时,它又是处理索赔和理赔的依据。例如,货物在运输途中发生了保险责任范围内的事故而受损,货方向保险公司提出索赔,保险单就是索赔的依据;在计算赔偿金额时,发票是赔偿的依据。因此,它是重要的涉外法律文件。

同时,国际商务单证作为涉外商务文件,必然要体现国家的对外政策,因此,单证处理必须严格按照国家有关外贸的各项法规和制度办理。例如,进出口许可证就关系到国家对进出口商品的管理,甚至还会牵涉到两国之间的贸易协定。

第二节　国际商务单证的基本要求

在国际贸易中,制单水平的高低事关出口方能否安全、迅速收汇和进口方能否及时接货。在出口商向银行提交全套单证议付时,银行是依据"单单一致、单证相符"的原则进行审核,否则将不予付款。另外,出口商制单的过程还要考虑到与货物的一致性,单证描述要符合商品基本属性。

缮制单证必须符合国际贸易惯例和有关法律法规的规定以及进出双方的

实际需要。其基本要求是正确、完整、及时、简洁和清晰十个字。

一、正确

单证的正确性是外贸制单工作最基本也是最重要的要求,是单证工作的前提,因为离开了正确性,其他要求就无从谈起,不能保证安全收汇。正确是一切单证的前提,要做到"四个一致":

1. 证、同一致

在以信用证为付款方式的交易中,买方开给卖方的信用证,其基本条款应该与合同内容保持一致,否则卖方应要求买方修改信用证,以维护合同的严肃性。

2. 单、证一致

银行在处理信用证业务时应坚持严格相符的原则,卖方提供的单证,即使一字之差,也可成为银行及其委托人拒绝付款的理由。

3. 单、单一致

国际商会《UCP600》规定:"单证之间表面上互不一致者,将被认为表面上不符信用证条款"。例如,货运单证上的运输标志(shipping mark)与装箱单上的运输标志存在差异,银行就可拒绝付款,尽管信用证上并没有规定具体的运输标志。

4. 单、货一致

单证必须真实地反映货物,如果单证上的货物品质、规格、数量与合同、信用证完全相符,而实际发运的货物以次充好或以假乱真,这就有悖于"重合同、守信用"的基本商业准则。尽管在信用证业务中,银行所处理的是单证而不是与单证有关的货物,只要单、证相符,单、单相符,银行就应付款。但如果所装货物不符合合同条款要求,买方在收货检验后仍然有权根据合同向卖方索赔和追偿损失。比如,国外开来的信用证商品名称为"apple wine",但外包装上却写的是"cider",在目的港的海关很难放行。

另外,值得注意的是处理单证必须与有关惯例和法规规定相符合。例如,世界各国银行在信用证业务中,绝大多数都在证内注明按照国际商会的《UCP 600》来解释。银行在审单时,除信用证另有特殊规定外,都是以《UCP 600》作为审单的依据。因此,在缮制单证时,应注意不要与《UCP 600》的规定相抵触。

二、完整

单证的完整性的意义在于信用证规定的各项单证必须齐全,不可缺少,单证的种类、每种单证的份数和单证本身的必要项目都必须完整,避免单证不符。完整性主要体现在以下几个方面:

1. 单证内容要完整

单证本身的内容(包括单证本身的格式、项目、文字、签章、背书等)必须完备齐全,不得有遗漏,否则就不能构成有效文件。比如,信用证要求提供"manually signed commercial invoice"(手签商业发票),如果出口人在商业发票上只盖章不签字,那么银行会因为单证与信用证要求不符而拒付。

2. 单证种类要完整

在国际贸易中,卖方在交银行议付时提交的单证往往是成套的,即意味着不是一个单证。各种所需单证必须齐全,不得短缺。例如,在CIF交易中,卖方除提交发票、提单、保险单等相关单证外,还必须提交一些附属单证,如检验证书、箱单、原产地证、受益人证明等,保证全套单证的完整性。在信用证结算中,卖方提交的单证务必完全与信用证的要求相符。

3. 单证的份数要完整

在信用证中往往对一些重要单证有份数上的要求,提供的单证的份数要避免多或是少。比如,信用证规定:"SIGNED COMMERCIAL INVOICE IN TRIPRICATE"表示卖方所提供的签署的商业发票是三份。

三、及时

国际商务单证在制作过程中往往有时间上的要求,同时一些单证彼此间有次序上的先后。因此这里的及时包含以下几个方面:

1. 及时制单

在国际商务活动中,在不同的环节要缮制不同的单证,及时制单是保证货物托运工作顺利进展和各个相关部门有效衔接的前提。因此,各类单证必须有一个合理可行的出单日期。比如,信用证规定:"SHIPPMENT DURING JULY"意味着卖方的最晚装运期是七月,提单最晚的出单日期应该是7月31日,汇票应在提单签发后或同时出单,但不能晚于议付有效期。汇票在提单签发后,议付有效期前制作好。其他相关单证要在提单签发前制作好。

2. 及时交单

在货物出运后,出口商应立即备妥所有单证及时交单结算,早出运、早交货、早结算可以加速货物和资金的流通,这符合买卖双方的共同利益。在信用证支付方式下,必须在信用证规定的交单日期和信用证的有效期内到银行交单议付。如果信用证没有规定交单日期,则根据《UCP600》的规定,该交单期可理解为运输单证出单日期后21天内,但无论如何必须在信用证的有效期内。超过交单期提交的单证,将招致银行的拒付,给出口商带来损失。例如,信用证中规定:"DOCUMENTS TO BE PRESENTED WITHIN 15 DAYS AFTER THE DATE OF SHIPMENT, BUT WITHIN THE VALIDITY OF THE CREDIT."则意味着,需要在实现装运后的15天内去银行议付,而且议付的时间要在信用证有效期内。

3. 注意出单次序

出单时间的先后必须符合进出口的程序,还必须在信用证规定的出单日期内。例如,运输单证的签单日期不能早于发票、装箱单、检验证书、保险单证的签发日期,否则就不符合逻辑,将被银行拒绝。同时,运输单证的日期不应迟于信用证规定的最迟装运日期,同时又必须在信用证有效期内实现。

四、简洁

单证的内容应力求简洁,避免不必要的烦琐。具体要求单证格式的规范化,内容排列的行次整齐、字迹清晰,纸面洁净,格式美观等。由于各类单证的性质不同,反映的内容也各有侧重。例如,商业发票主要反映出运货物的情况,关于货物的名称、规格、成分等内容就要详细描述;装箱单作为商业发票的补充,主要反映货物装箱情况,因此,包装材料、包装方式及总件数应详尽列明。

五、清晰

主要是指单证表面是否清洁、整齐;布局是否美观、大方;单证上的字迹是否清楚、易认;单证的内容有无更改或涂改等。应尽量避免更改单证的内容,如必须更改,对更改的地方要加盖校对图章。对于一些重要的单证如海运提单、汇票,以及单证的主要项目如金额、数量、重量等不宜改动,如有差错,需要重新制单。

第一章　国际商务单证

知识链接：各种单据出单时间

各种单据的签发日期应符合逻辑性和国际惯例，通常提单日期是确定各种单据日期的关键，汇票应晚于提单、发票等其他单据，但不能晚于L/C的有效期。各单据日期关系如下：

（1）发票日期应在各单据日期之首。

（2）提单日不能超过L/C规定的装运期也不得早于L/C的最早装运期。

（3）保单的签发日应早于或等于提单日期（一般早于提单2日），不能早于发票日期。

（4）箱单应等于发票或迟于发票日期，但必须在提单日期之前。

（5）产地证不早于发票日期，不迟于提单日。

（6）商检证日期不晚于提单日期，但也不过分早于提单日，尤其是鲜货、容易变质的商品。

（7）受益人证明等于或晚于提单日。

（8）装船通知等于或晚于提单日三天内。

（9）船公司证明等于或早于提单日。

例：某深圳出口公司与美国NL公司签署一份工艺品合同，签订时间为2011年6月6日，贸易条件为 CIF NEW YORK，合同规定的装运期为11月，付款方式为不可撤销的即期信用证，提单签发后15天内议付。信用证不迟于10月15日开到卖方。

业务环节	履约时间
签订合同	2011年6月6日
落实信用证	10月30日前催证、审证、改证，议付有效期为12月15日
备货	从2011年6月6日至11月前备货，备货完成于10月8日
制发票、箱单	10月10日至10月31日
租船订舱	做完发票与箱单后，10月31日前租船订舱。装船日拟订11月20日
申请产地证	装船前申请，11月20日前
保险单	装运前7天申报检验。11月13日前申报检验
报关单	货物运抵海关监管区后、装货24小时以前报关。11月19日前报关
提单	11月20日
装船通知	提单签发同时。11月20日
汇票	提单签发后，议付有效期前。11月21日

第三节 国际商务单证的发展趋势

一、国际商务单证的简化

国际贸易的程序非常烦琐，单证的种类很多，形式各异，据联合国有关机构的统计，全世界每年耗于单证的经济支出达几十亿美元，人力的消耗更是不可胜计。美国的国际商务单证委员会曾在这方面作过调查，过去出口一批货物要缮制46种单证，正副本一共几百份，制单需30多个小时，仅单证费用一项就要占货物价值的7.5%。在我国进出口贸易中，各专业进出口公司以及航运、保险、银行、商检、海关等机构业务量高度集中，单证分别缮制，层层复核，往返流转，不仅费时费力，且容易发生差错，影响货物的快速流通和货款的及时结算。综合国内、国外的情况，可见传统的贸易程序和单证方式已经不适应时代的要求，单证形式的简化及单证实现电子化成为必然趋势。

二、国际商务单证的电子化——EDI 无纸贸易

在制单过程中，我们往往要在一些不同的单证上填写共同的信息，如出口商名称、商品名称、数量、装货港、目的港等，每份单证都要填写，每份单证都要审核，这无形中增加了工作量和企业成本。单证的电子化可以很好地解决了这个问题。电子数据交换（Electronic Data Interchange，缩写 EDI）是将贸易、运输、保险、银行和海关等行业的信息，用一种国际公认的标准格式，通过计算机通信网络，使各有关部门、公司与企业之间进行数据交换与处理，并完成以贸易为中心的全部业务过程，也被俗称为"无纸交易"。由于使用 EDI 能有效地减少直到最终消除贸易过程中的纸面单证，减少差错率，是值得推广使用的新方法。

三、单证标准化

单证的电子化就是对传统单证从内容和形式上提出了更高的要求。因此单证的标准化势在必行。联合国于1960年成立了简化贸易单证和单证标准化的 ECE（Economic Commission For Europe）工作组，1972年更名为国际

第一章 国际商务单证

贸易程序化工作组，专门负责这方面工作。目前的单证标准化主要体现在两个方面：一是使用标准的单证格式，二是推广使用国际标准代号和代码。比如，运输标志的标准中规定包含四个内容：收货人代码、目的地、参考号、箱（货）号；国家和地区代码，由2个英文字母组成，如美国为US，英国为GB，中国为CN等；地名代码，由5个英文字母组成，前两个符号代表国名，后三个符号代表地名，如美国纽约为USNYC，中国上海为CNSHG等；货币代号，由3个英文字母组成，前两个符号代表国名，后一个符号代表货币，如美元为USD，人民币为CNY等；标准化日期代码写法，如2011年10月15日写为2011-10-15等。

◇ 单元练习题 ◇

一、单项选择题

1. 单证缮制必须做到正确、完整、及时、简明和整洁，其中（　　）是单证工作的前提。

    A. 正确　　　　B. 完整　　　　C. 及时　　　　D. 简明

2. 各种单证的签发日期应符合逻辑性和国际惯例，通常（　　）日期是确定各单证日期的关键。

    A. 发票　　　　B. 提单　　　　C. 许可证　　　　D. 报关单

3. 各种单证的签发日期应符合逻辑性和国际惯例，通常（　　）日期是议付单证出单最早的时间。

    A. 发票　　　　B. 提单　　　　C. 保险单　　　　D. 报关单

4. 各种单证的签发日期应符合逻辑性和国际惯例，通常（　　）日期是议付单证出单最晚的时间。

    A. 发票　　　　B. 报关单　　　　C. 保险单　　　　D. 汇票

5. 根据联合国设计推荐使用的用英文字母表示的货币代码，如下表述不正确的是（　　）。

    A. CNY65.00　　　B. GBP65.00　　　C. USD65.00　　　D. RMB65.00

6. 在信用证业务中，有关当事方处理的是（　　）。

    A. 服务　　　　B. 货物　　　　C. 单证　　　　D. 其他行为

7. 狭义的单证是指（　　）。

    A. 单证和文件　　　　　　B. 信用证和证书

C. 单证和信用证　　　　　D. 信用证和文件

8. 按照贸易双方涉及的单证划分，进口单证包括（　　）。

　　A. 商业发票　　B. 汇票　　C. 信用证　　D. 产地证

9. ATP 的含义为（　　）。

　　A. 加速贸易付款　B. 加速贸易　C. 加速付款　D. 加速贸易收款

10. 根据联合国推广使用的国际标准，以下日期代码表示正确的是（　　）。

　　A.2015/8/4　　B.2015-08-04　　C.04/08/2015　D.08/04/2015

二、多项选择题

1. 所谓单证是指进口业务中使用的各种（　　），如商业发票和提单等，买卖双方凭借这些单证来处理货物的交付、运输、保险、商检和结汇等。

　　A. 单证　　　B. 证书　　　C. 检验检疫证书　D. 保险单

2. 外贸单证工作主要有（　　）等方面的内容，它贯穿于进口合同履行的全过程。

　　A. 审证　　　B. 制单　　　C. 审单　　　D. 交单

3. 外贸单证工作具有（　　）等特点，必须仔细、认真、及时地做好这项工作。

　　A. 工作量大　　B. 涉及面广　　C. 时间性强　　D. 要求高

4. 单证缮制的具体要求是（　　）。

　　A. 正确　　　B. 完整　　　C. 及时　　　D. 简明和简洁

5. 根据推广使 NNNN 标准，运输标志由（　　）组成。

　　A. 收货人简称　B. 目的地　　C. 合同号　　D. 件号

6. 货运单证包括（　　）。

　　A. 装运通知　　B. 海运提单　　C. 空运单　　D. 船舱证明

7. 制单中"三相符"的要求包括（　　）。

　　A. 单证相符　　B. 单单相符　　C. 单货相符　　D. 货同相符

8. 国际商务单证的工作意义有（　　）。

　　A. 单证是国际结算的工具　　　B. 它是经营管理的重要环节

　　C. 它是企业业务和素质的体现　D. 它是政策性很强的涉外工作

9. 下列选项中哪些是商业单证（　　）。

　　A. 发票　　　B. 运输单证　　C. 契据　　　D. 保险单

10. 随着海运事业的发展，（　　）和（　　）发展成为可以转让的结算单证。

第一章 国际商务单证

A. 提单　　　　B. 海运单　　　C. 大副收据　　　D. 保险单

三、判断题

1. 单证工作能及时反映货、船、证等业务的管理现状，为了杜绝差错事故的发生，避免带来不必要的经济损失，因此必须加强工作责任心。（　）

2. 外贸单证员是指外贸业务履行中，根据销售合同、信用证条款进行缮制和出具各种单证、证书的工作人员。（　）

3. 广义的单证指各种文件和凭证。（　）

4. 在国际结算中，货物是贸易双方进行结算的基础和依据。（　）

5. 从商业观点来看，可以说 CFR 合同的目的不是货物本身，而是与货物有关的单证的买卖。（　）

6. 单证"三相符"中最主要的是"单货相符"。（　）

7. 银行在审单时，如信用证无特殊规定，都是以《UCP600》作为审单的依据。（　）

8. 单证的完整性是指成套单证的群体的完整性。（　）

9. 除交单到期日以外，每个要求运输单证的信用证还应规定一个运输单证出单日期后必须交单付款、承兑的特定期限，银行一般拒收迟于运输单证出单日期 21 天提交的单证。（　）

10. 根据单证的用途可划分为商业单证和银行单证。（　）

四、简答题

1. 请列出国际商务单证的分类标准，并简述由此分类标准所产生的不同类别的单证名称。

2. 在以信用证方式结算的交易中，为什么"单证相符"而不是"单货相符"占首要地位？

3. 在制作出口单证的各项要求中，正确是最重要的一条。"正确"至少包括哪几个方面的内容？

第二章 进出口交易程序

[学习目标]

了解交易磋商的重要性,掌握询盘、发盘技巧。熟悉合同的内容与形式。掌握合同签署的条件。熟悉出口、进口合同履行的主要环节。

[重点与难点]

1. 贸易磋商各个环节
2. 合同签署
3. 贸易流程

第一节 交易磋商

贸易磋商是指交易双方就买卖商品有关条件进行协商的过程。磋商的目的是要订立合同,为此,磋商的结果直接影响着双方的经济利益,须慎重对待。交易磋商主要是通过口头和书面方式进行的,口头磋商是交易双方当面直接协商或通过电话协商;书面协商是交易双方通过信函、电报、电传、电子邮件等通信方式磋商。其内容主要包括:商品名称、品质、规格或花色品种,数量,包装,价格,交货方式、运输方式,付款方式,保险的办理,发生意外的处理以及发生纠纷的处理方式等。其一般程序可概括为询盘、发盘、还盘和接受四个环节。其中,发盘和接受是达成交易的基本环节,是合同成立的必要条件。

一、询盘

询盘(enquiry),又称询价,是指买方为了购买或卖方为了销售货物而向对方提出有关交易条件的询问。其内容可以是只询问价格,也可询问其他一项或几项交易条件,以致要求对方向自己作出发盘。

询盘对于询盘人和被询盘人均无法律上的约束力，而且不是交易磋商的必经步骤。但是它往往是一笔交易的起点。所以作为被询盘的一方，应对接到的询盘给予重视，并及时和适当的处理。询盘时，一般不直接用"询盘"字样，而是用"请告"（please advise）、"请报价"（please quote）等。

二、发盘

发盘（offer），又称发价，在法律上称为"要约"，是买方或卖方向对方提出各项交易条件，并愿意按照这些条件达成交易、订立合同的一种肯定的表示。在实际业务中，发盘通常是一方在收到对方的询盘之后提出的，但也可不经对方询盘而直接向对方发盘。发盘的方式有书面和口头两种，书面发盘包括使用信件、电报、电传和传真。发盘人可以是卖方，也可以是买方。前者称为售货发盘（selling offer），后者称为购货发盘（buying offer），习惯称之为"递盘"（bid）。发盘一般采用的语句如下：发盘（offer）、报价（quote）、递实盘（bid firm；firm bid）等。

一项有效的发盘必须具备以下条件：
（1）发盘应向一个或一个以上特定的人提出。
（2）发盘的内容必须十分确定。
（3）发盘必须表明发盘人对其发盘一旦被受盘人接受即受约束的意思。

在有效期内，发盘人不得任意撤销或修改发盘内容。发盘一经对方在有效期内表示无条件的接受，发盘人将受其约束，并承担按发盘条件与对方订立合同的法律责任。发盘效力的终止的原因一般有：发盘的传递不正常造成的延误、在有效期内未被接受而过时、受盘人拒绝或还盘。

三、还盘

还盘（counter-offer），又称还价，是受盘人对发盘内容不完全同意而提出修改或变更的表示。还盘既是受盘人对发盘的拒绝，也是受盘人以发盘人的地位所提出的新发盘。一方的发盘经对方还盘以后即失去效力，除非得到原发盘人同意，受盘人不得在还盘后反悔，再接受原发盘。

对还盘再作还盘，实际上是对新发盘的还盘。一方发盘，另一方如对其内容不同意，可以还盘。同样地，一方还盘，另一方如对其内容不同意，也可以再还盘。一笔交易有时不经过还盘即可达成，有时要经过还盘，甚至往返多次还盘才能达成。还盘不仅可以对商品价格，也可以对交易的其他条件提出意见。在还盘时，对双方已经同意的条件一般无须重复列出。

四、接受

接受（acceptance），在法律上称"承诺"，是买方或卖方无条件地同意对方在发盘中提出的各项交易条件，并愿按这些条件与对方达成交易、订立合同的一种肯定的表示。一方的发盘经另一方接受，交易即告达成，合同即告订立，双方就应分别履行其所承担的合同义务。表示接受，一般用"接受"（accept）、"同意"（agree）和"确认"（confirm）等术语。

一项有效的接受必须具备以下条件：

（1）接受必须由特定的受盘人作出。

（2）接受必须表示出来。

（3）接受必须是无条件的。接受必须与发盘相符，只接受发盘中的部分内容，或提出有条件的接受，或对发盘条件提出实质性修改等，均不能构成有效接受，而只能视为还盘。

（4）接受必须在发盘规定的有效期内送达发盘人。根据《联合国国际货物销售合同公约》的规定，接受生效之时就是合同成立之时，合同一经订立，买卖双方就存在合同关系，彼此就应受到合同的约束。

以上是交易磋商的一般程序。但值得注意的是，在实际业务中，询盘并不是每笔交易磋商所不可缺少的环节，买方或卖方都可不经对方提出询盘，而直接向对方作出发盘。还盘也不是交易磋商的必经环节，如受盘人接到发盘后，立即接受，那么也不存在还盘；即使受盘人作出还盘，它实际上是对原发盘人作出的一项新的发盘。对还盘作再还盘同样是一项新的发盘。因此，在法律上，发盘和接受是交易磋商不可缺少的两个基本环节。

第二节　书面合同的签订

在交易磋商过程中，一方发盘被另一方接受以后，交易即告成立，买卖双方就构成了合同关系。一方缮制好合同，打印两份，在合同上签字盖章后传递给另一方。另一方签字盖章后返回一份。买卖双方各执一份成为履行合同、及发生争议的依据。

一、书面合同的形式

在国际贸易中，书面合同的形式，没有特定的限制。双方当事人可采用"合同"（Contract）、"确认书"（Confirmation）、"协议"（Agreement），也可采用"备忘录"（Memorandum）等。此外，还有"订单"（Order）和"委托订购单"（Indent）等也有使用。

我国外贸企业一般所采用的书面合同，主要是"合同"和"确认书"。各外贸企业一般都备有固定的格式，达成交易后，按双方商定的条件逐项填写即可。"合同"和"确认书"虽然在格式、条款项目的设立和措词上有所不同，但两者的法律效力是相同的。

（一）合同（Contract）

1. 出口合同（Export Contract）

出口合同是对外贸易企业和外商经过贸易磋商活动就某项商品达成交易后所签订的书面契约。合同明确规定了交易双方的权利和义务，把双方确认的具体交易条件，用文字格式固定下来。出口合同是我国涉外经济合同之一，具有法律效力的文件，也是对外贸易重要的单证之一。出口合同一经签订，双方必须严肃履行。

对外贸易各专业公司所使用的出口合同格式不尽相同，其中有合同（Contract）、售货合同、销售合同（Sales Contract）（见表2-1）等多种名称和式样，实际业务中，买方有时会在双方谈妥交易的所有条件后，直接给卖方发一份定单（Order）。对成交数额或成交批量较大的商品出口或成套机械设备的出口，均应制作正式的出口合同或销售合同；成交数额不大或出口批量小的一般商品出口则多采用销售确认书等。

出口合同的主体即合同的基本条款主要包括商品名称、品质规格、货号、数量、价格条件和货币、单价、金额、包装条款、装运条款、保险条款、付款条件和商检条款、索赔条款、异议条款以及不可抗力和仲裁条款等。其他如合同的转让、合同的修改与变更通知条款以及有些适用于本合同规定的如货款结算前货物所有权的规定，保证和担保的规定，货币保值的规定以及合同签订后增加的费用负担的分摊规定等，均列为主体部分的一般条款作为对合同的补充和说明。

表2-1 销售合同

销售合同
SALES CONTRACT

合同号：
CONTRACT NO. :
日期：
DATE :
签约地点：
SIGNED AT :
卖方（Seller）：_____
地址（Address）：_____
电话（Tel）：_____ 传真（Fax）：_____
电子邮箱（E-mail）：_____
买方（Buyer）：_____
地址（Address）：_____
电话（Tel）：_____ 传真（Fax）：_____
电子邮箱（E-mail）：_____

买卖双方同意就成交下列商品订立条款如下：
Theundersigned Sellers and Buyers have agreed to close the followingtransactions according to the terms and conditions stipulated below :

1. 货物名称及规格（Name of Commodity and Specification ）：
2. 数量（Quantity）：
3. 单价（Unit Price ）：
4. 金额（Amount）：
5. 总值（Total Value）：

数量及总值均得有_____% 的增减，由卖方决定。
With_____% more or less both in amount and quantity allowed at the Seller's option.

6. 包装：
Packing :
7. 装运期限：
Time of Shipment :
收到可以转船及分批装运之信用证_____天内装出。
Within_____days after receipt of L/C allowing transhipment and partial shipment.
8. 装运口岸：
Port of Loading :
9. 目的港：
Port of Destination :

第二章 进出口交易程序

续表

10. 付款条件：开给我方100%不可撤销即期付款及可转让可分割之信用证，并须注明可在上述装运日期后15天内在中国议付有效。

Terms of Payment: By 100% confirmed, Irrevocable, Transferable and Divisible Letter of Credit to be available by

sight draft and to remain valid for negotiation in China until the 15th day after the aforesaid Time of Shipment.

11. 保险：

Insurance：

12. 装船标记：

Shipping Mark：

13. 双方同意以装运港中国进出口商品检验局签发的品质的数量（重量）检验证书作为信用证项下议付所提出单证的一部分。买方有权对货物的品质和数量（重量）进行复验，复验费由买方负担。如发现品质或数量（重量）与合同不符，买方有权向卖方索赔。但须提供经卖方同意的公证机构出具之检验报告。

It is mutually agreed that the Inspection Certificate of Quality (Weight) issued by the China Import and Export Commodity Inspection Bureau at the port of shipment shall be part of the documents to be presented for negotiation under the relevant L/C. The buyers shall have the right to reinspect the Quality and Quality (Weight) of the cargo. The reinspection fee shall be borne by the Buyers. Should the Quality and/or Quantity (Weight) be found not in conformity with that of the contract, the Buyers are entitled to lodge with the Sellers a claim which should be supported by survey reports issued by a recognized Surveyor approved by the Sellers.

14. 备注：

REMARKS：

（1）买方须于____年____月____日前开到本批交易的信用证（或通知卖方进口许可证号码），否则，售方有权不经通知取消本确认书，或接受买方对本合同未执行的全部或一部分，或对因此遭受的损失提出索赔。

The buyers shall have the covering Letter of Credit reach the Sellers (or notify the Import. License Number) before_____, otherwise the Sellers reserve the right to rescind without further notice or to accept whole or any part of this Sales Confirmation not fulfilled by the Buyers, or to lodge a claim for losses this sustained of any.

（2）凡以CIF条件成交的业务，保额为发票的110%，投保险别以本售货确认书中所开列的为限，买方要求增加保额或保险范围，应于装船前经售方同意，因此增加的保险费由买方负责。

For transactions concluded on C.I.F. basis it is understood that the insurance amount will be for 110% of the invoice value against the risks specified in the Sales Confirmation. If additional Insurance amount of coverage is required, the buyers must have the consent of the Sellers before Shipment and the additional premium is to be borne by the buyers.

续表

（3）品质数量异议：如买方提出索赔，凡属品质异议须于货到目的口岸之日起3个月内提出，凡属数量异议须于货到目的口岸之日起15日内提出，对所装运物所提任何异议属于保险公司、轮船公司及其他有关运输机构或邮递机构所负责者，售方不负任何责任。

QUATLITY/QUANTITYDISCREPANCY：In case of quality discrepancey, claim should be filed bythe Buyers within 3 months after the arrival of the goods at port of destination, while of quantity discrepancy, claim should be filed by the Buyers within 15 days after the arrival of the goods at port of destination. It is understood that the Sellers shall not be liable for any discrepancy of the goods shipped due to causes for which the Insurance Company, Shipping Company, other transportation, organization/or Post Office are liable.

（4）本确认书所述全部或部分商品，如因人力不可抗拒的原因，以致不能履约或延迟交货，卖方概不负责。

The Sellers shall not be held liable for failure or delay in delivery of the entire lot or a portion of the goods under this Sales Confirmation on consequence of any Force Majeure incidents.

（5）买方开给售方的信用证上请填注本确认书号码。

The buyers are requested always to quote THE NUMBER OF THIS SALESCONFIRMATION in the Letter of Credit to be opened in favour of the Sellers.

（6）仲裁：凡因本合同引起的或与本合同有关的争议，均应提交中国国际经济贸易仲裁委员会华南分会，按照申请仲裁时该会实施的仲裁规则进行仲裁，仲裁裁决是终局的，对双方均有约束力。

ARBITRATION：Any dispute arising from or in connection with this Sales Confirmation shall be submitted to China International Economic and Trade Arbitration Commission （CIETAC）, South China Sub-Commission for arbitration in accordance with its rules in effect at the time of applying for arbitration. The arbitral award is final and binding upon both parties.

（7）本合同用中英文两种文字写成，两种文字具有同等效力。本合同共____份，自双方代表签字（盖章）之日起生效。

This Contract is executed in two counterparts each in Chinese and English, each of which shall deemed equally authentic. This Contract is in_____copies, effective since being signed/sealed by both parties.

卖方：_____	买方：_____
（签字）	（签字）
Seller：_____	Buyer：_____
（Signature）	（Signature）

出口合同的圆满执行，除了及时组织货源以外，主要靠运输和结汇单证来实现。而运输和制单工作能否顺利进行，又与合同条款的订立有着密切的关系。在签订合同时除了应该考虑买方的要求外，更要认真考虑我方履约的

第二章 进出口交易程序

可能性。因此,出口合同的正确签订是顺利组织出口运输和有利于制单结汇的基本保证。

2. 进口合同(Import Contract)

进口合同又称"购货合同"(Purchase Contract),是订购进口商品应签订的合同。进口合同的形式分条款式和表格式,一般由买方根据交易磋商的具体情况拟定条款式或填写固定格式的书面合同,经卖方核对无误后签字生效,其内容与出口合同大致相同。

(二)确认书(Confirmation)

确认书是一种简略的合同形式,其内容较销售合同简单。确认书虽与正式合同在格式、条款项目的说明上有繁简之分,在措词上两者也有所不同,但作为契约的主体的交易条件都应是完整、明确、一致的,而且确认书一经交易双方签字后就具有与合同同等的法律效力。

确认书一般适用于金额不大、批数较多的出口商品交易。外贸企业单位均有自印的固定格式的确认书,经过磋商达成交易后,由业务人员将双方给妥的各项条件,逐项填入,经双方负责人签字,即成为具有约束力的法律文件,双方据此遵守执行。

从国际贸易的双方来说,确认书有销售确认书(Sales Confirmation)和购货确认书(Purchase Confirmation)。销售确认书(Sales Confirmation)是买卖双方在通过交易磋商达成交易后,是由卖方出具并寄给双方加以确认的列明达成交易条件的书面证明,经买卖双方签署的确认书,是法律上有效的文件,对买卖双方具有同等的约束力。在国际贸易中常简写为:S/C。(见表2-2)

表 2-2

销售确认书 SALES CONFIRMATION				
卖方 SELLER：		编号 NO.：		
^	^	日期 DATE：		
^	^	地点 SIGNED IN：		
买方 BUYER：				
^	^			
买卖双方同意以下条款达成交易： This contract Is made by and agreed between the BUYER and SELLER, in accordance with the terms and conditions stipulated below.				
1. 品名及规格 Commodity & Specification	2. 数量 Quantity	3. 单价及价格条款 Unit Price & Trade Terms		4. 金额 Amount
总额 Total：				
允许 With	溢短装，由卖方决定 More or less of shipment allowed at the sellers' option			
5. 总值 Total Value				
6. 包装 Packing				
7. 唛头 Shipping Marks				
8. 装运期及运输方式 Time of Shipment & means of Transportation				
9. 装运港及目的地 Port of Loading & Destination				
10. 保险 Insurance				
11. 付款方式 Terms of Payment				

第二章 进出口交易程序

续表

12. 备注 Remarks	
The Buyer	The Seller
（signature）	（signature）

二、书面合同的基本内容

在国际贸易的实际业务中，买卖双方通常需要将双方磋商的内容签订成固定格式的书面合同。正式书面合同的内容随其使用的形式和名称的不同而异，但其基本内容大体相同，一般可分为约首、本文和约尾三个部分。

约首是合同的序言部分，包括合同的名称、编号、缔约依据、缔约日期、缔约地点、当事人名称和地址等。

本文是合同的主体，列明合同的各项交易条款，包括货物的名称、品质、数量、包装、价格、交货、支付、保险、商品检验、索赔、不可抗力、仲裁等条款。凡可适用于各笔交易的共同性条款，通常均以"一般交易条件"（General Terms and Conditions）的形式事先印制在合同的背面。

约尾是合同的尾部，主要是合同的份数、合同所使用的文字效力、缔约人的签字等。有的合同还在尾部订明生效条件以及合同适用的法律和惯例等。

书面合同的内容应符合我国的政策、法律、国际贸易惯例和有关国际条约的规定和要求，并做到内容完备、条款明确、严谨、前后衔接一致，与双方当事人通过发盘和接受所取得的协议相符。

三、合同条款

1. Quality Clause 品质条款

品名、规格及约定品质的决定方式及其时间和地点。

2. Quantity Clause 数量条款

包括约定数量单位、交付数量的决定时间和地点，以及溢短装数量的解决办法等。

3. Price Clause 价格条款

包括价格种类、结构、使用货币计算单位以及币值或价格变动风险的归宿等。

4. Packing Clause 包装条款

包括包装的方式、方法、包装的材料以及唛头等。

5. Delivery Clause 交货期

包括交货时间、地点、交货方式、交货通知等。

6. Payment Clause 支付条款

包括支付方式、支付工具以及支付时间等。

7. Insurance Clause 保险条款

包括由何方保险、投保险别、金额与货币约定保险人等。

8. Inspection Clause 检验条款

包括项目、检验时间与地点、检验机构、检验方法、检验效力及费用的负担等。

9. Claim Clause 索赔条款

包括索赔的期限及其通知方法，应提出的证明文件、索赔货物和付款的关系，以及解决索赔的基本原则。

10. Arbitration Clause 仲裁条款

包括范围、地点、仲裁机构及其费用的负担等。

11. Force Majeure Clause 不可抗力条款

包括不可抗力事故的原因，通知时间和方法，应提出的文件，以及免责事项等。

12. Breach and Cancellation of Contract Clause 违约及解除契约权条款

包括违约的处理方法、解约事由和解约后的赔偿等。

13. Miscellaneous Clause 其他条款

依据契约的性质和具体情况，可以包括进出口许可证条款、税捐条款、通知条款、唯一合同条款，以及合同能否转让及其条件等条款。

四、合同填制

1. 合同号码（Contract No.）

合同号码有时写在合同标题之后，即 Contract 的后面，有时则写在其右下方。如果此项空白，就应该在"No."之后由合同撰写人填写按照本公司的规定为合同所编写的序号。

第二章　进出口交易程序

2. 买卖双方的名称和地址（Sellers / Buyers）

合同最上端填写撰写人的名称与地址。TO 后面填写对方的名称与地址。注意不可将买卖双方的名称和地址颠倒。

3. 商品名称（Commodity）

在填写商品名称时，要注意名称的第一个字母要大写。例如：

中文	英文
天空牌羊毛衫	Blue Sky Woolen Sweaters
工作服	Work Clothes
羊毛手工地毯	Hand-made Woolen Carpets
北极羽绒服	North Pole Down

4. 规格（Specifications）

注意不同的商品有不同的规格，不同的商品规格也有不同的表达方法。例如：

中文	英文
货号1234	Art. No. 1234
5675 型	Type No. 5675 / Model No.5675
颜色红、黑、蓝均衡搭配	Colors: red, black and blue equally assorted
每打尺码搭配为小3，中6，大3	S/3, M/6 and L/3 per dozen
500 克听装	In cans of 500 grams

5. 数量（Quantity）

数量通常用数字表示，计量单位用英文单词或缩写。例如：

中文	英文
30 公吨	30 metric tons
100 件	100 pieces
600 打	600 dozen
340 箱	340 cases

6. 单价（Unit Price）

填写单价时要注意完整性。一般包括四个部分：货币单位、价格、计量单位、贸易术语。比如，出口女士衬衫，每件15美元，采用 CIF 贸易术语，包含佣金3%，出口到美国纽约，那么价格条款就表示为 USD 15 per piece CIF3% NEW YORK。

7. 总值（Total Value）

填写总值时，最好用大小写两种写法，即先用数字后用文字。例如，112600美元表示为USD 112600.00（Say US Dollars One Hundred Twelve Thousand Six Hundred Only）。

使用文字时要注意三点：

（1）第一个词用"Say"，最后一个词用"Only"（没有小数时）。

（2）每个单词的第一个字母大写，或者所有字母都大写。

（3）币别也可写在后面（Say One Hundred Twelve Thousand Six Hundred US Dollars Only）。

8. 包装（Packing）

常见的包装表达法有：

（1）"in..."用某物包装，用某种形式装货。例如：

用纸箱子包装：in cartons，散装：in bulk。

（2）"in...of...each"或"in..., each containing..."用某物包装，每件装多少。例如，用纸板箱装，每箱装30打：in cartons of 30 dozen each。

（3）"in...of...each，...to..."用某物包装，每件装多少，若干件装于一大件中。例如，用盒装，每打装一盒，50盒装一木箱：in boxes of a dozen each，50 boxes to a wooden case。

9. 唛头（Shipping Mark）

唛头也叫运输标志。既可以由卖方选定，也可以由买方选定。合同中往往用"at one's option"表示。国际标准唛头包括四个部分：收货人代码、目的港、参考号、箱号或货号。例如：

ORTAI   进口商名称
TSI0601005   参考号
NEW YORK   目的港
C/NO.1-1231   箱号

10. 保险（Insurance）

买卖双方其中一方投保时，往往会按照约定投保。在CIF合同下，卖方负责保险，按信用证要求投保相应的险别，多保或少保，都会影响到合同的履行。投保金额一般为发票金额加成10%，即按110%投保，双方作出规定的除外。

常见的三大基本险别：

FPA（Free From Particular Average）平安险；

WPA（With Particular Average）水渍险；

All Risks 一切险，包含一般附加险。

11. 装运期（Time of Shipment）

填写这一项要注意有关装运的表达法：

（1）某年某月装运：英文要先写月份后再写年份，月份前的介词"in"或"during"加不加均可。例如，2011年5月可写作in May 2011，或May 2011，during May 2011。某月某日前装运往往用"on or before"。比如，on or before DEC 20th，2010，表示2010年12月20日前装运。

（2）转船：在某地转船用介词短语"with transshipment at..."来表示。例如，2011年6月在香港转船 In June 2011 with transshipment at Hong Kong。允许转船的表达为 transshipment allowed，不允许转船的英文表达法是 transshipment not allowed / not permitted / prohibited。

（3）分批装运：分批装运需要具体说明分几批，从何时开始，是否每批等量装运，按月分批还是按季度或星期。英文表达法是 in...equal monthly / weekly / quarterly installments（lot）beginning from... 例如：从8月开始分三批等量装运 in three equal monthly lots beginning from August。允许分批装运的表达为 partial shipment allowed，不允许分批装运的表达为 partial shipment not allowed/ not permitted /prohibited。

12. 装卸港（Port of Shipment & Destination）

装卸港包括装运港（Port of Shipment）和目的港（Port of Destination），也可以用介词短语"from...to..."来表示。例如，自大连至大阪：From DALIAN to OSAKA。

13. 支付条件（Terms of Payment）

支付条款是国际贸易中的重要条款，其英文表达要求严谨准确。表示支付方式的短语用介词"by"引导。付款方式一般有以下几种：

付款交单 payment by document against payment；

承兑交单 payment by document against acceptance；

用信用证支付 payment by letter of credit。

例如，提单签发后30天付款交单 by D/P at 30 days after B/L date，即期

信用证付款 by L/C at sight。

14. 签章

在合同的最下方左右两边买卖双方盖章并签字。

第三节　进出口合同的履行

买卖双方合同的履行过程就是国际商务单证的流转程序，因此进出口双方在此过程中必须注意加强合作，把各项工作做到精确细致，尽量避免工作脱节、单证不一致的情况发生。现从出、进口两个方面分别介绍合同的履行程序。

一、出口合同的履行

目前，我国出口合同大多数为 CIF 合同或 CFR 合同，并且一般都采用信用证付款方式，故在履行这类合同时，必须切实做好货（备货、报验），证（催证、审证、改证），运（托运、报关、保险），款（制单结汇）四个基本环节的工作。同时还应密切注意买方的履约情况，以保证合同最终得以圆满履行（图 2-1）。

1. 签订合同

出口贸易合同通常由卖方根据与买方洽谈的条件，缮制售货确认书（Sales Confirmation），正本一式二份，经买卖双方签章后各执一份，作为合同成立的证据。在函电成交的情况下，则由卖方将缮制的售货确认书寄给买方，要求买方签退一份。

2. 备货

卖方根据合同或售货确认书规定，按时、按质、按量准备好应交的货物，如属现货，可以直接通知仓库或供货厂商办理打包、改装、发货等工作；如属期货，应该与供货单位签订购货协议或以要货单形式向生产部门落实生产，按规定交货。

3. 信用证与出口货源的衔接

我对外贸易多数以信用证为支付方式。信用证开到后，必须经过审核，如内容与合同条款不符，卖方应尽早提请买方更改信用证条款，待信用证改妥后再安排运输工作，并在出运前办理商检报验手续。

第二章 进出口交易程序

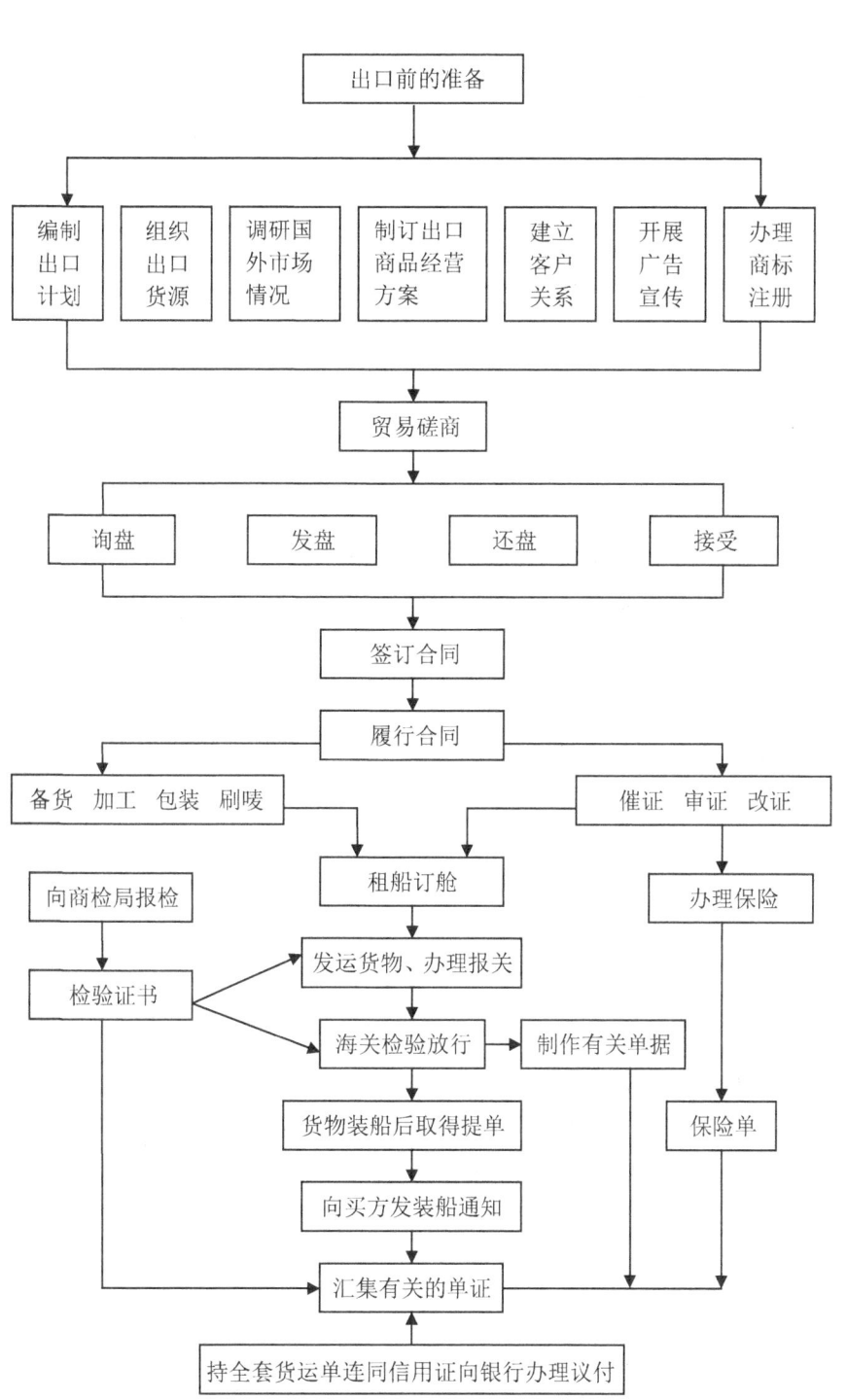

图 2-1 海运出口单证工作程序示意图

4. 商品检验

凡商品的质量列入国家法定检验范围的和合同或信用证订明须由我出口单位提供商品检验局品质检验证明的出口商品，在货物出运前必须向商品检验局申报品质检验，报验的货物应处于打好包、刷好运输标志的状态。商检报验单的格式则商品检验总局统一制定，申报单位按要求填制。如合同、信用证对检验内容具体要求的，可附合同或信用证副本。检验合格后商品检验局按合同或信用证中的具体要求在检验让书上作相应的表述，以符合单、证一致的要求。

5. 缮制商业发票和装箱单证

商业发票载有货物的品名、规格、数量、重量、价格、条款、单价和总价等项目，是出口方的销售凭证，也是买卖双方的结算凭证。它在出口单证中居于中心地位，其他单证中的有关项目多以它为依据，如运输单证有关商品描述的内容就是根据商业发票和装箱单的填写的，保险单证中的投保金额也是根据商业发票金额计算出来的。

装箱单是商品发票的补充单证，商业发票中的计价数量或重量，即是装箱单中数量或重量的汇总数。因此从工作程序上来说，应该是先缮制装箱单证，后缮制商业发票。

6. 缮制出口货物报关单

出口货物报关单是向海关申报出口供海关查验放行的单证，货物出口后有一联（退税联），退回给出口单，作为出口退税的凭证。留在海关的报关单又是海关总署编制出口统计数字的基础资料。

7. 托运、订舱、报关

出口单位委托有权受理对外货运业务的单位办理海、陆、空等出口运输业务叫作托运。出口单位直接或通过货运代理公司向承运单位洽订运输工具叫作订舱。托运或订舱需要提供必要的资料，如货物的名称、标志、件数、毛重、净重、体积、装运期和目的地、可否转运和分批等。

运输工具订妥后，在货物装运前须向海关申报出口，这就是报关。报关时须提供出口货物报关单、出口收汇核销单以及装货单等运输单证，有些商品还须提供出口许可证或商检合格单，来料加工、来件装配业务则须提供海关的"登记手册"。

第二章 进出口交易程序

8. 保险

出口贸易如使用 CIF 价格条款,则应由出口单位办理投保并承担保险费。投保时出口单位须向保险公司填送投保单,保险公司据以缮制和签发保险单。投保手续应在货物离仓向装运场所移动前办理,以避免运输途中货物处于"漏保"的状态。

9. 缮制运输单证

运输单证包括海运提单、陆运和空运运单、邮政运输的包裹收据和汽车运输的承运收据以及多式联运的"联合运输单证"等,这些单证应由承运人缮制,待货物装上运输工具或置于承运人的接管之下,由承运人签发给发货人。

10. 装船通知

按照国际惯例,货物装运后卖方须将装运情况及时通知买方。国际商会《国际贸易术语解释通则》在 FOB、CFR、CIF、FCA、CPT、CIP 等价格条件的卖方责任中都明确规定卖方在货物装运后应无延迟地通知买方。装船通知是卖方的基本义务,使买方及时掌握货运动态,以便对货物的转售、分配、调拨、加工在事先作出适当的安排,对货款的支付及早作好准备。

装船通知一般应采取电讯方式,发出的时间应在货物全部装上运输工具以后,在实际工作中,宁早毋迟,过迟则不仅影响买方接货、付款的准备工作,还有可能贻误买方的及时保险(CFR、FOB、CPT、FCA 等条件下)。如买方因卖方未能及时发出装运通知而蒙受损失,必然会谴责卖方并提出索赔。

11. 审单

尽管各种单证在缮制、签发过程中都经过复核,但在提交银行前仍须把信用证或合同规定的各种出口单证集中起来作一次全面性的审核。审核全套单证是否完备。单单之间、单证之间是否相符,单证份数是否满足信用证要求,单证上的签字盖章是否齐全等,以确保单证质量的绝对可靠。

12. 交单、议付、结汇、核销

出口单位将信用证规定的单证及需要的份数在规定的期限内提交议付银行叫作交单。议付银行在保留追索权的条件下购买信用证受益人出具的汇票及其单证叫作议付。出口单位将所得的外汇按照外汇牌价卖给银行叫作结汇。交单、议付、结汇是出口单位通过银行办理国际结算的必要程序,远期汇票须在付款承兑到期后方可收汇,但如银行同意扣息贴现,也可在交单后由银行议付结汇。

二、进口合同的履行

目前我国进口合同大多以 FOB 条件成交，以信用证方式结算货款。履行这类进口合同的一般程序是：签订贸易合同、开立信用证、租船订舱、装运、办理保险、审单付款、接货报关、检验、索赔等事项，进口商应与各有关部门密切配合，逐项完成（图 2-2）。

1. 签订贸易合同

进口贸易多数须先向有关机关申请进口许可证。取得许可证后才能对外正式签约。进料加工、来料加工及补偿贸易等的进口货物也须向有关管理机构提出申请，批准后向海关备案，然后对外签订合同。

2. 开证

以信用证为付款方式的进口贸易，在合同规定的期限内进口单位须按合同条款向开证银行申请开立信用证，并将外汇或外汇额度移存开证银行，经银行审核后将信用证开给卖方。

3. 安排运输工具

大宗商品的进口多采用 FOB 价格条件，应由我进口单位负责安排运输工具。例如，租用船只或飞机到对方港口或机场接运。租船、租机及订舱工作可委托货运代理公司办理，也可自行联系承运单位办理。运输工具落实后应及时发出到船通知，卖方据此做好发货前的准备工作，并与承运人的当地代理人安排装运事宜。

4. 投保

FOB、CFR、FCA、CPT 价格条件者需要我进口单位办理运输保险，卖方有义务在货物发运后将装船通知（Shipping Advice）以电讯方式发给我进口单位，进口单位据以缮制投保单向我方保险公司办理保险。

5. 付款赎单

信用证项下的货运单证经我方银行审核后送交进口单位，再经进口单位审核认可后，银行即对外付款或承兑。托收（如 D/P）项下的货运单证也由银行转寄给我进口单位，但不管是对方的托收银行或是我方的代收银行均不负单证审核之责，进口单位更有必要加强审核。无论信用证或托收，就我国的情况来看，进口单位的审核往往是终局性的。经过审核，如发现单证不符或

第二章 进出口交易程序

有异状,应通过银行及时提出拒付或拒绝承兑的理由。

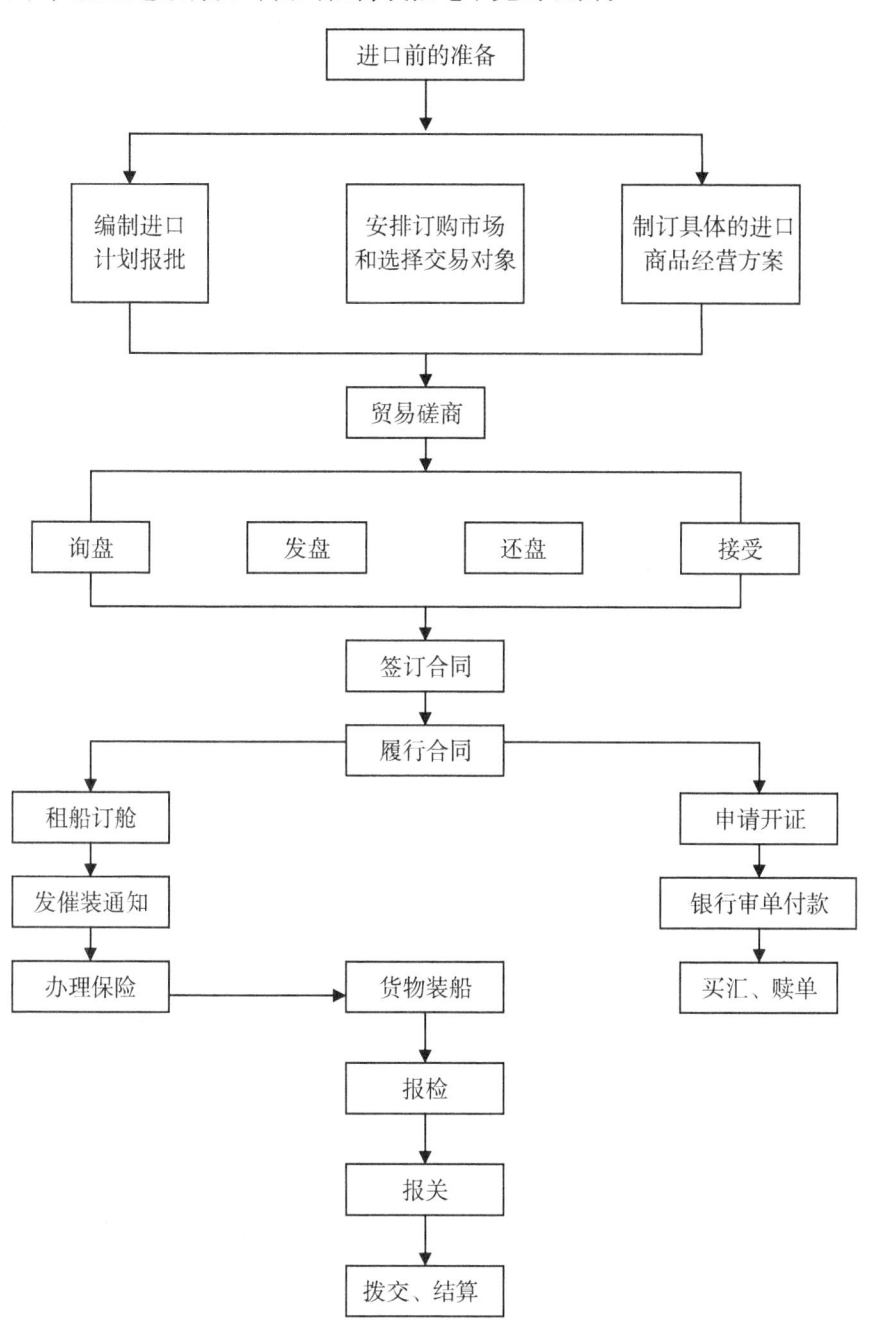

```
                    ┌─────────────┐
                    │  进口前的准备  │
                    └──────┬──────┘
           ┌───────────────┼───────────────┐
           ▼               ▼               ▼
    ┌──────────┐   ┌──────────┐   ┌──────────┐
    │ 编制进口   │   │ 安排订购市场│   │ 制订具体的进口│
    │ 计划报批   │   │ 和选择交易对象│ │ 商品经营方案 │
    └─────┬────┘   └─────┬────┘   └─────┬────┘
          └───────────────┼───────────────┘
                          ▼
                    ┌─────────┐
                    │  贸易磋商 │
                    └────┬────┘
         ┌────────┬──────┴──────┬────────┐
         ▼        ▼             ▼        ▼
      ┌────┐  ┌────┐         ┌────┐   ┌────┐
      │询盘 │  │发盘 │         │还盘 │   │接受 │
      └────┘  └────┘         └────┘   └────┘
                          │
                          ▼
                    ┌─────────┐
                    │  签订合同 │
                    └────┬────┘
                          ▼
                    ┌─────────┐
                    │  履行合同 │
                    └────┬────┘
         ┌────────────────┴────────────────┐
         ▼                                 ▼
    ┌─────────┐                      ┌─────────┐
    │ 租船订舱 │                      │  申请开证 │
    └────┬────┘                      └────┬────┘
         ▼                                 ▼
    ┌─────────┐                      ┌──────────┐
    │发催装通知│                      │ 银行审单付款│
    └────┬────┘                      └────┬─────┘
         ▼                                 ▼
    ┌─────────┐      ┌─────────┐     ┌──────────┐
    │ 办理保险 │─────▶│ 货物装船 │     │ 买汇、赎单│
    └─────────┘      └────┬────┘     └──────────┘
                          ▼
                     ┌────────┐
                     │  报检   │
                     └────┬───┘
                          ▼
                     ┌────────┐
                     │  报关   │
                     └────┬───┘
                          ▼
                     ┌─────────┐
                     │拨交、结算│
                     └─────────┘
```

图 2-2 海运进口单证工作程序示意图

6. 进口报关

货物运达我指定目的地后，进口单位应迅即缮制"进口货物报关单"、贸易合同、进口发票、装箱单和运输单证等副本向进口地海关申报进口，经海关查验单证和货物相符，核定进口关税，进口单位付清关税及相关税费后即可凭正本运输单位据或有关证明向承运单位或其代理提货。

7. 货物到达后的检验工作

货物到达后，进口单位应抓紧时间做好数量和质量的检验工作、属于国家的法定的检验商品必须由商品检验局检验。在合同索赔有效期内取得商检局检验证书、列入国家规定的动植物检疫范围的进口货物，应申请动植物检疫所进行消毒和检疫。货物卸下后发现有残损的，须及时通知保险公司作残损检验并协商索赔和理赔事宜。

8. 索赔

进口货物经过检验后如发现卖方责任的数量短缺或质量不符等情况，须在合同索赔有效期内向卖方提出索赔，索赔时须提供检验证明书和发票、提单等货运单证的副本。

第四节 合同签订操作实务

一、案例背景

拉夫美特公司（LIFEMATE IMPORT AND EXPORT TRADE CO., LTD）是中国专门出口家具的公司。日本日慧公司（RIHUI CORPORATION）与拉夫美特公司曾经有过多次合作，彼此之间有一定了解。2012年2月2日，日慧公司传真了一份订购四门衣柜（家具编号为KSHT-KSH-C017-SMYG）的指示书，要求拉夫美特2012年5月1日之前交货，并回寄样品实拍图片和四门衣柜样品进行确认。

二、贸易蹉商

（1）2012年2月2日，日慧公司发给拉夫美特公司的一封询盘的邮件：
发件人：Irene Wardow
发送时间：2012-02-02 15：26：35

第二章　进出口交易程序

收件人：Liang Wei

主题：place four-door wardrobe

Dear Sirs：

We are very much interested in importing your four-door wardrobe（KSHT-KSH-C017-SMYG）.

We know that you are the famous manufacturer of the items mentioned above. Therefore we would appreciate your sending the pictures of the four-door wardrobe for us to confirm.

We hope you can deliver the goods before 1，May.

Thank you for your corporation.

Yours faithfully.

（2）2012年2月3日，拉夫美特公司发给日慧公司的一封邮件：

发件人：Liang Wei

发送时间：2012-02-03 08：34：28

收件人：Irene Wardow

主题：RE：place four-door wardrobe

Dear Sirs：

We are very pleased to receive the enquiry of Feb. 2nd and enclose our price list giving the details you ask for. Because the market is in great demand, you had better give the best and earliest reply. We also send many pictures of the product that you are interested in by express. We trust you will have confidence when you examine them.

We look forward very much to the pleasure of receiving an order from you.

（3）2012年2月4日日慧公司发来还盘：

发件人：Irene Wardow

发送时间：2012-02-04 13：26：30

收件人：Liang Wei

主题：RE：place four-door wardrobe

Dear Sirs：

Thank you for your letter dated Feb. 3rd. After careful consideration and comparison with other supplier，we find your quotation is really higher. We have corporated for several times and want to deal with you continuously. Please think over our suggestion on price. We look forward to receiving your reply.

（4）2012年2月4日，拉夫美特公司发给日慧公司的一封邮件：

发件人：Liang Wei

发送时间：2012-02-04 16：36：20

收件人：Irene Wardow

主题：RE：place four-door wardrobe

Dear Sirs：

We have received your letter. We are sorry to tell you that the price is the lowest level which leaves us with only the smallest profit. As you know, wages and materials have risen considerably theses days. Considering we are old friends, we have given the best price to you.

（5）2012年2月5日上午，拉夫美特在收到日慧确认回复以后，通知工厂根据日慧公司的指示，提供样品邮寄日慧公司确认。

（6）2012年2月7日，日慧公司收到拉夫美特寄去的四门衣柜的样品及木材样品。

（7）2月9日，日慧公司确认样品及规格合格，要求拉夫美特尽快寄送合同。

三、签订合同

2012年2月12日，经过双方多次磋商，最终以9342元人民币（123245.4日元）每件的价格成交。日慧公司要求拉夫美特公司根据该报价单制作销售合同并传真其会签。

SALES CONFIRMATION

卖方SELLER：拉夫美特进出口贸易有限公司 编号NO.：LM12-19

日期DATE：Feb.12, 2012

买方BUYER：RIHUI CORPORATION

地点SIGNED IN：DALIAN

买卖双方同意以下条款达成交易：

This contract is made by and agreed between the BUYER and SELLER, in accordance with the terms and conditions stipulated below.

第二章 进出口交易程序

1. 商品号 Art No.	2. 品名及规格 Commodity & Specification	3. 数量 Quantity（pcs）	4. 单价及价格条款 Unit Price&Trade Terms（￥JPY）	5. 金额 Amount（￥JPY）
1	LIFEMATE FOUR-DOOR WARDROBE 2.05m × 2.3m × 0.68m/pc	15	CIF TOKYO 123245.4	1848681.00
TOTAL		15		1848681.00
允许 With	溢短装，由卖方决定 More or less of shipment allowed at the sellers' option			

6. 总值 Total Value	1848681.00JPY
7. 包装 Packing	PACKED IN CARTONS
8. 唛头 Shipping Marks	N/M
9. 装运期及运输方式 Time of Shipment& means of Transportation	axAPR.12，2012 BY SEA
10. 装运港及目的地 Port of Loading & Destination	DALIAN TO TOKYO
11. 保险 Insurance 由卖方按发票金额110%投保综合险及战争险按一九八一年一月一日中国人民保险公司海运货物保险及战争险条款负责 Insurance to be effected by the sellers for 110% of Invoice against All Risks and War Risk as per Ocean Marine Cargo and War Clauses of People's Insurance Company of China dated 1/1/1981	
12. 付款方式 Terms of Payment	L/C
The Buyer RIHUI CORPORATION	The Buyer 拉夫美特进出口贸易有限公司

◇单元练习题◇

一、单项选择题

1. 交易磋商的两个基本环节是（　　）。

　　A. 询盘、接受　　B. 发盘、签合同　　C. 接受、签合同　　D. 发盘、接受

2. 某发盘人在其订约建议中加有"仅供参考"字样，则这一订约建议为（　　）。

　　A. 发盘　　　　B. 递盘　　　　C. 邀请发盘　　　　D. 还盘

3. 根据《联合国销售合同公约》规定，合同成立的时间是（　　）。

A. 接受生效的时间　　　　　　B. 交易双方签订书面合同的时间

C. 在合同获得国家批准时　　　D. 当发盘到达受盘人时

4. 根据《联合国销售合同公约》规定，下列哪些为一项发盘必须具备的基本要素（　　）。

A. 货名、品质、数量　　　　　B. 货名、数量、价格

C. 货名、价格、支付方式　　　D. 货名、品质、价格

5. 在下列条件中，（　　）不是构成发盘的必备条件。

A. 发盘的内容必须十分确定　　B. 主要交易条件必须齐全

C. 向一个或一个以上特定的人发盘

D. 主要发盘人承受约束的意旨

6. 发盘的撤回与撤销的区别在于（　　）。

A. 前者发生在发盘生效后，后者发生在发盘生效前

B. 前者发生在发盘生效前，后者发生在发盘生效后

C. 两者均发生在发盘生效前　　D. 两者均发生在发盘生效后

7. 指出下列哪个发盘（　　）有效。

A. 请改报装运期 10 B 复到有效

B. 你 15 日电每公吨 30 英镑 20 复到

C. 你 15 日电可供 100 件参考价每件 8 美元

D. 你 15 日电接受，但以 D/P 替代 L/C

8. 下列哪一项内容的修改不属于实质性变更发盘的内容（　　）。

A. 解决争端的办法　　　　　　B. 数量、支付方式

C. 交货时间和地点　　　　　　D. 要求分两批装运

9. 我国有权签订对外贸易合同的为（　　）。

A. 自然人　　　　　　　　　　B. 法人

C. 法人与自然人　　　　　　　D. 自然人或法人且需取得外贸经营权

10. 根据《联合国国际货物销售合同公约》的规定，发盘和接受的生效采取（　　）。

A. 投邮生效原则　　　　　　　B. 签订书面合约原则

C. 口头协商原则　　　　　　　D. 到达生效原则

二、多项选择题（将正确选项的英文字母填在括号中）

1. 发盘效力终止的原因一般有（　　）。

第二章 进出口交易程序

A. 发盘的传递不正常造成延误　　B. 在有效期内未被接受而过时

C. 受盘人拒绝或还盘

D. 不能控制的因素，如战争、灾难或发盘人死亡、法人破产等

2. 从法律意义上讲，构成一项有效发盘须具备的条件是（　　）。

A. 发盘内容完整明确、无保留　　B. 向公众作出发盘

C. 送达受盘人　　　　　　　　　D. 有明确订约意图

3. 交易磋商的形式有（　　）。

A. 口头谈判　　　B. 信件　　　C. 电报　　　D. 只有 B 和 C 正确

4. 书面合同的基本内容有（　　）。

A. 约首　　　　　B. 基本条款　　C. 约尾　　　D. 附件

5. 构成一项有效接受必须具备的条件是（　　）。

A. 接受必须由合法的受盘人作　　B. 接受必须是无条件的接受

C. 接受必须在发盘有效期内作　　D. 接受的传递方式应符合发盘的要求

6.《联合国销售合同公约》规定，一项已生效的发盘不能撤销的条件是（　　）。

A. 发盘规定了有效期　　　　　　B. 发盘未规定有效期

C. 发盘中明确规定该发盘是不可撤销的

D. 发盘中未表明可否撤销

E. 受盘人有理由相信该发盘不可撤销，并采取了行动

7. "你 10 日电我方接受，但支付条件由 D/P 改为 L/C 即期"该电文是（　　）。

A. 有效接受　　　B. 还盘　　　C. 对原始发盘的拒绝

D. 对发盘表示有条件地接受　　E. 实质性变更发盘条件

8. 在实际进出口业务中，接受的形式用（　　）表示。

A. 行动　　　　　B. 缄默　　　C. 广告　　　D. 口头书面的形式

9. 根据我国《合同法》第十一条规定，"书面形式是指合同书、信件和数据电文等可以有形地表现所载内容的形式"，其中数据电文包括（　　）。

A. 电报、电传　　B. 传真　　　C. 电子数据交换　　D. 电子邮件

10. 我国外贸企业所使用的买卖合同包括（　　）。

A. 正式书面合同　B. 确认书　　C. 协议书　　D. 口头协议

E. 商品目录

11. 签订书面合同是为了（　　）。
   A. 作为合同成立的证据　　　　B. 作为合同生效的条件
   C. 作为合同履行的依据　　　　D. 符合有关法律的规定

12. 促使发盘终止的原因主要有（　　）。
   A. 发盘的有效期届满　　　　　B. 发盘被发盘人依法撤回或撤销
   C. 受盘人对发盘的拒绝或还盘
   D. 发盘人发盘后发生了不可抗力事故或当事人丧失行为能力

13. 在国际贸易中，合同成立的有效条件是（　　）。
   A. 当事人必须具有签订合同的行为能力
   B. 合同必须有对价或约因
   C. 合同的形式和内容必须符合法律的要求
   D. 合同当事人的意思表示必须真实

三、简答题

1. 简述构成发盘的必要条件。
2. 简述发盘效力终止的原因。
3. 简述构成接受的条件。

四、案例分析

1. 我出口公司甲公司向国外乙公司发盘，报价小麦500公吨，每公吨260美元，发盘有效期为6天。乙公司2天后回复电中要求将货物价格降为每公吨240美元。4天后，甲公司将这批小麦卖给了国外丙公司，并在第6天复电乙公司，通知其货已售给其他公司。乙公司认为甲公司违约，要求甲公司赔偿。

请问，甲公司是否应该赔偿乙公司？说明理由。

2. 我方某进出口公司向国外商人询购某商品，不久，我方收到对方8月15日的发盘，发盘有效期至8月22日。我方于8月20日向对方复电："若价格能降至56美元/件，我方可以接受。"对方未作答复。8月21日我方得知国际市场行情有变，于当日又向对方去电表示完全接受对方8月15日的发盘。

问：我方的接受能否使合同成立？为什么？

第三章　国际贸易术语

[学习目标]

了解贸易术语的含义和规范贸易术语的国际惯例，掌握江海运输方式及多种运输方式下的贸易术语的选择。熟练掌握《2010通则》主要贸易术语。

[重点与难点]

1. 贸易术语内含及作用
2. 《2010通则》贸易术语的解释
3. 《2010通则》与《2000通则》的区别

第一节　国际贸易术语概述

一、贸易术语的产生背景

国际贸易中买卖双方既要享受合同赋予的各种权利，同时也要承担合同中规定的各种义务。作为卖方，基本义务是在规定的时间、地点提供符合合同规定的货物，而买方则需及时受领货物并支付货款。然而，由于国际贸易中的交易双方分处两国，相距遥远，所交易的商品在长距离的运输过程中往往需要经过储存、运输、多次装卸等环节，在进出关境时还需要办理进出口清关手续，此外，进出口贸易货物在装、运、卸、贮的整个流转过程中都存在着风险，可能遭受自然灾害、意外事故等。因此，国际贸易中商品的价格远比国内市场所述商品的价格要复杂，除了要表明"价格"外，还要明确货物在交接过程中，有关风险、责任如何划分和费用由谁来承担的问题。交易双方除了在成交时卖方要交货，买方要付款，并各自承担自己控制货物时的风险外，还有许多应该分别承担的责任、费用和风险。例如，租船、订舱和支付运费，办理出口、进口许可证及报关手续，装卸运输出口、进口货物，办理货物运输保险手续等。

有关上述手续由谁办理、费用由谁负责、风险如何划分就成为国际贸易实际业务中交易双方在洽谈交易、订立合同时通过磋商必须加以明确的问题。但是如果在谈判时买卖双方对这些事项逐一进行磋商，就会耗费大量的时间和经费，既降低交易效率和增加交易成本，还可能因考虑不周而造成疏漏事项最终导致合同无法履行甚至产生争议和纠纷。在长期的国际贸易实践中，人们逐渐摸索出一种办法，用一些简短的概念和外文字母缩写来代表贸易双方责任费用及各自义务，并划分相关风险。这就节约了磋商的时间和交易成本，提高了贸易双方的磋商效率；不仅使得合同条款大大简化，而且一旦产生纠纷，只要依据合同中相关规定条款就可有清晰的判定，从而大大促进了国际贸易的顺利开展。

贸易术语具有两重性，即一方面表示交货条件，另一方面表示价格构成因素，特别是货价中所包含的从属费用。每种贸易术语有其特定的含义。各种不同的贸易术语，表示其具有不同的交货条件和不同的价格构成因素，因而买卖双方各自承担的责任、费用与风险，也互不相同。一般地说，卖方承担的责任、费用与风险小，其售价就低；反之，其售价就高。正因为贸易术语有表示价格构成因素的一面，所以人们有时只从价格的角度片面地称之为"价格术语"（Price Terms）。

二、有关贸易术语的国际惯例

国际贸易术语是在贸易实践中逐渐形成的，早在19世纪初，人们就开始在国际贸易中使用贸易术语。但是，由于贸易双方地处不同的国家、在不同的法律规定及不同的风俗习惯文化传统背景下，往往对贸易术语的解释不一致，从而很容易引起双方当事人间的误解、争议甚至是诉讼。为了预防并解决上述问题，一些商业团体、国际组织或学术机构陆续制定颁布了一些解释规则，就贸易中普遍存在的若干重大问题作出通则性的解释、规定。一些解释、规则逐渐被越来越多的国家的商人所认可，开始在国际贸易中使用，从而成为了国际贸易惯例。国际贸易惯例就是长期地在国际贸易中逐渐形成的被人们所承认的具有普遍意义的一些习惯做法和规则。在长期的贸易实践中，国际贸易术语随着贸易发展的需要而不断发展变化，更适应新形势下贸易实践的术语相继产生，那些已经过时的术语被逐渐淘汰，国际贸易惯例的内容

第三章 国际贸易术语

也与此相适应并不断修订。以下就目前在国际上影响较大的三种国际惯例及其发展作一介绍。

(一)《1932年华沙—牛津规则》

《1932年华沙—牛津规则》(Warsaw-Oxford Rules1932)是国际法协会专门为解释CIF合同而制定的,是比较早的关于贸易术语的国际贸易惯例。19世纪中叶,CIF贸易术语开始在国际贸易中得到广泛采用,然而在该术语下买卖双方各自义务并没有统一的规定和解释。因此,1928年国际法协会在波兰召开了华沙会议,制定了CIF方面的惯例,称为《1928年华沙》规则;后经1932年牛津会议完成了比较完整的修订工作,改称《1932年华沙—牛津规则》。在该规则的序言中写道:"本规则是为了对那些愿按CIF条款进行货物买卖但目前缺乏标准合同格式或共同交易条件的人们提供一套可在CIF合同中易于使用的统一规则。"该规则全文共分为21条,对于CIF的性质、买卖方所承担的风险、责任和费用的划分以及所有权转移的方式等问题都作了较为详尽的解释。后来,国际商会将其内容引入了《国际贸易术语解释通则》(以下简称《通则》),随着《通则》的不断修订,对CIF的解释也在不断完善,所以目前大家普遍选用《通则》对CIF的解释,《1932年华沙—牛津规则》实际上已经较少使用。

(二)《1941年美国对外贸易定义修订本》

《1941年美国对外贸易定义(修订本)》以下简称《定义》(Revised American Foreign Trade Definitions 1941)是由美国几个商业团体制定的。1919年美国的九大商务团体制定了《美国出口报价及其缩写条例》,对一些贸易术语的定义作了统一解释,随着贸易习惯和经营做法的演变,在1940年举行的美国第27届全国对外贸易会议上对原有定义作了修改。1941年7月30日,美国商会、美国进口商全国理事会和全国对外贸易理事会所组成的联合委员会正式通过并采用了此项定义,名为《Revised American Foreign Trade Definitions 1941》(《1941年美国对外贸易定义修订本》)并由全国对外贸易理事会发行。它所解释的贸易术语共有6种,分别为:Ex(Point of Origin)(产地交货);FOB(Free on Board)(在运输工具上交货);FAS(Free Along Side)(在运输工具旁边交货);C&F(Co. Ltd., Freight)(成本加运费);CIF(Cost, Insurance and Freight)(成本、保险费加运费);Ex Dock(Named

Port of Importation)（目的港码头交货），分别叙述了在该种报价下买卖双方的责任范围。

1990年经过修订，命名为《1990年美国对外贸易定义修订本》，新的修订本里收录了6种贸易术语，具体包括：原产地交货——EXW（Ex Works）、运输工具上交货——FOB（Free on Board）、运输工具旁边交货——FAS（Free Along Side）、成本加运费——CFR（Cost and Freight）、成本、保险费、运费——CIF（Cost，Insurance，Freight）、目的港码头交货——DEQ（Delivered Ex Quay），其中FOB术语又细分为6种，因此该惯例实际上有11种贸易术语。修订后的《美国对外贸易定义修订本》在形式上和后文提到的《国际贸易术语解释通则》中的术语很接近，不过其中各术语的定义则和《通则》差距甚大，需要在使用中予以注意。

1. 《美国对外贸易定义（修订本）》项下的FOB

1941年《美国对外贸易定义修订本》"Free on Board"译为"运输工具上交货"，这里的运输工具泛指一切运输工具，与《2000通则》中对FOB"船上交货"的定义截然不同。在1941年《美国对外贸易定义修订本》里的FOB术语中，由卖方负责承担货物装上运输工具的费用。1941年《美国对外贸易定义修订本》中的FOB术语划分为6种不同的类型，不同类型在交货地点和合同性质上有很大的差别，因此，这里的FOB术语实际上是6种FOB术语的总称，也就是说，美国的FOB术语实际上不是单指一种术语，而是代表6种不同的贸易术语，具体是：

（1）指定启运地交货（FOB，named inland carrier named inland point of departure）。

（2）在内陆指定的启运地的指定内陆运输工具上交货，运费预付到指定的出口地点（FOB，named inland carrier at named inland point of departure，freight prepaid to，named point of exportation）。

（3）指定内陆启运工具上交货，并扣除至指定地点的运费（FOB，named inland carrier at named inland point of departure，freight allowed to，named point）。

（4）在指定出口地点的指定内陆运输工具上交货（FOB，named inland carrier at named point of exportation）。

（5）指定装运港船上交货（FOB，vessel，named port of shipment）。

第三章 国际贸易术语

（6）进口国指定内陆地点交货（FOB, named inland point in country of importation）。

2. 对《美国对外贸易定义修订本》FOB 的理解

（1）美国惯例把FOB笼统地解释为在某处某种运输工具上交货，其适用范围很广，因此，在同美国、加拿大等国的商人按FOB订立合同时，除必须标明装运港名称外，还必须在FOB后加上"船舶"（Vessel）字样，否则，卖方不负责将货物运到港口并交到船上。

（2）在风险划分上，不是以装运港船舷为界，而是以船舱为界，即卖方负担货物装到船舱为止所发生的一切丢失与损坏。

（3）在费用负担上，规定买方要支付卖方协助提供出口单证的费用以及出口税和因出口而产生的其他费用。

3.《美国对外贸易定义（修订本）》项下的 FAS

《美国对外贸易定义修订本》中的FAS为"Free Along Side"应译为"运输工具旁边交货"，在实际应用时，只有FAS Vessel（…named port of shipment）术语一种，称为"船边交货"术语。《2010通则》中的FAS为"Free Alongside Ship"的缩写，就指"船边交货"。但"FAS Vessel"术语与《2010通则》下的FAS虽然很接近，但仍有区别：

（1）风险与费用分界点不同。按修订本，其风险与费用承担分界点为船边（船已到港时）或码头仓库（船已靠港时），视具体情形而定，而《2000通则》中FAS的风险与费用承担分界点为船边，因此，按FAS Vessel交易时，买方所购买的保险应订明货物存入码头仓库时起投保，它在仓库保管中的风险也由保险公司承保。

（2）《2000通则》中要求在FAS下，卖方负责通关手续并支付与此相关的费用。而修订本中FAS则规定，由买方负责此项义务，当然如果应买方要求，卖方也可协助办理但费用仍由买方负担。

4.《美国对外贸易定义》目前的应用

《美国对外贸易定义》对明确买卖双方权利与义务、简化贸易手续和便利合同的签订与履行等方面，具有积极意义，它曾在南北美洲各国有很大的影响。现在则主要在北美国家如美国、加拿大以及其他一些美洲国家所采用。但是由于它对贸易术语的解释与国际商会的《国际贸易术语解释通则》有明显的差异，所以，在同北美国家进行交易时应加以注意，双方应在合同中予以注明所选贸易术语依据的具体惯例。

由于《美国对外贸易定义》内容与一般解释相差较大,国际间很少采用。随着国际商会制定的《国际贸易术语解释通则》在国际上的影响越来越大,绝大多数国际贸易从业人员都接受了《国际贸易术语解释通则》的解释,美国制定《美国对外贸易定义》的团体已同意不再继续使用该项定义,将尽量采用国际商会制定的《国际贸易术语解释通则》。2004年美国对其《美国统一商法典》(UCC)第2篇中涉及贸易术语部分引入更为通用的Incoterms,以替代其本国定义的贸易术语,其用意在于逐渐统一使用Incoterms。

(三)《国际贸易术语解释通则》

《国际贸易术语解释通则》(以下简称《通则》或Incoterms)的宗旨是为国际贸易中最普遍使用的贸易术语提供一套解释的国际规则,以避免因各国不同解释而出现的不确定性,或至少在相当程度上减少这种不确定性。贸易术语虽然可以使国际贸易磋商更加便捷简化,但是因不同国家对贸易术语的解释不同,合同双方当事人之间互不了解对方国家的贸易习惯,由此引起的误解和纠纷乃至诉讼时有出现,严重阻碍着国际贸易的发展,有一个准确统一的贸易术语解释出版物是很有必要的。

有鉴于此,国际商会于1921年在伦敦举行的第一次大会时就授权搜集各国所理解的贸易术语的摘要。准备摘要的工作是在一个叫作贸易术语委员会的主持下进行的,并且得到各国家委员会的积极协助,同时广泛征求了出口商、进口商、代理人、船东、保险公司和银行等各行各业的意见,以便对主要的贸易术语作出合理的解释,使各方能够共同适用。摘要的第一版于1923年出版,内容包括几个国家对下列几种术语的定义:FOB、FAS、FOT或FOR、Free Delivered、CIF以及C&F。摘要的第二版于1929年出版,内容有了充实,摘录了35个国家对上述6种术语的解释,并予以整理。经过十几年的磋商和研讨,终于在1936年制定了具有历史性意义的贸易条件解释规则。定名为《INCOTERMS 1936》,副标题为《International Rules for the Interpretation of Trade Terms》(《国际贸易术语解释通则》)。通则中言明本规则是"参照各国委员的意见,加以充实或修订。此次修订是根据以下3大原则进行的:1.旨在尽可能清楚而精确地界定买卖双方当事人的义务;2.为期获得商业界广泛采用本规则,以现行国际贸易实务上最普遍的做法为基础而

第三章 国际贸易术语

修订；3.所规定卖方义务系最低限度的义务，因此，当事人在其个别契约中可以本规则为基础，增加或变更有关条件，加重卖方义务，以适宜其个别贸易情况的特别需要。"由于《INCOTERMS 1936》提供了一个可以供各国商人贸易中普遍使用的统一的术语解释，其使用范围日益广泛。

随着新的运输方式和技术不断运用于国家贸易和货物运输，为适应国际贸易实践发展的需要，国际商会先后进行过多次修订和补充。例如，1980年修订本引入了货交承运人（现在为FCA）术语，其目的是适应在海上运输中经常出现的情况，即交货点不再是传统的FOB点（货物越过船舷），而是在将货物装船之前运到陆地上的某一点，在那里将货物装入集装箱，以便经由海运或其他运输方式（即所谓的联合或多式运输）继续运输。在1990年的修订本中，涉及卖方提供交货凭证义务的条款在当事方同意使用电子方式通信时，允许用电子数据交换（EDI）讯息替代纸面单据。

1999年，国际商会广泛征求世界各国从事国际贸易的各方面人士和有关专家的意见，通过调查、研究和讨论，对实行60多年的《通则》进行了全面的回顾与总结。为使贸易术语更进一步适应世界上无关税区的发展、交易中使用电子讯息的增多以及运输方式的变化，国际商会再次对《通则》进行修订，并于1999年7月公布《2000年国际贸易术语解通则》，于2000年1月1日起生效。《INCOTERMS 2000》随之成为包括的内容最多、在国际上应用的范围最广、影响最大的国际贸易术语解释通则。

2011年国际商会（ICC）重新编写的《2010年国际贸易术语解释通则》（INCOTERMS 2010，《2010通则》），是国际商会根据国际货物贸易的发展，对《2000通则》的修订，2010年9月27日公布，于2011年1月1日开始全球实施。第一，《2010通则》较《2000通则》更准确标明各方承担货物运输风险和费用的责任条款，令船舶管理公司更易理解货物买卖双方支付各种收费时的角色，有助于避免现时经常出现的码头处理费（THC）纠纷。第二，《2010通则》考虑到了全球范围内免税区的扩展，商业交往中电子通信运用的增多，货物运输中安保问题关注度的提高以及运输实践中的许多变化。第三，《2010通则》亦增加大量指导性贸易解释和图示，以及电子交易程序的适用方式。第四，《2010通则》更新并加强了"交货规则"——规则的总数从13降到11，并为每一规则提供了更为简洁和清晰的解释。《2010通则》同时也是第一部使得所有解释对买方与卖方呈现中立的贸易解释版本。

需要注意的是，国际商会是国际非政府组织，其成员为不同国家的公司或非政府组织，没有立法权，故其制定的规则没有一般法律具有的强制性特点。其他国际贸易惯例本身也并无法律约束力，只有当买卖双方将其作为买卖合同的一个组成部分时，它才对各有关当事人产生约束力。也就是说，在国际货物买卖中，如果双方当事人在合同中规定采用某项惯例，它对双方当事人就具有约束力。在发生争议时，法院和仲裁机构也可以参照国际贸易惯例来确定当事人的权利与义务。总之，在订立一份国际货物贸易合同时，双方当事人可以充分协商，选择适用国际惯例并写入合同。国际惯例一经选择写入合同即对双方当事人有约束力。

此外，《2010通则》的生效并非意味着《2000通则》就此自动作废。国际贸易惯例在适用的时间效力上并不存在"新法取代旧法"的说法，当事人在订立贸易合同时仍然可以选择适用《2000通则》甚至《1990通则》。

三、贸易术语的分类

国际商会《2010通则》中包括11种贸易术语，并分为两类（见表3-1）：

表3-1

第一类：适用于任一或多种运输方式的规则	第二类：只适用与海运及内河运输的规则
EWX 工厂交货 FCA 货交承运人 CPT 运费付至 CIP 运费及保险费付至 DAT 运输终端交货 DAP 目的地交货 DDP 目的地完税后交货	FAS 船边交货 FOB 船上交货 CFR 成本加运费 CIF 成本、保险费加运费

第一类所包含的七个Incoterms2010术语——EWX、FCA、CPT、CIP、DAT、DAP和DDP，可以适用于特定的运输方式，亦可适用于一种或同时适用于多种运输方式，甚至可适用于非海事运输的情形。但是需要注意，以上规则仅适用于存在船舶作为运输工具之一的情形。

在第二类术语中，交货点和把货物送达买方的地点都是港口，所以只适用于"海上或内陆水上运输"。FAS、FOB、CFR和CIF都属于这一类。这三个术语，删除了以越过船舷为交货标准而代之以将货物装运上船。这更贴切

第三章　国际贸易术语

地反映了现代商业实际且避免了风险在臆想垂线上来回摇摆这一颇为陈旧的观念。

知识链接：《2010通则》新变化

1. 术语结构的变化

《INCOTERMS 2000》将贸易术语按照开头字母划分为E，F，C和D组，共13种，且卖方对买方的责任大小依次排列。此次修订后整合为11种贸易术语，且按照所使用的运输方式划分为两大类，即适用于任何运输方式的七种（EXW、FCA、CPT、CIP、DAT、DAP、DDP）以及适用于水上运输方式的四种（FAS、FOB、CFR、CIF）。

2. 术语义务项目的变化

每种术语项下买卖双方各自的义务虽然仍列出10个项目，但与《INCOTERMS 2000》不同之处是，卖方的每一项目中的具体义务不再"对应"买方在同一项目中相应的义务，而是改为分别描述，并且个别项目内容也有所调整。第1项和第10项改动比《通则2000》明显，尤其是第10项要求卖方和买方分别帮助对方提供包括与安全有关的信息和单据，并因此而向受助方索偿因此而发生的费用。如在EXW项下，卖方协助买方办理出口清关及在DDP项下买方协助卖方办理进口报关等事宜，也包括为另一方清关而获得必要单据所涉及的费用。在第2项中还增加了与安全有关的清关手续。这主要是考虑到美国"9·11"事件后对安全措施的加强。为与此配合，进出口商在某些情形下必须提前提供货物接受安全扫描和检验的信息，这一要求体现在A2/B2和A10/B10中。

3. 新增DAT和DAP两种术语

新版本增加了DAT和DAP两种全新的术语。DAT（Delivered at Terminal）是指在目的地或目的港的集散站交货，"Terminal"可以是任何地点，如码头，仓库，集装箱堆场或铁路、公路或航空货运站等。DAP（Delivered at Place）是指在指定目的地交货。两者的主要差别是，DAT下卖方需承担将货物在目的地或目的港运输工具上卸下的费用；而DAP下卖方只需在指定目的地将货物处于买方控制之下，而无须承担卸货费。

此次增加是通过DAP取代了先前的DAF、DES和DDU三种术语，而DAT取代了先前的DEQ，且扩展至适用于一切运输方式。

4. "船舷"的变化

《INCOTERMS 2000》针对传统的适用于水上运输的主要贸易术语，如FOB、CFR和CIF均规定卖方承担货物的一切风险的界限，在指定装运港越过"船舷"时为止；买方承担货物的一切风险的界限，自指定装运港越过"船舷"时起。

《INCOTERMS 2010》为了与这三种术语中所涉及的风险、费用以及"On Board"（在船上）术语相对称，不再强调"船舷"的界限，只强调卖方承担货物装上船为止的一切风险，买方承担货物自装运港装上船开始起的一切风险。

5. "STRING SALES"（连环贸易）

新版本在指导性说明中，对FAS、FOB、CFR和CIF四种适用水上运输的术语，首次提及String Sales，在CPT和CIP的A3项中也有提及。在大宗货物买卖中，货物常在一笔连环贸易下的运输期间被多次买卖。在连环贸易中，货物由第一个卖方运输，作为中间的卖方则无须装运货物，只因"获得"所装运的货物而履行其义务，因此，新版本对连环贸易下卖方的交货义务作了细化，也弥补了以前版本中在此问题上的不足。

第二节　第一类术语

一、工厂交货（EXW）

EX WORKS（...named place）工厂交货（……指定地）。

（一）EXW术语的含义

"工厂交货"（……指定地点）是指当卖方在其所在地或其他指定的地点[如工场（强调生产制造场所）、工厂（制造场所）或仓库等]将货物交给买方处置时，即完成交货。卖方不需将货物装上任何运输工具，在需要办理出口清关手续时，卖方亦不必为货物办理出口清关手续。

（二）买卖双方的责任与义务

1. 卖方义务

（1）在规定的时间、地点，交付货物。

（2）承担货物交给买方处置之前的一切费用和风险。

（3）提交商业发票或电子数据信息。

2. 买方义务

（1）在规定的时间、地点，受领货物、支付货款。

（2）必须承担在双方约定的地点或在指定地受领货物的全部费用和风险。

（3）自负费用和风险，取得出口和进口许可证或其他官方批准证件，并办理出口、进口的一切海关手续。

（三）使用EXW贸易术语应注意的问题

（1）本条规则与（当事人）所选择的运输模式无关，即便（当事人）选择多种运输模式，亦可适用该规则。本规则较适用于国内交易，对于国际交易，则应选FCA"货交承运人"（……指定地点）规则为佳。

（2）双方都应该尽可能明确指定货物交付地点，因为此时（交付前的）费用与风险由卖方承担。EXW是卖方承担责任最小的术语。

（3）卖方没有义务为买方装载货物，即使在实际中由卖方装载货物可能更方便。若由卖方装载货物，相关风险和费用亦由买方承担。如果卖方在装载货物中处于优势地位，则使用由卖方承担装载费用与风险的FCA术语通常更合适。

（4）买方在与卖方使用EXW术语时应知晓，卖方仅在买方要求办理出口手续时负有协助的义务，卖方并无义务主动办理出口清关手续。因此如果买方不能直接或间接地办理出口清关手续，建议买方不要使用EXW术语。

（5）买方承担向卖方提供关于货物出口之信息的有限义务。但是，卖方可能需要这些用作诸如纳税（申报税款）、报关等目的的信息。

案例分析

某公司按EXW条件出口一批电缆，但在交货时，买方以电缆的包装不适宜出口运输为由，拒绝提货和付款，问：买方的行为是否合理？

1. 买方的行为是不合理的，我方应拒绝。

2. 本案例涉及EXW条件下交货的问题，根据《2000年国际贸易术语解释通则》的规定：在EXW术语中，除非合同中有相反规定，卖方一般无义务提供出口包装，如果签约时已明确该货物是供出口的，并对包装的要求作出了规定，卖方则应按规定提供符合出口需要的包装。

3. 结合本案例，卖方在交货时以电缆的包装不适宜出口运输为由拒绝提货和付款，并没有说不符合合同规定，由此说明，在合同中并无有关货物包装的规定，根据惯例，故买方以此借口拒付货款和提货理由是不充分的。

二、货交承运人（FCA）

Free Carrier（...named place）货交承运人（……指定地点）。

（一）FCA 术语的含义

"货交承运人"是指卖方于其所在地或其他指定地点将货物交付给承运人或买方指定人。建议当事人最好尽可能清楚地明确说明指定交货的具体点，风险将在此点转移至买方。该项规则可以适用于各种运输方式（单独使用的情况），也可以适用于多种运输方式同时使用的情况。

（二）买卖双方的责任与义务

1. 卖方义务

（1）在指定的时间、地点，将符合合同规定的货物置于买方指定的承运人控制下，并通知买方。

（2）承担货物交至承运人控制之前的一切费用和风险。

（3）自负风险和费用，取得出口许可证或其他官方许可，并在需要办理海关手续时，办理与货物出口有关的一切海关手续。

（4）提交商业发票或具有同等作用的电子信息，并且自负费用提供通常的交货凭证。

2. 买方义务

（1）签订从指定地点承运货物的合同，支付运费，并给予卖方有关承运人名称及交货日期和地点的充分通知。

（2）根据买卖合同的规定受领货物，并按买卖合同规定支付货款。

（3）承担受领货物后所发生的一切风险和费用。

（4）自负风险和费用，取得进口许可证或其他官方许可，并在需要办理海关手续时，办理与货物进口有关的一切海关手续。

第三章　国际贸易术语

（三）使用FCA贸易术语应注意的问题

（1）若当事人意图在卖方所在地交付货物，则应当确定该所在地的地址，即指定交货地点。另外，若当事人意图在其他地点交付货物，则应当明确确定一个不同的具体交货地点。

（2）FCA要求卖方在需要时办理出口清关手续。但是，卖方没有办理进口清关手续的义务，也无须缴纳任何进口关税或者办理其他进口海关手续。

（3）在需要办理海关手续时（在必要时/适当时），DAP规则要求应有卖方办理货物的出口清关手续，但卖方没有义务办理货物的进口清关手续，支付任何进口税或者办理任何进口海关手续，如果当事人希望卖方办理货物的进口清关手续，支付任何进口税和办理任何进口海关手续，则应适用DDP规则。

三、运费付至（CPT）

Carriage Paid to（...named place of destination）运费付至（……指定目的地）。

（一）CPT术语的含义

"运费付至……"指卖方在指定交货地向承运人或由其（卖方）指定的其他人交货并且其（卖方）须与承运人订立运输合同，载明并实际承担将货物运送至指定目的地的所产生的必要费用。这一术语无例外地用于所选择的任何一种运输方式以及运用多种运输方式的情况。

（二）买卖双方的责任与义务

1. 卖方义务

（1）自费订立按通常条件，通常路线及习惯方式将货物运至指定目的地约定地点的运输合同，并支付有关运费。

（2）在约定的日期或期限内，将合同规定的货物置于买方指定的第一承运人的控制下，并于交货后充分通知买方。

（3）承担自货物交到承运人控制之前的一切风险和费用。

（4）自担风险和费用，取得出口许可证或其他官方许可，并在需要办理海关手续时，办理货物出口所需的一切海关手续。

（5）提交商业发票，自费向买方提供在目的地提货所用的通常的运输单据，或具有同等作用的电子信息。

2. 买方义务

（1）按照销售合同的规定接受单据、受领货物并支付货款。

（2）承担自货物交至承运人控制之后的一切风险和费用。

（3）自担风险和费用，取得进口许可证或其他官方许可，并在需要办理海关手续时，办理货物进口所需的一切海关手续。

（三）使用CPT贸易术语应注意的问题

此规则有两个关键点，因为风险和成本在不同的地方发生转移。买卖双方当事人应在买卖合同中尽可能准确地确定以下两个点：发生转移至买方的交货地点；在其须订立的运输合同中载明的指定目的地。如果使用多个承运人将货物运至指定目的地，且买卖双方并未对具体交货地点有所约定，则合同默认风险自货物由买方交给第一承运人时转移，卖方对这一交货地点的选取具有排除买方控制的绝对选择权。如果当事方希望风险转移推迟至稍后的地点发生（如某海港或机场），那么他们需要在买卖合同中明确约定这一点。

由于将货物运至指定目的地的费用由卖方承担，因而当事人应尽可能准确地确定目的地中的具体地点。且卖方须在运输合同中载明这一具体的交货地点。卖方基于其运输合同中在指定目的地卸货时，如果产生了相关费用，卖方无权向买方索要，除非双方有其他约定。CPT贸易术语要求卖方，在需要办理这些手续时，办理货物出口清关手续。但是，卖方没有义务办理货物进口清关手续、支付进口关税以及办理任何进口所需的任何海关手续。

四、运费、保险费付至（CIP）

Carriage insurance Paid to（...named place of destination）运费、保险费付至（……指定目的地）。

（一）CIP术语的含义

"运费、保险费付至"的含义是在约定的地方（如果该地在双方间达成一致）卖方向承运人或是卖方指定的另一个人发货，以及卖方必须签订合同和支付将货物运至目的地的运费。卖方还必须订立保险合同以防买方货物在运输途中灭失或损坏风险。该术语可适用于各种运输方式，也可以用于使用两种以上的运输方式时。

第三章 国际贸易术语

（二）买卖双方的责任与义务

与 CPT 相比，采用 CIP 术语时，卖方还要订立保险，支付保险费，其他与 CPT 相同。

（三）使用 CIP 贸易术语应注意的问题

（1）买方应注意到 CIP（运费和保险费付至指定目的地）术语只要求卖方投保最低限度的保险险别。如买方需要更多的保险保障，则需要与卖方明确地达成协议，或者自行作出额外的保险安排。

（2）在 CPT、CIP、CFR 和 CIF 在这些术语下，当卖方将货物交付与承运人时而不是货物到达目的地时，卖方已经完成其交货义务。

（3）由于风险和费用因地点之不同而转移，买卖双方最好在合同中尽可能精确地确认交货地点，风险转移至买方地，以及卖方必须订立运输合同所到达的指定目的地。若将货物运输至约定目的地用到若干承运人而买卖双方未就具体交货点达成一致，则默认为风险自货物于某一交货点被交付至第一承运人时转移，该交货点完全由卖方选择而买方无权控制。如果买卖双方希望风险在之后的某一阶段转移（如在一个海港或一个机场），则他们需要在其买卖合同中明确之。

（4）将货物运输至具体交货地点的费用由卖方承担，因此双方最好尽可能明确在约定的目的地的具体交货地点。卖方最好制定与此次交易精确匹配的运输合同。如果卖方按照运输合同在指定的目的地卸货而支付费用，除非双方另有约定，卖方无权向买方追讨费用。

（5）CIP 术语要求卖方在必要时办理货物出口清关手续。但是，卖方不承担办理货物进口清关手续，支付任何进口关税，或者履行任何进口报关手续的义务。

案例分析

某年 6 月，美国 AG 公司与我方 BF 公司签订瓷具进口合同，价格条件为 CIF San Francisco，支付条件为不可撤销跟单信用证。我方需提供已装船提单等有效单据。之后，BF 公司与某运输公司（承运人）签订了运输合同。9 月初我方将货物备妥并装上承运人派来的货车。由于装运港离内陆较远，途中驾驶员因疲劳发生了意外，错过了信用证规定的装船日期。得到此消息后，

BF公司即刻与AG公司洽商要求将信用证的有效期和装船期延展半个月，并本着诚信原则告知AG公司有两箱瓷具可能受损。AG公司回电称同意延期，但要求货价应降6%。我方回电据理力争，同意受震荡的两箱瓷具降价2%，但认为其余货物并未损坏，不能降价。但AG公司坚持要求全部降价。最终还是我方作出让步，受震荡的两箱降价3%，其余降价2%，为此受到货价、利息等有关损失共计达9万多美元。事后，我方作为托运人又向承运人就有关损失提出索赔。对此，承运人同意承担两箱震荡货物的损失，但利息损失只赔40%，理由是我方修改单证耽误了时间；而且对于货价损失不予理赔，认为这是由于我方单方面与AG公司的协定所致，与其无关。而BF公司则坚持认为货物降价及利息损失的根本原因都在于承运人的过失，其应该全部赔偿。4个月后经多方协商，承运人最终赔偿各方面损失共计4万美元。我方实际损失7万美元。本案采用CIF合同合理吗？倘若该案例中的合同双方当事人采用CIP术语，结果会怎样？

1.CIF术语应用于内陆地区出口的局限性：其一，风险与控制权相分离。卖方向承运人交付货物后，其仍需要向进口方承担货物在越过船舷之前的一切风险，而此时货物的保管、配载、装运等都由承运人来操作，出口方只是对此进行监督，倘若承运人出了差错，即便出口方可以索赔，也将非常麻烦。所以说在这种情况下使用CIF术语存在一定的不合理性。其二，运输单据的限制使得内陆出口方无法在当地交单结汇。已装船提单仅适用于水上运输方式，这在沿海地区的交易中不会有任何问题，然而在内陆地区若需要走陆路，则此时承运人会签发陆运单或陆海联运提单，而不是CIF所要求的已装船提单。这样，只有当货物运至装运港装船后卖方才能拿到已装船提单再进行结汇，这就影响了结汇速度，增加了利息负担。在本案例中，倘若可以凭承运人内地接货后签发的单据在当地交单结汇，就可以避免利息损失。由此可见，CIF术语并不适用于内陆，尤其不适用于那些距离港口较远的内陆地区。

2.事实上，若本案采用CIP条件，结果就会大有不同。这是因为：CIP适用于任何运输方式，卖方可以在出口国境内的任意约定地点交货；交货时，出口方风险与货物的实际控制权同步转移，即风险在交货地点完成交货时即转移给买方；另外，CIP术语下还可以在当地交单结汇，从而缩短结汇时间，提高出口方的资金周转率。

五、运输终端交货（DAT）

Delivered at Terminal（...named place of destination）运输终端交货（……目的地指定地点）。

（一）DAT 术语的含义

"运输终端交货"，是指卖方在指定的目的港或目的地的指定的终点站卸货后将货物交给买方处置即完成交货。"终点站"包括任何地方，无论约定或者不约定，包括码头、仓库、集装箱堆场或公路、铁路或空运货站。卖方应承担将货物运至指定的目的地和卸货所产生的一切风险和费用。此规则可用于选择的各种运输方式，也适用于选择的一个以上的运输方式。

（二）买卖双方的责任与义务

1. 卖方义务

（1）卖方必须在约定的日期或期限内，在目的港或目的地中所指定的终点站，将货物从交货的运输工具上卸下，并交给买方处置完成交货。

（2）卖方必须自付费用订立运输合同，将货物运至指定目的港或目的地的指定终点站。

（3）在必要情况下，卖方必须自担风险和费用，在交货前取得任何出口许可证或其他官方许可，并且在需要办理海关手续时办理货物出口和从他国过境所需的一切海关手续。

（4）卖方必须提供符合销售合同规定的货物和商业发票以及合同可能要求的、证明货物符合合同规定的其他凭证。

2. 买方义务

（1）买方必须根据买卖合同中规定的货物价格履行付款义务。

（2）买方必须自担风险和费用，取得所需的进口许可证或其他官方许可证，并办理货物进口所需的一切海关手续。

（3）自货物已按卖方规定交付时起，买方必须承担货物灭失或损坏的一切风险。

（三）使用 DAT 贸易术语应注意的问题

（1）建议当事人尽量明确地指定终点站，如果可能，（指定）在约定的目的港或目的地的终点站内的一个特定地点，因为（货物）到达这一地点的风险是由卖方承担,建议卖方签订一份与这种选择准确契合的运输合同。

(2)若当事人希望卖方承担从终点站到另一地点的运输及管理货物所产生的风险和费用,那么此时DAP(目的地交货)或DDP(完税后交货)规则应该被适用。

(3)在必要的情况下,DAT规则要求卖方办理货物出口清关手续。但是,卖方没有义务办理货物进口清关手续并支付任何进口税或办理任何进口报关手续。

六、目的地交货(DAP)

Delivered at Place(…named place of destination)目的地交货(……指定目的地)。

DAP是《国际贸易术语解释通则2010》新添加的术语,取代了DAF(边境交货)、DES(目的港船上交货)和DDU(未完税交货)三个术语。

(一)DAP术语的含义

卖方在指定的交货地点,将仍处于交货的运输工具上尚未卸下的货物交给买方处置即完成交货。卖方须承担货物运至指定目的地的一切风险。该规则的适用不考虑所选用的运输方式的种类,同时在选用的运输方式不止一种的情形下也能适用。

(二)买卖双方的责任与义务

DAP卖方是不承担卸货费的,其他与DAT相同。

(三)使用DAP贸易术语应注意的问题

(1)尽管卖方承担货物到达目的地前的风险,该规则仍建议双方将合意交货目的地指定尽量明确。建议卖方签订恰好匹配该种选择的运输合同。如果卖方按照运输合同承受了货物在目的地的卸货费用,那么除非双方达成一致,否则,卖方无权向买方追讨该笔费用。

(2)在需要办理海关手续时(在必要时/适当时),DAP规则要求应有卖方办理货物的出口清关手续,但卖方没有义务办理货物的进口清关手续,支付任何进口税或者办理任何进口海关手续,如果当事人希望卖方办理货物的进口清关手续,支付任何进口税和办理任何进口海关手续,则应适用DDP规则。

七、目的地完税后交货（DDP）

Delivered Duty Paid（...named place of destination 目的地完税后交货（……指定目的地）。

（一）DDP 术语的含义

"完税后交货"是指卖方在指定的目的地，将货物交给买方处置，并办理进口清关手续，准备好将在交货运输工具上的货物卸下交与买方，完成交货。卖方承担将货物运至指定的目的地的一切风险和费用，并有义务办理出口清关手续与进口清关手续，对进出口活动负责，以及办理一切海关手续。这条规则可以适用于任何一种运输方式，也可以适用于同时采用多种运输方式的情况。DDP 术语是卖方承担最大责任的术语。

（二）买卖双方的责任与义务

相比 DAP，DDP 是目的地指定地点交货并由卖方办理进口清关，缴进口关税。

（三）使用 DDP 贸易术语应注意的问题

（1）因为到达指定地点过程中的费用和风险都由卖方承担，建议当事人尽可能明确地指定目的地。建议卖方在签订的运输合同中也正好符合上述选择的地点。如果卖方致使在目的地卸载货物的成本低于运输合同的约定，则卖方无权收回成本，当事人之间另有约定的除外。

（2）如果卖方不能直接或间接地取得进口许可，不建议当事人使用 DDP 术语。

（3）如果当事方希望买方承担进口的所有风险和费用，应使用 DAP 术语。

（4）任何增值税或其他进口时需要支付的税项由卖方承担，合同另有约定的除外。

第三节 第二类术语

一、装运港船边交货（FAS）

Free Alongside Ship（...named port of shipment）装运港船边交货（……指定的装运港）。

（一）FAS 术语的含义

"船边交货"是指卖方在指定装运港将货物交到买方指定的船边（如码头上或驳船上），即完成交货。从那时起，货物灭失或损坏的风险发生转移，并且由买方承担所有费用。这项规则仅适用于海运和内河运输。

（二）买卖双方的责任与义务

1. 卖方义务

（1）在指定的装运港、装货地点，在约定日期或期限内，将符合合同规定的货物交至买方指定的船边，并充分通知买方。

（2）承担货物交至装运港船边的一切费用和风险。

（3）自负风险和费用，取得出口许可证或其他官方许可，并在需要办理海关手续时，办理与货物出口有关的一切海关手续。

（4）提交商业发票或具有同等作用的电子信息，并且自负费用提供通常的交货凭证。

2. 买方义务

（1）签订从指定装运港口运输货物的合同，支付运费，并充分通知卖方有关船名、装运地点和要求交货的时间等信息。

（2）在合同规定的时间、地点，受领卖方提供的货物，并按买卖合同规定支付货款。

（3）承担受领货物后所发生的一切风险和费用。

（4）自负风险和费用，取得进口许可证或其他官方许可，并在需要办理海关手续时，办理与货物进口有关的一切海关手续。

（三）使用 FAS 贸易术语应注意的问题

（1）当事方应当尽可能明确的在指定装运港指定出装货地点，这是因为到这一地点的费用与风险由卖方承担,并且根据港口交付惯例这些费用及相关的手续费可能会发生变化。

(2)卖方在船边交付货物或者获得已经交付装运的货物。这里所谓的"获得"迎合了链式销售,在商品贸易中十分普遍。

(3)当货物通过集装箱运输时,卖方通常在终点站将货物交给承运人,而不是在船边。在这种情况下,船边交货规则不适用,而应当适用货交承运人(FCA)规则。

(4)船边交货规则要求卖方在需要时办理货物出口清关手续。但是,卖方没有任何义务办理货物进口清关、支付任何进口税或者办理任何进口海关手续。

案例分析

我某公司按照FAS条件进口一批木材,在装运完成后,卖方来电要求我方支付货款,并要求支付装船时的驳船费,对卖方的要求我方应如何处理?

1. 我方对于卖方支付装船时的驳船费的要求可以拒绝。

2. 按照《2000通则》的解释,采用FAS术语成交时,买卖双方承担的风险和费用均以船边为界,即买方所指派的船的船边,在买方所派船只不能靠岸的情况下,卖方应负责用驳船批货物运至船边,驳船费用是在风险费用转移以前发生的,理应由卖方承担。

3. 在本案例中,国外卖方要求我方承担驳船费用是不合理的,我方有权拒绝。

二、船上交货(FOB)

Free on Board(...named port of shipment)船上交货(……指定装运港)。

(一)FOB术语的含义

"船上交货"是指卖方在指定的装运港,将货物交至买方指定的船只上,或者指(中间销售商)设法获取这样交付的货物。一旦装船,买方将承担货物灭失或损坏造成的所有风险。本规则只适用于海运或内河运输。

（二）买卖双方的责任与义务

1. 卖方义务

（1）卖方必须提供符合销售合同规定的货物和商业发票，以及合同可能要求的、证明货物符合合同规定的其他任何凭证。

（2）卖方必须将货物运到买方所指定的船只上，若有的话，就送到买方的指定装运港或由中间商获取这样的货物。在这两种情况下，卖方必须按约定的日期或期限内按照该港习惯方式运输到港口。如果买方没有明确装运地，卖方可以在指定的装运港中选择最合目的的装运点。

（3）承担装船前的一切风险和费用。

（4）在条约适用的情况下，卖方必须自担风险和费用，取得任何出口许可证或其他官方许可，并办理货物出口所需的一切海关手续。

2. 买方义务

（1）买方签订从指定装运港运输货物的合同，支付运费，通知卖方。

（2）承担货物装船后一切风险和费用。

（3）需要办理进口海关手续，交纳的进口关税、税款和其他费用。

（4）受领货物、支付货款。

（三）使用FOB贸易术语应注意的问题

（1）在以FOB条件成交的交易中，买方往往要求卖方代办运输事宜，此时，卖方仅仅提供服务，其风险和费用仍然由买方承担。

（2）FOB不适用于货物在装船前移交给承运人的情形。比如，货物通过集装箱运输，并通常在目的地交付。在这些情形下，适用FCA的规则。

（3）在适用FOB时，销售商负责办理货物出口清关手续。但销售商无义务办理货物进口清关手续、缴纳进口关税或是办理任何进口报关手续。

（4）卖方在交货后应及时给予买方充分装船通知，以便买方安排投保、通关、接货。若卖方怠于此项通知，致使买方无法投保，即使货物已在装运港装上船舶，但有关货物在此情况下的风险并不被认为已由卖方转移给买方。

（5）在该术语下，买方有义务安排运输事宜，并将相关的船名、装货地、交货地及交货时间等信息及时通知卖方。若买方怠于此项通知，或所指定船舶未按时抵达，或不能装运货物，或提前截止装货，则货物的风险和费用可提前转移，只要货物已经特定化。

第三章　国际贸易术语

（6）为防止货物因意外事故致损，而买方又拒绝付款，卖方最好投保"出口信用保险"或"卖方利益险"；为防止货物在装运前的内陆运输风险，卖方应投保"陆运险"。

知识链接：信用证结算下FOB贸易术语应用的卖方风险与防范

一、信用证结算下FOB贸易术语应用的卖方风险

1. 卖方无法获得提单的风险

信用证结算一般要求的最重要单据是代表物权的海运提单。FOB贸易术语下，由买方承担租船订舱的义务，因而实际上买方是与承运人订立海洋货运输合同的当事人。如果买方作为运输合同当事人，并支付海运费用，承运人可能会直接将提单签发给买方而不是卖方。此时，卖方因得不到信用证规定的结算单据，无法进行结算收汇，可能造成钱货两空。虽然有学者认为，在涉外FOB条件买卖中，除非在买方已支付价款或当事双方特别约定所有权转移不以支付价款为前提，承运人才能向买方签发提单，否则承运人必须向卖方签发提单，但由于我国FOB合同下承运人签发提单的义务立法上有瑕疵，在司法实践中，卖方因上述原因无法取得提单而起诉承运人的少有胜诉。

2. 海运费追索风险

根据FOB贸易术语的解释，买方应负责租船订舱，但FOB术语的有关约定是调整国际货物买卖合同双方的，仅适用于销售合同，而绝不适用于海洋运输合同，而且也并没有绝对排斥国际货物买卖合同的卖方办理海上运输。虽然卖方可以事先约定由买方承担海运费，在海运提单上标明："FREIGHT COLLECTF"（运费到付），但这只能表明买方最后承担运费，并不能完全解除卖方对海运费用的支付责任。《中华人民共和国合同法》规定：依法成立的合同，对当事人具有法律约束力；当事人约定由第三人向债权人履行债务的，第三人不履行债务，债务人应当向债权人承担违约责任。因此FOB价格术语下，卖方如果应买方要求，进行租船订舱即成为海洋运输合同的当事人，一旦承运人无法从买方收取海运费及其他相关费用，为减少损失，其必然会依据合同向卖方追收。

3. 运输延迟的风险

FOB贸易术语下，由于是买方负责租船订舱，运输的时间就由买方掌握，如果装运时间延迟，可能使信用证过期失效。此时对卖方而言，只能用风险远大于信用结算方式的其他结算方法进行结算，还要面对买方可能的压价行为而造成的

损失。虽然,卖方可因此据合同进行仲裁或诉讼,但这种跨国行为成本太高,除非合同金额巨大,否则并非是一个现实选择。

二、信用证结算下FOB贸易术语应用的风险防范

1. 使用适当的结算单据

以信用证方式结算且使用FOB贸易术语时,在合同和信用证中规定的有关交货结算凭证,可以使用买方指定的承运人的收货证明为凭,即卖方将货物交到买方指定的承运人的处置之下后。

2. 谨慎承担海洋运输责任

首先,卖方尽量不要超越FOB的国际惯例而成为运输合同当事人。卖方与承运人签订运输协议的行为,将使自己暴露在海洋运输费用和相关费用的风险之下。其次,卖方如果答应买方进行租船订舱,在提单上最好不要使自己变成SHIPPER,可以用CONSIGNOR来代替,以有效降低法律的不确定性。并且,卖方应争取与承运人签订排除承运人追索任何海运及相关费用权利的协议,以规避海运费用追索风险。在FOB贸易术语和信用证结算方式下卖方面临的风险可能是偶然发生的,也有可能是买方恶意制造以获取不正当利益。无论是什么原因对卖方引起的风险,只要我们能充分认识并根据不同的情况积极采取应对措施进行规避和防范,就能消除风险和减少损失。

(四)FOB的变形

大宗商品按FOB条件成交时,买方通常采用租船运输。由于船方通常多按不负担装卸条件出租船舶,故买卖双方易在装货费由谁负担问题上产生争议。为此,买卖双方订立合同时,应在FOB后另列有关装货费由谁负担的具体条件,以明责任,这就导致FOB的变形。常见的有下列几种:

(1) FOB班轮条件(FOB Liner Terms)。指装货费按班轮办法处理,即卖方不负担。

(2) FOB吊钩下交货(FOB under Tackle)。指卖方仅将货物交到船舶吊钩所及之处,即卖方不负担装货费用。

(3) FOB包括理舱(FOB Stowed)。指卖方负担货物装船和理舱的费用。

(4) FOB包括平舱(FOB Trimmed)。指卖方负担货物装船和平舱的费用。

(5) FOB包括理舱和平舱(FOB Stowed and Trimmed)。指卖方负担货

物装船、理舱和平舱的费用。按一般惯例：凡FOB后未加"理舱"或"平舱"字样，卖方则不负担理舱或平舱的费用。

上述FOB后加列各种条件，只是为了明确装货费由谁负担，并不影响风险转移的界限。

（五）美国FOB与《2010通则》中的FOB的差异

《1941年美国对外贸易定义修订本》关于FOB的解释与上述分析有所不同，两者的差别表现在以下几个方面：

（1）两者的适用范围不同。

（2）两者的风险、费用和责任的划分界限不同。

（3）两者办理出口手续的责任不同。

案例分析

有一份出售一级大米300吨的合同，按FOB条件成交，装船时经公证人检验，符合合同规定的品质条件，卖方在装船后已及时发出装船通知，但航行途中，由于海浪过大，大米被海水浸泡，品质受到影响，当货物到达目的港时，只能按三级大米的价格出售，因而买方要求卖方赔偿损失。试问：在上述情况下卖方对该项损失应否负责？

1. 在上述情况下卖方对该项损失不需负责。

2. 这个案例涉及FOB术语问题。根据FOB术语买卖双方的风险界点在装运港的船舷，货物在装运港越过船舷以前的风险由卖方承担，越过船舷以后的风险由买方承担，在本案例中，卖方已完全履行了自己的义务，将货在装运港装船时及时发出了装船通知。

3. 结合本案例，这一批一级大米在装运港已经公证人检验品质合格，说明卖方交货时，货物的品质是良好的。大米之所以发生变化，完全是由于运输途中被海水浸泡的结果，而这个风险已经越过装运港的船舷，应该由买方自己承担，卖方对该项损失不需负责。

三、成本加运费（CFR）

Cost and Freight（...named port of destination）成本加运费（……指定目的港）。

（一）CFR 术语的含义

"成本加运费"是指卖方交付货物于船舶之上或采购已如此交付的货物，而货物损毁或灭失之风险从货物转移至船舶之上起转移，卖方应当承担并支付必要的成本加运费以使货物运送至目的港。本规定只适用于海路及内陆水运。

（二）买卖双方的责任与义务

与 FOB 相比，卖方需要办理运输，支付运费。其他所有双方义务与 FOB 相同。

（三）作用 CFR 贸易术语应注意的问题

（1）装船通知的重要性：按 CFR 条件成交时，卖方负责运输，买方负责办理保险，货物装船后卖方必须及时向买方发出装船通知，以便买方办理投保手续。如果货物在运输途中遭受损失或灭失，由于卖方未发出通知而使买方漏保，那么卖方就不能以风险在船舷转移为由免除责任。若未及时通知，会导致风险推迟转移。尽管在 FOB 和 CIF 条件下，卖方装船后也应向买方发出通知，但 CFR 条件下的装船通知，具有更为重要的意义。

（2）卖方的装运义务：卖方要承担将货物由装运港运往目的港的义务，卖方延迟装运或提前装运都是违反合同。

（3）在进口业务中，按 CFR 条件成交时，鉴于由外商安排装运，由我方负责保险，故应选择资信好的国外客户成交，并对船舶提出适当要求，以防外商与船方勾结，出具假提单，租用不适航船舶，或伪造品质证书与产地证明。

（4）成本加运费对于货物在装到船舶之上前即已交给（原为交付）承运人的情形可能不适用，如通常在终点站（即抵达港、卸货点，区别于 port of destination）交付的集装箱货物。在这种情况下，宜使用 CPT 规则（如当事各方无意越过船舷交货）。

（5）成本加运费原则要求卖方办理出口清关手续，但是，卖方无义务为货物办理进口清关、支付进口关税或者完成任何进口地海关的报关手续。

对出口商而言，最好（尽可能）采用 CFR 或 CIF：便于安排装运，可适当提高报价，便于处理货物（当进口商不付货款时）。对进口商而言，最好避免使用 CFR（CIF），而采用 FOB：减少出口商与船方勾结共同欺诈进口商的

第三章　国际贸易术语

可能。如出口商与船方勾结，使用不适航的船舶运货、造假单据、发假通知，然后再通知进口商出事，实际可能并没有装运或人为凿船，以致造成进口商或保险人损失。因此，若不得不使用 CFR 时，进口商须在合同中对船级、船龄等加以特别规定。另外，使用 FOB 时，报价低、易比较。

（四）CFR 的变形

凡大宗商品按 CFR 条件成交，容易在卸货问题上引起争议。故卸货费究竟由何方负担，买卖双方应在合同中订明。可在 CFR 后附加下列有关卸货费由谁负担的具体条件。

（1）CFR Liner Terms（CFR 班轮条件），即这一变形是指卸货费用按班轮条件办理，也就是在目的港的卸货费由卖方承担。

（2）CFR Landed（CFR 卸至码头），即这一变形是指由卖方负担将货物卸至目的港码头的费用，包括可能产生的驳船费用在内。

（3）CFR Ex Tackle（CFR 吊钩下交货），即这一变形是指卖方负责将货物从船舱吊起一直卸至吊钩所及之处（码头或驳船上）的费用。如果船舶不能靠岸时，驳船费用则由买方承担。

（4）CFR Ex Ship's Hold（CFR 舱底交货），即这一变形是指载货船舶到达目的港后，双方在船上办理交接手续后，由买方自行启舱，并负担货物由舱底卸至码头的费用。

（5）CFR Free Out（CFR FO）（CFR 卖方不负责卸货费），即这一变形是指卖方虽承担运费但不负责在卸货港口的卸货费用，卸货费用由买方承担。

同 FOB 术语的变形一样，CFR 术语的上述变形也只是为了解决卸货费用的负担问题，一般不改变术语的性质，即交货地点和风险划分的界限仍然以装货港的船舷为划分界限。上述 CFR 后面另加附加条件，并不改变交货地点和风险划分的界限。

案例分析

我某公司以 CFR 术语出口一批瓷器，我方按期在装运港装船后，即将有关单据寄交买方，要求买方支付货款。过后，业务人员才发现忘记向买方发出装船通知。此时，买方已来函向我方提出索赔，因为货物在运输途中因海上风险而损毁。问：我方能否以货物运输风险是由买方承担为由拒绝买方的索赔?

1. 我方不能以风险界点在装运港船舷为由而拒绝买方的索赔要求。

2. 这个案例涉及 CFR 术语,根据 CFR 术语,买卖双方的风险界点在装运港船舷,货物在装运港越过船舷以前的风险由卖方承担,货物越过船舷以后的风险由买方承担。有鉴于此,卖方为了保证自己在遭到风险时能够将损失减低,可以通过向保险公司办理货运保险手续将风险转嫁给保险公司,但是买方能否及时办理保险取决于卖方在装运港装船后是否即时向买方发出装船通知,根据 CFR 术语,卖方在货物装船后及时向买方发出装船通知是其重要义务,如果卖方未及时向买方发出装船通知导致买方未能及时办理保险手续,由此引起的损失由卖方负担。

3. 就本案例而言,很显然,卖方没有及时向买方发出装船通知,结果买方未办理货物保险,而货物却因海上风险而损毁,我方理应对该项货物损失负责,而不能以风险已转移给买方为由拒绝卖方的索赔。

四、成本、保险费加运费(CIF)

Cost, Insurance and Freight(...named port of destination)成本加保险费、运费(……指定目的港)。

(一)CIF 术语的含义

"成本、保险费加运费"指卖方将货物装上船或指(中间销售商)设法获取这样交付的商品。货物灭失或损坏的风险在货物于装运港装船时转移向买方。卖方须自行订立运输合同,支付将货物装运至指定目的港所需的运费和费用。该术语仅适用于海运和内河运输。卖方须订立货物在运输途中由买方承担的货物灭失或损坏风险的保险合同。买方须知晓在 CIF 规则下卖方有义务投保的险别仅是最低保险险别。如买方望得到更为充分的保险保障,则需与卖方明确地达成协议或者自行作出额外的保险安排。

(二)买卖双方的责任与义务

与 CFR 相比,卖方需要办理保险,支付保险费。其他所有双方义务与 CFR 相同。

（三）使用CIF贸易术语应注意的问题

（1）此规则因风险和费用分别于不同地点转移而具有以下两个关键点。第一，合同惯常会指定相应的目的港，但可能不会进一步详细指明装运港，即风险向买方转移的地点。如买方对装运港尤为关注，那么合同双方最好在合同中尽可能精确地确定装运港。第二，当事人最好尽可能确定在约定的目的港内的交货地点，卖方承担至交货地点的费用。当事人应当在约定的目的地港口尽可能精准地检验，而由卖方承担检验费用。卖方应当签订确切适合的运输合同。如果卖方发生了运输合同之下的于指定目港卸货费用，则卖方无须为买方支付该费用，除非当事人之间约定。注意，当CPT、CIP、CFR或者CIF术语被适用时，卖方须在向承运方移交货物之时而非在货物抵达目的地时，履行已选择的术语相应规范的运输义务。

（2）卖方必须将货物送至船上或者（由中间销售商）承接已经交付的货物并运送到目的地。除此之外，卖方必须签订一个运输合同或者提供这类的协议。这里的"提供"是为一系列的多项贸易过程（"连锁贸易"）服务，尤其在商品贸易中很普遍。

（3）CIF术语并不适用于货物在装上船以前就转交给承运人的情况，如通常运到终点站交货的集装箱货物。在这样的情况下，应当适用CIP术语。

（4）CIF术语要求卖方在适用的情况下办理货物出口清关手续。然而，卖方没有义务办理货物进口清关手续，缴纳任何进口关税或办理进口海关手续。

知识链接：CIF条件与CFR的区别

CIF之下，卖方必须办理货运保险并支付保险费。这是两者的最大区别。换言之，CIF价格中还包含了保险费。卖方办理货运保险对买方而言至关重要。因为CIF之下，货物在装运港越过船舷之后，其灭失或损坏的风险从卖方转给了买方。当保险单转让给买方或其他任何合法持有保险单的人，根据保险单转让原则，买方或持有保险单的人在货损后可向保险人行使索赔权。因此，卖方的投保实际上直接关系到买方或货物买受人的利益。为此，《INCOTERMS 2010》对卖方应如何履行投保义务作出了明确规定。

（1）保险性质：按CIF条件成交，虽然货物在运输途中的灭失和损坏的风险由买方负担，但由于货价构成因素中包括保险费，故卖方必须负责签订保险合同，按约定的险别投保货物运输险，并支付保险费和提交保险单。卖方负责保险，具有替保性质，如果事后发生承保范围内的损失，由买方凭保险单直接向保险公司索赔，能否索赔成功，卖方不负责任。

（2）保险人的选择：卖方必须向信誉良好的承保人或保险公司投保。

（3）保险险别：在 CIF 条件下，为了自身的利益，买方可以根据货物的性质和特点，向卖方提出要求，投保适合货物的保险险别，卖方按买方要求投保适当的险别。若买方在订立买卖合同时，没有向卖方提出险别要求，根据 CIF 的规定，卖方只须投保 ICC 或类似保险条款的最低险别，如 ICC（C）或 CIC 的平安险等，而没有义务投保责任范围更大的险别。当然，险别不同，保费高低就不同。

（4）保险期限：保险期限又称保险责任起讫，是保险人承担保险责任的起止期限。根据保险惯例，在海上保险中，保险人责任期限一般采用"仓至仓条款"原则，即保险人可以从卖方存放货物的仓库启运开始承担责任，直到货物到达目的地存入买方指定的仓库为止。若买方没有在买卖合同中提出保险期限要求，在 CIF 条件下，卖方投保的责任起讫必须与货物运输期间相符，并且必须最迟自买方承担货物灭失或损坏的风险（即自货物在装运港越过船舷）时起对买方的保障开始生效，该保险责任期限还必须至货物到达规定的目的地为止。

（5）保险金额：该金额是保险人的最高赔偿金额，它的高低直接关系着被保险人权益保障问题。由于卖方是为了买方的利益投保的，因而保险金额的多少与买方的利益直接相关。若买方在订立买卖合同时，没有提出保险应加成多少，则卖方必须在 CIF 价值基础上加成 10% 投保，即保险金额应为 CIF×110%。当然，买方可以提出高于 10% 的加成，但以保险人接受为限。

（6）特殊险别：在保险中，除了基本险之外，某些特殊风险，如战争、罢工、暴乱和民变等也是被保险人在特定时期需要获得的保障，但这些特殊风险一般在投保了基本险别之后才可加保。按 CIF 规定，卖方无义务投保特殊附加险，但在买方提出加保特殊附加险，并由买方承担保险费的情况下，卖方在可能的条件下，可以适当地接受并给予加保。

（7）投保的货币：根据保险的原则，投保时使用何种货币，保险人赔偿时一般也以该货币作为赔偿的计算货币。因此，在 CIF 条件下，若买方没有提出要求，卖方投保时应采用合同的计价货币投保。若计价货币是可兑换的货币，卖方则必须采用可兑换货币投保，以确保买方的利益。为了避免争议，买方最好在合

第三章　国际贸易术语

同中对有关保险问题作出明确约定。

案例分析

有一份CIF合同，日本公司出售450公吨洋葱给澳大利亚公司，洋葱在日本港口装船时，经公证行验明：完全符合商销品质，并出具了合格证明。但该批货物运抵澳大利亚时，洋葱已全部腐烂变质，不适合人类食用，买方因此拒绝收货，并要求卖方退回已付清的货款。问：在上述情况下，买方有无拒收货物和要求卖方退回货款的权利？

1. 在上述情况下，买方无拒收货物和要求卖方退回货款的权利。

2. 此案例涉及CIF术语，CIF术语条件下成交时，买卖双方的风险界点在装运港船舷，货物在装运港越过船舷以前的风险由卖方承担，货物越过船舷以后的风险由买方承担；CIF合同典型象征性交货，即卖方凭单交货，买方凭单付款，只要卖方所提交的单据是齐全的、正确的，即使货物在运输途中灭失，买方仍需付款，不得拒付。

3. 结合本案例，这一批洋葱在装运港装船时，经公证行验证符合商销品质，很显然洋葱的腐烂变质完全发生在货物装船的运输途中，而这个风险已经越过装运港船舷，理应由买方承担，此为其一；其二，CIF合同为象征性交货，现日本方提供的单据齐全、正确，买方仍需付款，故买方是无权利拒收货物和要求卖方退回货款的权利的。

◇单元练习题◇

一、填空题

1. 国际贸易中有关贸易术语的国际贸易惯例有（　　）（　　）（　　）。

2. 贸易术语按《INCOTERMS 2010》分为两大类，一类是（　　），另一类是（　　）。

3. FOB术语由（　　）承担运输义务。

4. 贸易术语是指在国际贸易中用来表示商品的（　　）构成，说明货物交接过程中有关（　　）、（　　）和（　　）划分问题的专门用语。

5. FOB、CIF、CFR贸易术语的风险划分是以（　　）为界；FCA、CPT、

CIP 贸易术语的风险划分是以（　　）为转移的。

6. EXW 术语表示由（　　）方办理出口通关手续；FAS 术语表示由（　　）方办理出口通关手续。

7. 凭单交货和凭单付款是（　　）术语下交易的一大特点。

8. 以 DAT 成交，在运输终端的卸货费用及风险由（　　）承担。

9. CIF 术语成交的合同属于（　　）合同，卖方只保证按时（　　），并不保证货物按时（　　）；而按 DAP 成交，其合同属于（　　）合同，卖方要保证货物在规定的时间内（　　）。

10. 在 DDP 条件下，卖方（　　）订立保险合同的义务。

二、单项选择题

1. 贸易术语在国际贸易中的主要作用（　　）。
   A. 简化交易手续　　　　　　B. 缩短磋商时间
   C. 节省费用开支　　　　　　D. 以上都是

2. 按照《2010 通则》的解释，采用 FOB 条件成交，买卖双方风险划分的界限是（　　）。
   A. 运输工具上　B. 装运港船边　C. 装运港船舷　D. 装运港船上

3. 根据《2010 通则》的解释，按 CFR 术语成交，卖方无义务（　　）。
   A. 提交货运单据　　　　　　B. 租船订舱
   C. 办理货运保险　　　　　　D. 取得出口许可证

4. 按照《2010 通则》的解释，采用 CIF 条件成交时，货物装船时从吊钩脱落掉入海里造成的损失应由（　　）。
   A. 卖方负担　B. 买方负担　C. 承运人负担　D. 买卖双方共同负担

5. 按照《2010 通则》的解释，CIF 与 CFR 的主要区别在于（　　）。
   A. 办理租船订舱的责任方不同　　B. 办理货运保险的责任方不同
   C. 风险划分的界限不同　　　　　D. 办理出口手续的责任方不同

6. 我国某公司向德国出口货物 3000 公吨，一般应采用贸易术语（　　）。
   A.FOB 汉堡　　B.FOB 青岛　　C.FOB 北京机场　　D.CIF 汉堡

7. 在实际业务中，FOB 条件下，买方常委托卖方代为租船、订舱，其费用由买方负担，如到期订不到舱，租不到船，则（　　）。
   A. 卖方不承担责任，其风险由买方承担
   B. 卖方承担责任，其风险也由卖方承担

C. 买卖双方共同承担责任、风险

D. 双方均不承担责任，合同停止履行

8. 根据《2010通则》的解释，FOB条件和CFR条件下卖方均应负担（　）。

　　A. 提交商业发票及海运提单　　　B. 租船订舱并支付运费

　　C. 货物于装运港装上船以前的一切风险　　D. 办理出口通关手续

9. 按照《2010通则》的解释，FOB、CFR与CIF的共同之处表现在（　）。

　　A. 均适合水上运输方式　　　B. 风险转移均为装运港装上船

　　C. 买卖双方责任划分基本相同　　D. 交货地点均为装运

10. 甲公司按CIF HONG KONG贸易术语出口大宗商品，采用程租船运输，如果甲公司不愿意负担装船费用，因该在合同中规定的使用的贸易术语是（　）。

　　A.CIF HONG KONG

　　B.CIF EX SHIP'S HOLD HONG KONG

　　C.CIF EX TACKLE HONG KONG

　　D.CIF LANDER HONG KONG

11. 我国甲公司欲与比利时乙公司签订销售合同出口服装到比利时，拟采用海陆联运方式，甲公司将货物运至目的地运费并支付保险，根据《INCOTERMS 2010》，应采用的贸易术语是（　）。

　　A.FOB　　　　B.CIF　　　　C.EXW　　　　D.CIP

12. 我国甲公司与日本乙公司签订合同出口大豆到日本，根据合同，甲公司不负责办理出口清关手续及支付相关费用，根据《INCOTERMS 2000》，应采用的贸易术语是（　）。

　　A.FCA　　　　B.FAS　　　　C.FOB　　　　D.EXW

13. 《1932年华沙——牛津条约》作了说明与规定的贸易术语是（　）。

　　A.FOB　　　　B.CIF　　　　C.CPT　　　　D.FAS

14. 上海甲公司向美国纽约乙公司报价，出口货物从上海运至纽约，单价的正确表示方法应为（　）。

　　A.USD100.00 PER CARTON

　　B.USD100.00 PER CARTON CIF NEW YORK

　　C.USD100.00 PER CARTON FOB NEW YORK

D.USD100.00 PER CARTON CIF SHANG HAI

15. 南京甲公司从日本东京乙公司进口货物，货物从东京运至南京，单价的正确表示方法应为（ ）。

A.USD5.00 EACH PIECE FOBC3% NAN JING

B.USD5.00 EACH PIECE CIF TOKYO

C.USD5.00 EACH PIECE CIP NAN JING

D.USD5.00 EACH PIECE FAS NAN JING

16. 贸易术语 CIFC 代表的是（ ）。

A. 含定金价　　B. 含预付款价　　C. 含折扣价　　D. 含佣金价

E. 货物进口和出口清关、货物包装的义务、买方受领货物的义务，以及提供证明各项业务得到完整履行的义务

17. 以下关于 FOB STOWED 的陈述正确的是（ ）。

A. 卖方负责将货物装入船舱，并承担包括平舱费在内的装船费用

B. 买方负责将货物装入船舱，并承担包括平舱费在内的装船费用

C. 卖方负责将货物装入船舱，并承担包括理舱费在内的装船费用

D. 买方负责将货物装入船舱，并承担包括理舱费在内的装船费用

18. 以下关于 FOB LINER TERMS 的陈述正确的是（ ）。

A.FOB LINER TERMS 是指装船费用按照班轮的做法处理，即买方负责承担装船的有关费用；CFR LINER TERMS 指卸货费用按照班轮的做法处理，即买方不负担卸货费

B.FOB LINER TERMS 是指装船费用按照班轮的做法处理，即卖方负责承担装船的有关费用；CFR LINER TERMS 指卸货费用按照班轮的做法处理，即买方负担卸货费

C.FOB LINER TERMS 是指装船费用按照班轮的做法处理，即卖方负责承担装船的有关费用；CFR LINER TERMS 指卸货费用按照班轮的做法处理，即买方不负担卸货费

D.FOB LINER TERMS 是指装船费用按照班轮的做法处理，即卖方负责承担装船的有关费用；CFR LINER TERMS 指卸货费用按照班轮的做法处理，即买方负担卸货费

19. 我国甲公司欲与加拿大乙公司签订销售合同出口服装到加拿大，拟采取空运方式，甲公司承担将货物运至目的地运费但不负责保险，根据

第三章 国际贸易术语

《INCOTERMS 2010》，应采用的贸易术语是（　　）。

A.CPT　　　　B.CFR　　　　C.FOB　　　　D.FAS

20. 如买卖双方签订的合同中确定使用海运方式，起运港口为 NEW YORK，且贸易术语遵循《1941 年美国对外贸易定义修正本》。我国进口商希望美国出口商承担与《NCOTERMS 2010》中关于 FOB 交货地的解释基本相同的贸易术语，应该采用的贸易术语是（　　）。

A.FOB VESSEL NEW YORK　　　　B.FOB NEW YORK

C.FOB LINER TERMS NEW YORK　　D.FOB STOWED NEW YORK

三、多项选择题

1. 根据《INCOTERMS 2010》，在 CIF 术语的合同中，关于"交货"（DELIVERY）阐述正确的是（　　）。

A. 买方有义务接受货物并从承运人处受领货物，买方受领货物，买方"受领货物"这一行为退职表示买方认可所接受的货物符合销售合同

B. 如果买方在目的地收到货物后，发现货物与销售合同规定不符，买方可使用销售合和适用的法律给予的任何一种补救办法向卖方寻求补偿

C. 如果买方示履行接受货物并从承运人处领取货物的义务，买方可能对卖方由此造成的损失承担赔偿责任

D. "交付"仅指买方受领的义务

2. 按照《2010 通则》的解释，DAT 条件下卖方负责（　　）。

A. 货物至目的港之前的风险　　B. 将货物卸到码头

C. 办理货物的出口手续　　　　D. 办理货物的进口手续

3. 以下适用于任何运输方式的贸易术语是（　　）。

A.CPT　　　　B.FCA　　　　C.FOB　　　　D.DDU

4. 以下适用于江海运输方式的术语是（　　）。

A.FOB　　　　B.CIF　　　　C.DEQ　　　　D.CIP

5. 以下关于 FCA 与 CPT 术语表述正确的是（　　）。

A.FCA 术语仅适用于海运运输方式，而 CPT 术语可适用于任何运输方式

B.FCA 与 CPT 术语可适用于任何运输方式

C.FCA 术语下以装运港船舷为界划分风险，CPT 术语下以货交承运人为界划分风险

D.FCA 与 CPT 术语均以货交承运人为界划分风险

6. 根据《INCOTERMS 2010》，货交承运人的贸易术语有（　　）。

A.FCA　　　　B.CFR　　　　C.CPT　　　　D.CIP

7. 按照《2010通则》的解释，下列术语中交货地点在指定目的地的有（　　）。

A.DDP　　　　B.DAP　　　　C.CIF　　　　D.CFR

8. 我国出口公司甲公司与德国进口公司乙公司签订贸易合同，规定采用CIF贸易术语，采用L/C付款，则甲公司应该需要承担的义务是（　　）。

A. 租船，发货，装船并支付运费，及时向乙公司发出已经装穿的通知。

B. 提供进口许可证，办理货物水上运输保险以及进口清关手续

C. 承担货物在装运港越过船舷的一切费用并支付保险费，进口关税以及费用

D. 提供商业发票，相关货物单证和相应的电子信息

9. 下列关于《国际贸易术语解释通则2010》中对FCA术语解释的说法，正确的是（　　）。

A. 若交货地点不是卖方所在地，卖方只负责将货物运到交货地点即可

B. 若交货地点是卖方所在地，卖方要负责将货物装上买方指定的运输工具上

C.《国际贸易术语解释通则2010》分别详细解释了各种运输方式下卖方交货的不同做法

D. 如果买方指定卖方把货物交给一个货运代理人，则自卖方把货物交给该人起完成交货

10. 据《2010通则》的解释，FOB与FCA比较，其主要区别有（　　）。

A. 适用的运输方式不同　　　　B. 风险划分界限不同

C. 交货地点不同　　　　　　　D. 出口报关责任划分不同

四、简答题

1. 什么是《INCOTERMS 2010》？

2. 什么是贸易术语？为什么在国际贸易中要使用贸易术语？

3. 试完整写出国际贸易中主要六种贸易术语的中、英文全称和英文简写。简述其买卖双方的主要义务。

4. 在何种情况下可采用FCA、CPT和CIP三种贸易术语？它们分别与FOB、CFR和CIF有何异同点？

第三章 国际贸易术语

5. 将CIF术语称作到岸价有何不妥？理由是什么？

6. 试述DAP和DAT术语的内涵。

7. 试简述FAS术语与FOB术语的联系与区别。

五、案例分析

1. 我国出口公司甲公司与澳大利亚乙公司签订合同出口大豆，贸易术语为FCA（《INCOTERMS 2010》），集装箱装运，装运日期为4月，甲公司于2005年3月31日收到乙公司的装运通知，甲公司于4月1日将货物交给承运人存于位于上海的码头，当天晚上货物因为仓库火灾全部灭失。

请问甲公司是否应该承担损失？说明理由。

2. 我国出口公司甲公司与加拿大乙公司签定合同出口面料，贸易术语为CFR（《INCOTERMS 2010》）未及时向乙公司发出装运通知，导致乙公司未能对货物进行极时的投保，装载货物的船在5月8日遇到飓风沉没。

请问应该如何承担责任？说明理由。

第二篇
国际结算

国际间的货物买卖中货物的结算是非常重要的环节。这其中涉及结算的工具及支付的方式。国际结算往往都是通过票据的流转来实现支付的功能。主要的票据有本票、支票和汇票。就结算方式来说，主要有汇款、托收、信用证三种。

国际贸易结算是指结清国际间由于贸易而产生的债权债务关系的行为。在国际贸易中，出口商是债权人，进口商是债务人。无论进口商付款还是出口商收款，均需通过银行办理国际结算来完成货款从买方向卖方的转移。

国际贸易结算方式，可以概括为顺汇和逆汇两类。顺汇是付款人主动将款项付给收款人，即款项的转移方向与结算工具的转移方向相同；逆汇是由收款人主动向付款人收取货款，即款项的转移方向与结算工具的转移方向相反。其中汇款属顺汇，而托收和信用证属逆汇。汇款和托收均属商业信用，即货款能否安全及时收回取决于进口商的信用；信用证属银行信用，出口商能否安全及时收汇取决于银行的信用。一般来说，银行信用高于商业信用。通过本篇学习，使学生了解各种结算方式，掌握各种结算方式的运用，特别要重点掌握信用证方式下的开证、审证与改证。

第四章 汇付与托收

【学习目标】

本章主要讲授汇款和托收业务的种类和应用程序。通过学习，使学生了解业务流程，掌握与汇款和托收相关的业务操作。

【重点与难点】

1. 汇付的种类及应用范围
2. 托收的种类及业务流程

第四章 汇付与托收

第一节 汇付

一、汇付（Remittance）

汇付，又称汇款，是债务人或付款人通过银行将款项汇交债权人或收款人的结算方式，是最简单的国际货款结算方式。货运单证由卖方自行寄送买方。

二、汇付方式的当事人

汇付方式涉及四个基本当事人，即汇款人、汇出行、汇入行和收款人。

1. 汇款人（Remitter）

汇款人即付款人，在国际贸易中，通常是进口人。

2. 汇出行（Remitting Bank）

汇出行是接受汇款人的委托或申请，汇出款项的银行，通常是进口人所在地的银行。

3. 汇入行（Receiving Bank）

汇入行即接受汇出行的委托解付汇款的银行，故又称解付行。通常是汇出行的代理行，出口人所在地的银行。

4. 收款人（Payee）

收款人即收取款项的人。在国际贸易中，通常是出口人，买卖合同的卖方。

汇款人在委托汇出行办理汇款时，要出具汇款申请书，此项申请书是汇款人和汇出行的一种契约。汇出行一经接受申请就有义务按照汇款申请书的指示通知汇入行。汇出行与汇入行之间，事先订有代理合同，在代理合同规定的范围内，汇入行对汇出行承担解付汇款的义务。

三、汇付的种类

汇款根据汇出行向汇入行转移资金发出指示的方式，可分为三种方式：

1. 电汇（Telegraphic Transfer，T/T）

电汇，是汇出行应汇款人的申请，采用电报、电传或环球银行间金融电讯网络（Society for Worldwide Interbank Financial Telecommunication，SWIFT）

等电讯手段给在另一国家的分行或代理行（即汇入行）解付一定金额给收款人的一种汇款方式。

电汇方式的优点在于速度快，收款人可以迅速收到货款。随着现代通信技术的发展，银行与银行之间使用电传或网络电讯手段直接通信，快速准确，是目前使用较多的一种方式，但其费用较高。

2. 信汇（Mail Transfer，M/T）

信汇是汇出行应汇款人的申请，用航空信函的形式，指示出口国汇入行解付一定金额的款项给收款人的汇款方式。信汇的优点是费用较低廉，但收款人收到汇款的时间较迟。

信汇与电汇类似，但其电讯手段不同，电汇、信汇业务程序如图4-1所示。

3. 票汇（Remittance by Bank's Draft，D/D）

票汇是以银行票据作为结算工具的一种汇款方式，一般是汇出行应汇款人的申请，开立以出口国汇入行作为付款人的银行即期汇票，列明收款人名称，汇款金额等，交由汇款人自行寄给或亲自交给收款人，凭票向付款行取款的一种汇付方式。

票汇与电汇、信汇的不同在于票汇的汇入行无须通知收款人取款，而由收款人持汇票登门取款；这种汇票除有限制转让和流通的规定外，经收款人背书，可以转让流通，而电汇、信汇的收款人则不能将收款权转让。票汇的业务程序如图4-2所示。

四、汇付方式在国际贸易中的使用

在国际贸易中，使用汇付方式结算货款，银行只提供服务而不提供信用，因此，使用汇付方式完全取决于买卖双方中的一方对另一方的信任，并在此基础上提供信用和进行资金融通。汇付属商业信用，提供信用的一方所承担风险较大，所以汇付方式主要用于支付订金、分期付款、货款尾数以及佣金等费用。

第四章　汇付与托收

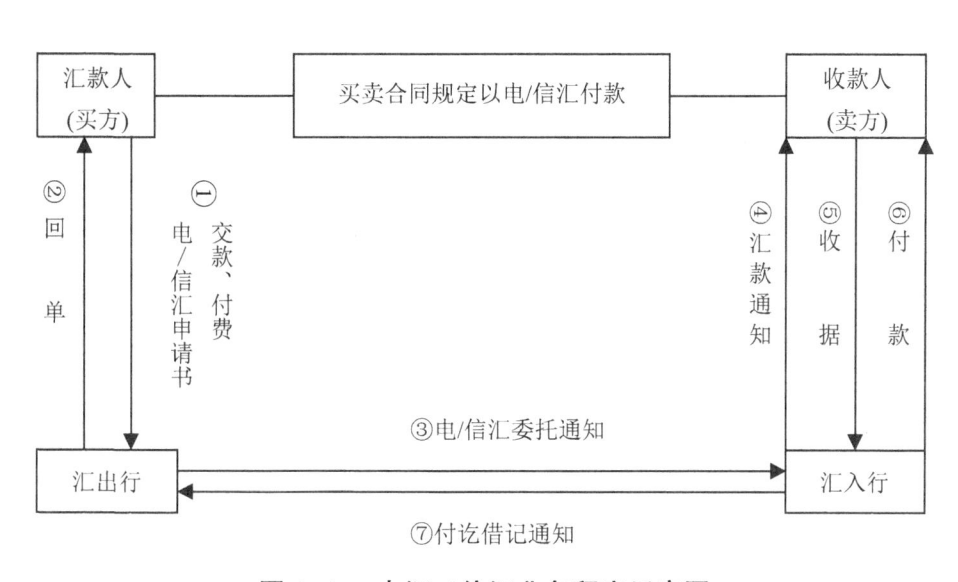

图 4-1　电汇／信汇业务程序示意图

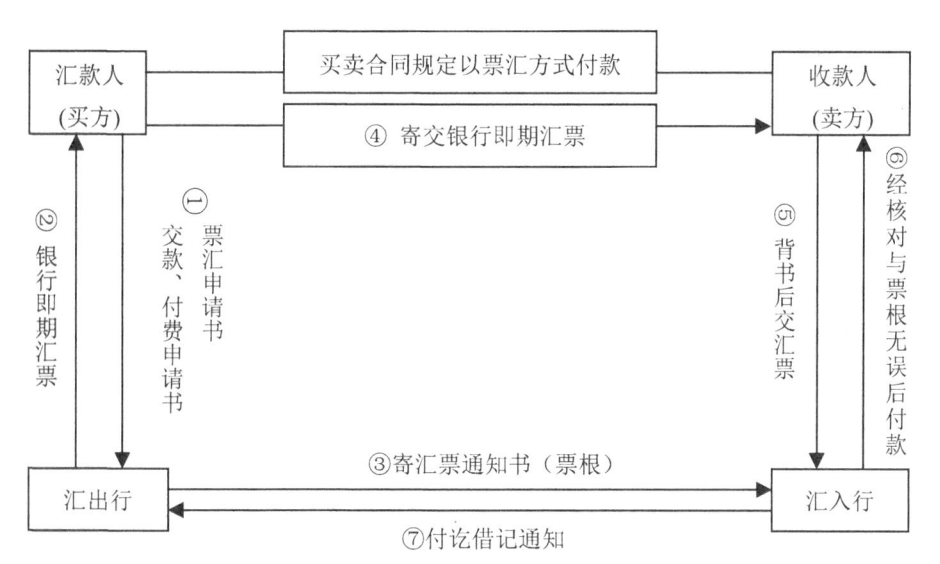

汇款人（买方）── 买卖合同规定以电/信汇付款 ──→ 收款人（卖方）

① 交款、付费、电/信汇申请书
② 回单
③ 电/信汇委托通知
④ 汇款通知
⑤ 收据
⑥ 付款
⑦ 付讫借记通知

汇出行 ── 汇入行

图 4-2　票汇业务程序示意图

汇款人（买方）── 买卖合同规定以票汇方式付款 ──→ 收款人（卖方）
④ 寄交银行即期汇票

① 票汇申请书、交款、付费申请书
② 银行即期汇票
③ 寄汇票通知书（票根）
⑤ 背书后交汇票
⑥ 经核对与票根无误后付款
⑦ 付讫借记通知

汇出行 ── 汇入行

第二节　托收

一、托收（Collection）

托收是指债权人（出口人）出具汇票委托银行向债务人（进口人）收取

货款的一结算方式。其基本做法是出口人根据买卖合同先行发运货物，然后开出汇票连同货运单证交出口地银行（托收行），委托托收行通过其在进口地的分行或代理行向进口人收取货款。

跟单托收业务现行的国际规则主要是《URC 522》。国际商会银行委员会发布，于1996年1月1日起正式实施。《跟单托收统一规则》由26款组成，其基本框架：总则和定义；托收的形式和结构；提示的形式；义务和责任；付款；利息、手续费和费用；其他条款。

二、托收方式的当事人

托收方式的主要当事人有四个，即委托人、托收行、代收行和付款人。

1. 委托人（Principal）

委托人，是开出汇票（或不开汇票）委托银行向国外付款人收款的出票人，通常就是卖方。

2. 托收行（Remitting Bank）

托收行是委托人的代理人，是接受委托人的委托转托国外银行向国外付款人代为收款的银行，通常是出口地银行。

3. 代收行（Collecting Bank）

代收行是托收行的代理人，是接受托收行的委托代向付款人收款的银行。一般为进口地银行，是托收银行在国外的分行或代理行。

4. 付款人（Payer）

付款人即债务人，是汇票的受票人（Drawee），通常是买卖合同的买方。

三、托收的种类和业务程序

托收可根据所使用汇票的不同，分为光票托收和跟单托收两种。在跟单托收下，使用的汇票是跟单汇票，汇票随附运输单证等商业单证，而光票托收是指仅仅使用金融单证，不附带商业单证托收。国际贸易中的货款托收业务大多是采用跟单托收。在跟单托收的情况下，根据交单条件的不同，可分为付款交单和承兑交单两种。

1. 付款交单（Documents against payment，D/P）

付款交单是卖方的交单需以买方的付款为条件，即进口人将汇票连同货运单证交给银行托收时，指示银行只有在进口人付清货款时才能交出货运单

第四章　汇付与托收

证。如果进口人拒付,就不能拿到货运单证,也无法提取单证项下的货物。付款交单按付款时间的不同,可分为即期付款交单和远期付款交单两种。

（1）即期付款交单（D/P at sight）:指出口人通过银行向进口人提示汇票和货运单证,见票人于见票时立即付款,付清货款后向银行领取货运单证。其业务程序如图4-3所示。

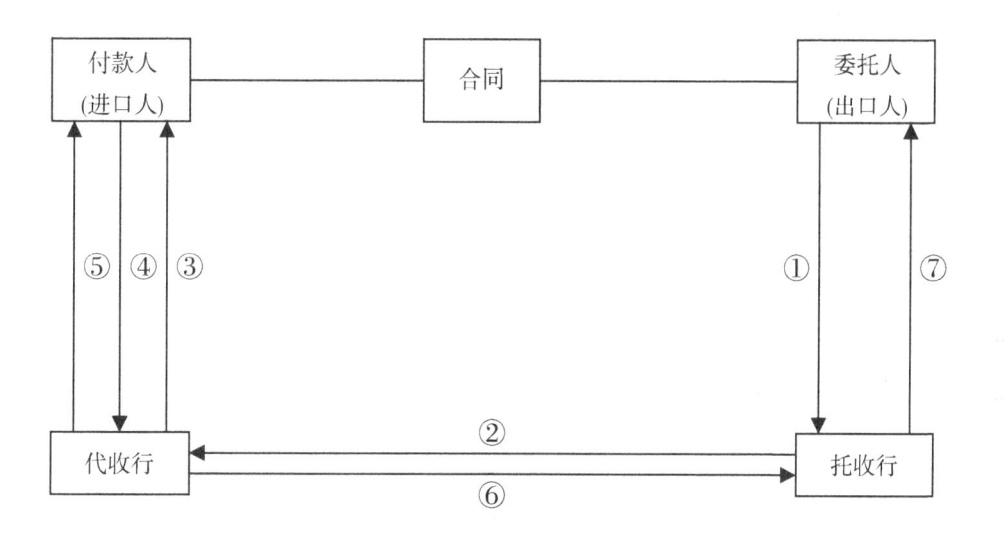

图4-3　即期付款交单业务程序示意图

说明:① 出口人按照合同规定装货并取得货运单证后,填写托收申请书,开出即期汇票,连同货运单证交托收行,委托代收货款。

② 托收行根据托收申请书缮制托收委托书连同汇票、货运单证,寄交进口地代收行。

③ 代收行收到汇票及货运单证,即向进口人作付款提示。

④ 进口人审单无误后付款。

⑤ 代收行交单。

⑥ 代收行通知托收行,款已收妥办理转账业务。

⑦ 托收行向出口人交款。

（2）远期付款交单（D/P at...days after sight）:是由出口人通过银行向进口人提示汇票和货运单证,进口人即在汇票上承兑,并于汇票到期日付款后向银行取得单证。在汇票到期付款前,汇票和货运单证由代收行掌握。其业务流程如图4-4所示。

```
付款人                  合同                委托人
(进口人)  ─────────────────────  (出口人)
   ▲                                      ▲
   │ ⑤ ④ ③                          ① │ ⑦
   ▼                                      ▼
  代收行  ◄────────── ② ──────────  托收行
          ────────── ⑥ ──────────►
```

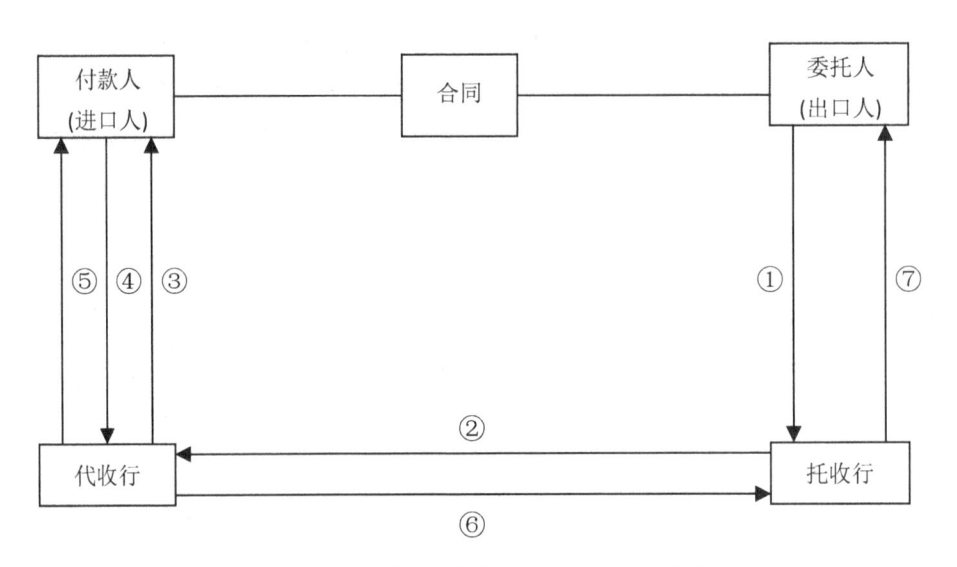

图 4-4 远期付款交单业务程序示意图

说明：① 出口人按合同规定装货后填写托收申请书，开立远期汇票连同货运单证交托收行，委托代收货款。

② 托收行根据委托申请书缮制托收委托书，连同汇票、货运单证寄交代收行委托代收。

③ 代收行按照托收委托书的指示向进口人提示汇票与单证，进口人经审核无误在汇票上承兑后，代收行收回汇票与单证。

④ 进口人到期付款。

⑤ 代收行交单。

⑥ 代收行办理转账，并通知托收行款已收到。

⑦ 托收行向出口人交款。

2. 承兑交单（Documents against Acceptance，D/A）

承兑交单是指出口人的交单以进口人的承兑为条件。进口人承兑汇票后，即可向银行取得全部货运单证，而对出口人来说，交出物权凭证之后，其收款的保障就完全依赖于进口人的信用。一旦进口人到期拒付，出口人便会遭受货、款两空的损失。因此，出口人对于接受这种方式必须慎重。其业务程序如图 4-5 所示。

第四章 汇付与托收

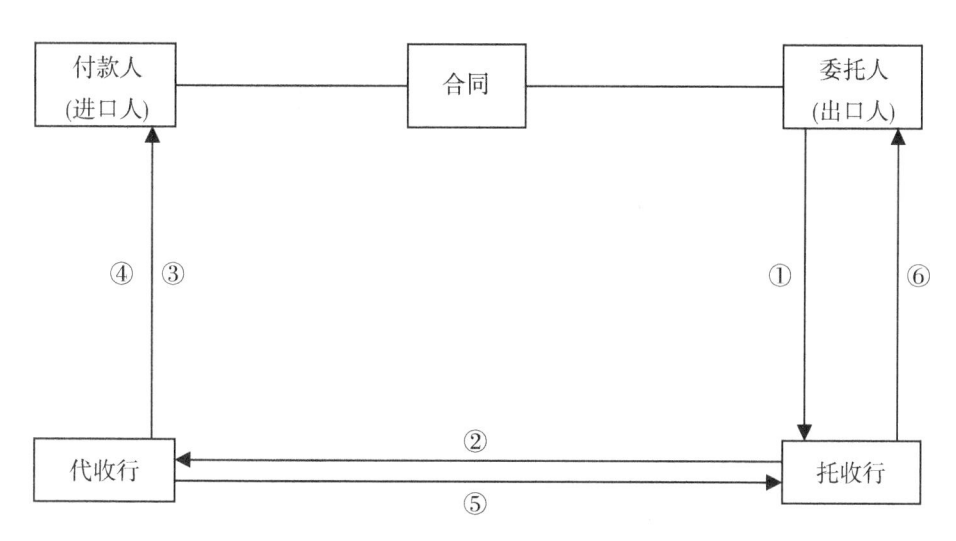

```
付款人                    委托人
(进口人) ──── 合同 ──── (出口人)
   ↑                        ↑
 ④ │ ③                    ① │ ⑥
   │ ↓                      ↓ │
 代收行 ←──── ② ──── 托收行
          ──── ⑤ ────→
```

图 4-5　承兑交单业务程序示意图

说明：① 出口人按合同规定装货并取得货运单证后，填写托收申请书，声明"承兑交单"，开出远期汇票连同货运单证交托收行，委托代收货款。

② 托收行根据托收申请书缮制托收委托书连同汇票、货运单证寄交进口地代收银行委托代收。

③ 代收行按照托收委托书的指示向进口人提示汇票与单证，进口人在汇票上承兑，代收行在收回汇票的同时，将货运单证交给进口人。

④ 进口人到期付款。

⑤ 代收行办理转账并通知托收款已收到。

⑥ 托收行向出口人交款。

四、托收方式的特点

银行办理托收业务时，只是按委托人的指示办事，并无承担付款人必然付款的义务，因此，托收属于商业信用。出口商风险较大，其货款能否收到，完全依靠进口商的信用。在付款交单的条件下，虽然进口人在付款前提不到货物，但若进口人到期拒不付款赎单，由于货物已运出，在进口地办理提货、交纳进口关税、存仓、保险、转售以致低价拍卖或运回国内，需付较高代价。至于在承兑交单条件下，进口人只要办理承兑手续，即可取得货运单证而提走货物，所以对出口人来说，承兑交单比付款交单的风险更大。但跟单托收对进口人却很有利，减少了其费用支出，从而有利于资金周转。

托收和汇付都属商业信用,但在国际贸易结算中,使用跟单托收要比汇付方式多。汇付方式资金负担不平衡,会对某一方产生较大风险。因此,双方都会争取对自己有利的条件,双方利益差距难以统一,故较少使用。而托收方式使双方的风险差异得到一些弥补,要比预付货款方式优越,特别是对进口商更有利。

◇单元练习题◇

一、填空题

1. 首次进行贸易活动合作的不同国家的买卖双方采用( )支付方式比较安全,这就是因为该支付方式是以( )信用为基础。

2. 顺汇中结算工具流向与资金流向( ),逆汇则( )。

3. 在( )支付方式下,卖方根据买方银行开出的信用证发运货物给买方并提交信用证条款一致的单证,开证行/保兑银行(如有)对相符的单据负有不可撤消的付款责任。

4. 汇付有三种方式,分别是( )、( )及( )。

5. 在( )支付方式下,卖方在收到货款前将货物发运给买方,同时,把贸易单证通过其银行寄给买方的银行,买方的银行凭买方的付款或承兑放单给买方。银行本身不承担任何付款责任。

6. 国际货款结算的基本方式有( )、( )及( )。其中( )和( )是商业信用,( )是银行信用。

7. 在( )支付方式下,卖方在收到贷款前将货物发运给买方,买方在货物发运后一定时间内付款。

8. 某出口公司采用托收方式结算,一笔是D/P30天,前者进口商必须在( )后才能取得单证,后者在( )后即可取得单证。

9. 托收业务的基本当事人有( )、( )、( )和( )。

10. 跟单托收按交单方式可分为( )交单和( )交单。

二、单项选择题

1. 托收行的义务之一是( )。

A. 确保货物得到保护　　　　B. 按委托人的指示办事

C. 审核单证的内容　　　　　D. 保证为委托人收回款项

第四章 汇付与托收

2.以下关于汇款陈述正确的是（　　）。

A.由于汇出汇款申请书是汇款人和汇出行间的一种契约，所以由于汇款申请书的错漏引起的延误、差错等，汇款人应自负后果

B.汇款属于顺汇性质

C.汇款的基本当事人包括汇款人和收款人

D.汇款方式比托收方式更安全，更迅速

3.代收行的责任之一是（　　）。

A.审核单证的内容　　　　　B.执行托收行指示

C.服从付款人指示　　　　　D.保证付款人付款

4.承兑交单方式下开立的汇票是（　　）。

A.即期汇票　　　　　　　　B.远期汇票

C.银行汇票　　　　　　　　D.银行承兑汇票

5.以下关于汇款的表述正确的是（　　）。

A.是汇款人通过银行将款项交付给收款人的方式

B.属于银行信用

C.是一种保证收款人收到款项的方式

D.是一种逆汇方式

6.以下结算方式中属于顺汇的是（　　）。

A.信用证　　　B.汇款　　　C.保函　　　D.托收

7.在托收项下，单证的缮制通常以（　　）为依据。如有特殊要求，应参照相应的文件或资料。

A.信用证　　　B.发票　　　C.合同　　　D.提单

8.以下关于托收陈述正确的是（　　）。

A.有即期付款交单和远期付款交单两种式

B.银行只提供服务，不提供信用

C.进口商向出口商提供资金的融通

D.各方当事人遵循《UCP522》办理业务

9.承兑是（　　）对远期汇票表示承担到期付款责任的行为。

A.付款人　　　B.收款人　　　C.出口人　　　D.议付行

10.L/C与托收相结合的支付方式，其全套货运单证应（　　）。

A.随信用证项下的汇票

B.随托收项下的汇票

C.50%随信用证项下，50%随托收项下

D.单证与票据分列在信用证和托收汇票项下

三、多项选择题

1. 进出口业务中用的支付方式有（　　）。

   A. 付款交单　　　B. 汇款　　　C. 信用证　　　D. 托收

2. 关于顺汇描述正确的是（　　）。

   A. 债务人主动向债权人付款的　　B. 资金流向结算工具的传递方向相同

   C. 包括汇款各托收两种形式　　　D. 不仅有商业信用也有银行信用

3. 托收结算方式下出口商面临的风险有（　　）。

   A. 开证行拒付　　　　　　　　　B. 进口商破产倒闭

   C. 进口国发生内乱或战争　　　　D. 进口未申领到进口许可证

4. 托收行在向代收行寄出跟单托收项下单证前的处理手续应包括（　　）。

   A. 审核托收申请人制填的申请书

   B. 核对单证的种类和份数

   C. 审核单证内容是否与合同相符

   D. 缮制出口托收委托书

5. 采用托收方式结算时出口商应注意（　　）。

   A. 考察进口商的资信和经营作风

   B. 了解进口国的贸易和外汇管制

   C. 了解托收行的资信

   D. 出口合同争取采用 CIF 条件成交

四、案例分析

1. 我某贸易公司向国外某客商出口货物一批，合同规定的装运期为 2011 年 6 月，D/P 方式付款。合同订立后，我方及时装运出口，并收集好一整套结汇单证及开出以买方为付款人的 60 天远期汇票委托银行托收货款。单证寄抵代收行后，付款人办理承兑手续时，货物已到达目的港，且行情看好，但付款期限未到。为及时提货销售取得资金，买方经代收行同意，向代收银行出具信托收据借取货运单证提前提货。不巧，在销售的过程中，因保管不善导致货物被火焚毁，付款人又因其他债务关系倒闭，无力付款。

   问：在这种情况下，责任应由谁承担？为什么？

第四章 汇付与托收

2. 2008年4月,香港某公司委托当地A银行通过内地B银行向某进出口公司托收货款。B银行收到单证后向某进出口公司(付款人)提示,要求其按托收金额USD205020.00付款。同年12月,付款人通知B银行,该公司已将USD165020.00直接汇给出票人,授权B银行将剩余的货款USD40000.00通过A银行付给出票人。付款人在支付了余款后,B银行遂将单证交给了付款人。2009年5月,香港某公司(出票人)致函B银行称,这种做法严重损害了该公司的正当权益,违背了国际惯例及《URC522》准则。

请问B银行的做法有道理吗?

第五章 信用证

【学习目标】

本章主要讲授信用证的种类及信用证的一般业务程序，了解《跟单信用证统一惯例》，了解信用证的格式与内容，掌握信用证的审核与修改。

【重点与难点】

1. 信用证的内容
2. 信用证的结算程序
3. 信用证的审核与修改

第一节 信用证概述

一、信用证的定义

信用证（Letter of Credit，简称 L/C）是银行根据开证申请人的请求和指示，向受益人开具的有一定金额，并在一定期限内凭规定的单证承诺付款的书面文件；换句话说，即开证银行根据进口商的要求，向出口商开出的有条件的付款承诺，出口商提供信用证规定的汇票和单证，开证银行保证付款。

信用证属于银行信用，是银行信用介入国际货物买卖货款结算的产物。它的出现不仅在一定程度上解决了买卖双方之间互不信任的矛盾，而且还能使双方在使用信用证结算货款的过程中获得银行资金融通的便利，从而促进了国际贸易的发展。与托收和汇款相比，更能保障买卖双方的利益，因而被广泛应用于国际贸易之中，成为当今国际贸易中的主要结算方式。简言之，信用证是一种银行开立的有条件的承诺付款的书面文件。

为了保持和提高信用证这种国际结算方式在国际贸易结算中的地位，规范信用证的结算规则，国际商会根据近 20 年来信用证使用发展情况对国标结算中广为使用的《跟单信用证统一惯例》国际商会第500号出版物(简称《UCP500》进行修订,新修订的版本是国际商会第600号出版物(简称《UCP600》),自2007年7月1日起实施。目前,《UCP600》已经成为最成功和最被广泛接受的国际银行和商业统一惯例。

二、信用证的特点

1. 信用证是独立文件

信用证虽以贸易合同为基础,但它一经开立,就成为独立于贸易合同之外的另一种契约。贸易合同是买卖双方之间签订的契约,只对买卖双方有约束力;信用证则是开证行与受益人之间的契约,开证行和受益人以及参与信用证业务的其他银行均应受信用证的约束,但这些银行当事人与贸易合同无关,故信用证不受合同的约束。对此,《UCP 600》第四条a款明确规定:"信用证与其可能依据的销售合约或其他合约是性质上不同的业务。即使信用证中包含有关于该合约的任何援引,银行也与该合约完全无关,并不受其约束。"

2. 开证行是第一性付款人

信用证支付方式是一种银行信用,由开证行以自己的信用作出付款保证,开证行提供的是信用而不是资金,其特点是在符合信用证规定的条件下,首先由开证行承担付款的责任。《UCP600》第七条明确规定,信用证是一项约定,根据此约定,开证行依照开证申请人的要求和指示,在规定的单证符合信用证条款的情况下,向受益人或其指定人付款,或支付或承兑受益人开立的汇票;也可授权另一银行进行该项付款,或支付、承兑或议付该汇票。后一种情况并不能改变开证行作为第一性付款人的责任。

3. 信用证业务处理的是单证

根据《UCP 600》第五条规定:银行处理的是单据,而不是单据可能涉及的货物、服务或履约行为。信用证业务所处理的是一种纯粹的单证业务,只要单证表面上符合信用证的规定和要求,开证行就应承担付款、承兑或议付的责任,即使收到货物后发现不符合合同要求,也只能由开证人根据买卖合同向有关方面索赔。换言之,如果买方收到的货物完全符合合同的规定,但受益人所提交的单证不符合信用证的要求,银行完全有理由拒付。总之,信用证业务的特点就是"一个原则,两个只凭"。"一个原则"就是严格相符的原则,即单单一致、单证相符。"两个只凭"就是银行只凭信用证,不问合同；只凭单证，不管货物。

三、信用证的种类

信用证可根据其性质、期限、流通方式等特点加以划分，常见的有：

1. 不可撤销信用证（Irrevocable L/C）

指信用证一经开出，在有效期内，未经受益人及有关当事人的同意，开证行不得片面修改和撤销。只要受益人提交了符合信用证条款的单证，开证行就必须履行付款义务。

2. 可撤销信用证（Revocable L/C）

指开证行开出信用证后，不必征得受益人或有关当事人的同意，有权随时撤销或修改的信用证。这种信用证对受益人的收款没有保障，对出口人极为不利，因此，实际业务中，受益人一般不接受这种信用证。

3. 保兑信用证（Confirmed L/C）

指开证行开出的信用证由另一家银行对开证行的付款承诺再次进行保证的信用证。对信用证加具保兑的银行，叫保兑行。

4. 跟单信用证（Documentary L/C）

指开证行凭跟单汇票或仅凭单证履行付款义务的信用证。国际贸易中所使用的信用证大部分是跟单信用证。

5. 即期信用证（Sight L/C）

指信用证内规定只要受益人提交了符合信用证条款的跟单汇票或单证，开证行或付款行立即履行付款义务的信用证。即期信用证是单到付款，其特点是出口人收汇迅速、安全，所以在国际贸易中大多数出口商都愿意采用这种信用证。

6. 远期信用证（Usance L/C）

指开证行或付款行在信用证中保证，在收到符合信用证的单证时，在规定的期限内付款的信用证。

远期信用证又可分为银行承兑远期信用证和延期付款信用证。

（1）银行承兑远期信用证（Banker's Acceptance Credit）。指以开证行或其指定银行作为远期汇票付款人的信用证。

（2）延期付款信用证（Deferred Payment Credit）。指在信用证上规定，开证行或付款行在收到符合信用证规定的单证后若干天，或货物装船后若干

第五章 信用证

天付款的信用证。

（3）假远期信用证（Usance Credit Payable at Sight）。"假远期信用证"的实质是远期信用证，即期付款。其特点是，信用证规定受益人开立远期汇票，由付款行负责承兑和贴现，承兑费用和贴现利息由进口人承担。这种信用证从表面看是远期信用证，但受益人却能即期十足地收回款项。因而被称之为"假远期信用证"。该信用证对出口方来说类似于即期信用证，但对进口方来说，要承担贴现息和承兑费用，故又称为买方远期信用证（Buyer's Usance Credit）。

7. 可转让信用证（Transferable Credit）

根据《UCP500》的规定，可转让信用证是指受益人（第一受益人）可要求被授权付款、承担延期付款责任、承兑或议付的银行（转让行），或在自由议付信用证下被特别授权的转让行，使信用证的全部或部分交一个或几个其他受益人（第二受益人）使用的信用证。

8. 循环信用证（Revolving Credit）

循环信用证是指受益人在一定时间内使用了规定的金额后，其金额又恢复到原金额，直至达到规定的时间、次数或金额为止的信用证。

9. 对开信用证（Reciprocal Credit）

指交易的双方都对其进口部分以对方为受益人所开立的信用证。

10. 对背信用证（Back to Back Credit）

对背信用证是指信用证的受益人要求通知行或其他银行以原证为基础另开一张内容近似的新证给实际供货人，这另开的新证称为对背信用证。

11. 预支信用证（Anticipatory Credit）

指开证行授权代付行（通常是通知行）向受益人预支信用证金额的全部或一部分，由开证行偿还并负担利息。一般信用证是卖方先交货，买方收单后付款，而预支信用证则是买方先付款，卖方后交单，等日后受益人交单时扣除预支的货款及利息。预支信用证适用于货源紧缺的商品。

12. 备用信用证（Standby Credit）

又称担保信用证（Guarantee Credit），是指开证行开给受益人的一种有条件的保证付款的书面文件。其主要内容是在信用证中规定，在开证申请人未能履行投标人的职责，或未能按时偿还贷款或货款时，开证行负责为其支付。如开证申请人履行了信用证中规定的上述某项义务，则该信用证就不起作用，所以其被称作备用信用证。

第二节 信用证的当事人及结算程序

一、信用证业务当事人

根据信用证的定义,信用证业务有三个基本当事人,即开证人、开证银行、受益人。此外,通常还会有其他当事人,即通知行、议付行、付款行、偿付行、保兑行等。

1. 开证申请人(Applicant)

开证申请人,又称开证人(Opener),是指向银行申请开立信用证的人,一般为进口人,是买卖合同的买方。

2. 开证行(Issuing Bank,Opening Bank)

开证行是指接受开证人的申请,开立信用证的银行,一般是进口地的银行,开证人与开证行的权利和义务以开证申请书为依据,开证行承担保证付款的责任。

3. 受益人(Beneficiary)

受益人是指信用证上所指定的有权使用该证的人,一般是出口商,即买卖合同的卖方。

4. 通知行(Advising Bank,Notifying Bank)

通知行是接受开证银行的委托,将信用证通知受益人的银行。一般为出口地的银行,是开证行的代理行。通知行负责将信用证通知受益人,以及鉴别信用证的表面真实性,并不承担其他义务。

5. 议付行(Negotiating Bank)

议付行是指愿意买入或贴现受益人交来的跟单汇票的银行。因此,又称购票银行、贴现银行或押汇银行,一般是出口人所在地的银行。议付行可以是信用证条款中指定的银行,也可以是非指定银行,由信用证条款决定。

6. 付款行(Paying Bank,Drawee Bank)

付款行是指开证行指定信用证项下付款或充当汇票付款人的银行。它一般是开证行,有时是代开证行付款的另一家银行。付款行通常是汇票的受票人,所以也称为受票银行。付款人和汇票的受票人一样,一经付款,对受款人就无追索权。

7. 偿付行（Reimbursing Bank）

偿付行是指受开证行的授权或指示,对有关代付行或议付行的索偿予以照付的银行。偿付行偿付时不审查单证,不负单证不符的责任,因此,偿付行的偿付不视作开证行终局的付款。

8. 保兑行（Confirming Bank）

保兑行是指应开证行的请求在信用证上加具保兑的银行。保兑行在信用证上加具保兑后,就对信用证独立承担付款责任。在实际业务中,保兑行一般由开证行请求通知行兼任,或由其他资信良好的银行充当。

二、信用证支付方式的一般结算程序

采用信用证方式结算货款,从进口人向银行申请开立信用证,一直到开证行付款后收回垫款,须经过多个环节,办理各种手续;对于不同类型的信用证,其具体做法亦有所不同。这里从信用证支付方式的一般结算程序来分析,其基本环节大体经过申请、开证、通知、议付、索偿、付款、赎单等。现以国际贸易结算中最为常用的不可撤销的跟单议付信用证为例介绍其一般操作程序,如图5-1所示。

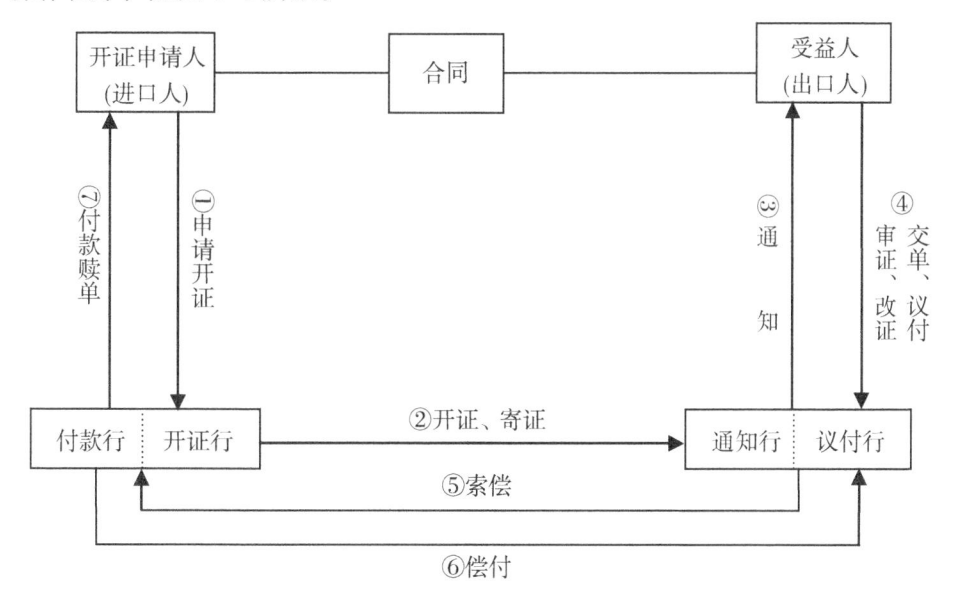

图5-1 不可撤销跟单议付信用证业务流程示意图

（一）进口商申请开立信用证

一般情况下，进口商应在规定的时间内，按合同规定的内容向开证行申请开立信用证。开证人申请开证时，应填写开证申请书（Application for Letter of Credit），其格式如表5-1所示。开证申请书是开证银行开立信用证的依据。开证申请书的内容包括两个部分：正面是要求开立信用证的内容，即开证人按合同要求开证行在信用证上列明的条款，也是开证行凭以向受益人或议付行付款的依据。反面是开证人对开证行所作的声明。其基本内容是承认在其付清货款前，银行对单证及其所代表的货物拥有所有权；承认银行可以接受"表面上合格"的单证，对于伪造单证、货物与单证不符等，银行概不负责；开证人保证单证到达后，要如期付款赎单，否则，开证行有权没收开证人所交的押金和抵押品等。同时，开证人应向开证行交纳一定比率的押金及开证手续费（一般为1.5‰）。

表5-1 开证申请书

IRREVOCABLE DOCUMENTARY CREDIT APPLICATION	
TO：BANK OF CHINA BEIJING BRANCH	Date：
☐ Issue by airmail ☐ With brief advice by teletransmission ☐ Issue by express delivery	Credit No.
☐ Issue by teletransmission（which shall be the operative instrument）	Date and place of expiry
Applicant	Beneficiary（Full name and address）
Advising Bank	Amount

第五章　信用证

续表

Partial shipments ☐ allowed ☐ not allowed	Transhipment ☐ allowed ☐ not allowed	Credit available with By
Loading on board/dispatch/taking in charge at/ from not later than For transportation to : ☐ FOB ☐ CFR ☐ CIF ☐ or other terms		osight payment oacceptance onegotiation odeferred payment at against the documents detailed herein oand beneficiary's draft (s) for % of invoice value at sight drawn on

Documents required : (marked with ×)
1. (　) Signed commercial invoice in ＿＿ copies indicating L/C No. and Contract No.
2. (　) Full set of clean on board Bills of Lading made out to order and blank endorsed, marked "freight [ ] to collect / [ ]prepaid [ ] showing freight amount" notifying .
3. (　) Airway bills/cargo receipt/copy of railway bills issued by showing "freight [ ] to collect/[ ] prepaid [ ] indicating freight amount" and consigned to＿＿＿＿＿＿＿．
4. (　) Insurance Policy/Certificate in ＿＿ copies for ＿＿ % of the invoice value showing claims payable in in currency of the draft, blank endorsed, covering All Risks, War Risks and.
5. (　) Packing List/Weight Memo in ＿＿ copies indicating quantity, gross and weights of each package.
6. (　) Certificate of Quantity/Weight in copies issued by ＿＿＿＿＿＿＿．
7. (　) Certificate of Quality in ＿＿ copies issued by [ ] manufacturer/[ ] public recognized surveyor＿＿＿＿＿＿＿．
8. (　) Certificate of Origin in ＿＿ copies .
9. (　) Beneficiary's certified copy of fax / telex dispatched to the applicant within ＿＿ days after shipment advising L/C No., name of vessel, date of shipment, name, quantity, weight and value of goods.
10. Other documents, if any :
Additional instructions :
1. (　) All banking charges outside the opening bank are for beneficiary's account.
2. (　) Documents must be presented within days after date of issuance of the transport documents but within the validity of this credit.
3. (　) Third party as shipper is not acceptable, Short Form/Blank back B/L is not acceptable.
4. (　) Both quantity and credit amount ＿＿＿＿ % more or less are allowed.
5. (　) All documents must be sent to issuing bank by courier/speed post in one lot.
6. (　) Other terms, if any :

（二）开证银行开立、寄送信用证

开证行接受开证申请人的开证申请书后，向受益人开立信用证，所开信用证的条款必须与开证申请书所列一致。信用证一般开立正本一份、副本若干份。开证方式有"信开"（Open by Airmail）和"电开"（Open by Telecommunication）两种。信开是指开证时开立正本一份和副本若干份，邮寄给通知行。电开是指开证行将信用证内容加注密押用电报或电传等电信工具通知受益人所在地的代理行，请其转知受益人。电开可分为简电本（Brief）和全电本（Full Cable）。所谓简电本是进口人为了使出口人及早备货、安排运输而将仅有信用证金额、号码、装运期、有效期等少量信用证内容的文字用电讯通知出口人业已开证。这种简电本在法律上无效，不能凭此交单付款、承兑或议付。这种简电通知往往注明"详情见航邮件"（Detail Airmail）或类似字样。全电本是指使用电报或电传等电讯工具将信用证的全部条款传达给通知行。

申请人申请开立信用证后，开证行委托通知行将信用证转交给受益人。

（三）通知行通知受益人

通知行收到信用证后，应即核对信用证的签字印鉴（信开）或密押（电开），在核对无误后，除留存副本或复印件外，须迅速将信用证交给受益人。如果收到的信用证是以通知行为收件人的，通知行应以自己的通知书格式照录信用证全文通知受益人。

（四）受益人审查、修改信用证并交单议付

受益人收到信用证后，应立即进行认真审查，主要审核信用证中所列的条款与买卖合同中所列的条款是否相符。如发现有不能接受的内容，应及时通知开证人，请求其修改信用证。修改信用证的传递方式与开证相同。在修改不可撤销信用证时，应注意以下事项：信用证的修改必须征得各有关当事人的同意，方为有效，否则此项修改不能成立，信用证仍以原来的内容为准；如果修改通知涉及两个以上条款，受益人只能全部接受或全部拒绝，不能接受其中一部分，拒绝其他部分；在同一份信用证中的多处条款的修改，应做到一次向对方提出；信用证的修改通知书应通过原证的通知行转递或通知。

受益人收到信用证经审查无误，或收到修改通知书确认后，即可根据信用证规定发运货物，货物发运完毕取得信用证规定的全部单证。开立汇票和

发票，连同信用证正本（如经修改的信用证，还需连同修改通知书）在信用证规定的交单期或信用证有效期内，递交给信用证规定的银行或与自己有往来的其他银行办理议付。

议付行在收到单证后应立即按照信用证的规定审核，并在收到单证次日起不超过 5 个银行工作日将审核结果通知收益人。在我国出口业务中，使用议付信用证较多。所谓"议付"（Negotiation），是指议付行在审核单证后确认收益人所交单证符合信用证条款规定的情况下，按信用证条款买入收益人的汇票和单证，按照票面金额扣除从议付日到估计收到票款之日的利息，将净数按议付日人民币市场汇价折算成人民币付给信用证的受益人。

议付行办理议付后持有汇票成为正当持票人，这样银行就取得了单证的所有权。由于是议付行垫付资金，购买汇票和单证，所以又称议付行为"买单"。买单结汇又称"出口押汇"，是议付行向信用证受益人提供的资金融通，可加速资金周转，有利于扩大出口业务。

（五）索偿

索偿是指议付行根据信用证规定，凭单证向开证行或其指定行请求偿付的行为。议付行按信用证要求将单证分次寄给开证行或代付行，并将汇票和索偿证明书分别寄给开证行、付款行或偿付行，以航邮或电报、电传索偿。

（六）偿付

偿付是指开证行或被指定的代付行或偿付行向议付行付款的行为。开证行收到议付行寄来的汇票和单证后，经检查认为与信用证规定相符，应将票款偿还给议付行。如果信用证指定付款行或偿付行，则由该指定的银行向议付行偿付。

（七）开证申请人付款赎单和提货

开证行在向议付行偿付后，立即通知开证申请人付款赎单，开证申请人接到通告后，应立即到开证行检验单证，如认为无误，就应将全部货款和有关费用向银行一次付清而赎回单证。银行则返还在申请开证时开证人所交的押金和抵押品。此时开证申请人与开证行之间因开立信用证而构成的债权债务关系即告结束。如果开证人验单时发现单证不符，亦可拒绝付款赎单。但如果开证申请人凭运输单证向承运人提货，发现货物与买卖合同不符，则与银行无关，只能向受益人、承运人或保险公司等有关责任方索赔。

第三节　信用证的内容

信用证有电开和信开两种，电开又分为 SWIFT 开证与电传开证。电传开证要通过核对密押确认信用证表面真实性，因此，它要求开证行与通知行之间建立密押关系。信开信用证要通过核对印鉴确认表面真实性，所以，它要求开证行和通知行之间建立印鉴关系。出于安全性考虑，目前已经很少使用电传或信开信用证。信用证的内容就是买卖双方履约的保证，包括如下一些内容。

一、信用证的一般内容

每个银行开出的信用证都有不同的格式，但主要内容基本一致，一般包括下列各项：

（1）信用证本身的固有内容：开证行名称、地址、信用证的类型、名称、证号、开证日期、金额、受益人、开证申请人、通知行、有效期、开证文句及兑付方式等。

（2）依据《UCP 600》条款的开证文句。

（3）汇票条款：汇票的出票人、付款人、汇票期限、金额等。

（4）单证：商业发票、运输单证、保险单证等。

（5）货物条款：货物描述、包装等。

（6）装运条款：起运港和目的港，分批装运和转运，装运期等。

（7）开证行担保条款。

（8）其他条款。

二、信用证条款的具体内容

1. 开证行名称（Opening Bank）、地址（Address）

这两项内容，如是信开证，在信用证顶部和右下角，一般已印妥。如是电开证，电文开头的发电行即是。如电文由其他银行转发，所转电文的开头应有开证行的名称和地址。如属由其他银行转开，转开文句内应述及这两项内容。

第五章 信用证

2. 信用证类型（Form of Credit）

这项内容有不同的表示法，有的在信用证名称前表示，如"不可撤销的"（Irrevocable），"可转让的"（Transferable）等；有的在信用证条款里表示，如即期信用证是以汇票的期限来确定，汇票为即期（At sight）则信用证亦为即期；汇票为远期（at...days after / from...），信用证也为远期；或汇票为远期，但可以即期索汇，而且贴现息由开证人负担，这种信用证为假远期；信用证内包含预支条款的为预支信用证，等等。

3. 信用证名称（Credit）

一般用"Letter of Credit"表示，简称"Credit"、"L/C"或"LC"。有的用"DC"表示"跟单信用证"的意思，即"Documentary Credit"的缩写。

4. 信用证号码（L/C Number）

这是一项必不可少的内容，许多单证都须引用。一般信用证号放在信用证名称之后，即 Letter of Credit No... 如是转开证，要注意区别转开行的证号与原证证号。转开行证号一般在转开文句中述及，原证证号则在原证开头部分注明。另外要注意信用证内不同条款中所援引的信用证号要与信用证本身的证号一致，不一致者，无法确定正确与否，须联系开证行证实。

5. 开证日期（Date of Issue）

这一日期必须与发电或转开等日期相区别。有的信用证内有明显的开证日期文字标示，如"Date of Issue"或"Issuing Date"等。没有这种文字标示的，如是信开证，一般开证日期与开证地址并列或靠近。电开证有的没有明确的开证日期，而以发电日为开证日。如由其他行转电或转开，则电文开头的日期应为转电日或转开日。电文内可能述及原信用证开证日。

6. 信用证货币和金额（L/C Amount）

一般信用证货币和金额前都冠以下列文字"for amount, an amount not exceeding, amount maximum, for a sum or sums of"。如是电开证，文字标示一般为"currency code, amount"。

7. 受益人（Beneficiary）

一般用"beneficiary"表示，有的用"in favor of"表示。

8. 通知行或转递行（Advising Bank/Transmitting Bank）

通知行为"advising bank"或"notifying bank"。转递行为"transmitting bank"。

9. 开证申请人（Applicant）

一般为"applicant"，有的用"accountee, opener, for account of, by order of, order, at request of, you are authorized to draw on"等，这些单词和短语之后都可加开证人名称。

10. 议付行（Negotiating Bank）

一般也用"avail with by"表示，后面加议付银行名称。

11. 有效期及地址

一般用"expiry"表示期满，或"expiry date"表示期满日。也可以用"validity, validity date, valid till"等表示。有的在到期日后加地址"date and place of expiry"表示在某日某地到期。

12. 开证文句

一般直叙"We open（issue, establish）Letter of Credit No..."。有的无此文句而仅以文字标示列出证号"Letter of Credit No..."。

13. 汇票条款

一般信用证列有"beneficiary's draft at sight for full invoice value drawn on issuing bank"此条款含义如下：

（1）beneficiary's draft（受益人的汇票）表示汇票的出票人是受益人。

（2）at sight（即期），以这种方式表示汇票期限，如规定"at...days after / from..."则表示不同类型的远期。

（3）for full invoice value（全部发票金额），for 后面表示汇票金额。汇票金额可以是全部或百分之百（100%）发票金额，也可以是一定百分比的发票金额（...% of invoice value）或者是一个固定的金额等。

（4）drawn on issuing bank（开给开证行），以这种方式表示汇票付款人，即 drawn on 后面是谁，谁就是付款人。一般都以开证行为汇票付款人。

14. 单证条款

即应提供的单证（documents to be presented），主要包括：

（1）商业发票：一般发票条款内注明"Signed Commercial Invoice in...Copies"表示签字的商业发票××份。有时发票名称仅写"Invoice"，含义不变，但无须签字。有的在此条款后加注"showing..., indicating..."，或"mentioning..."等词，表示发票应显示的内容。

（2）提单：一般提单条款为"full set of clean on board ocean bills

of lading made out to order（of...）and blank endorsed, marked 'Freight Prepaid'（or Collect）notifying applicant（or other party）"意思是全套清洁已装船提单，空白（或以某人为）抬头，空白背书，注明"运费预付（或到付）"通知开证人（或其他方）。此条款包括提单份数、是否清洁、是否已装船、提单名称、抬头、背书、运费、通知方等内容。

（3）保险单或保险凭证：一般此条款为"Insurance Policy or Insurance Certificate in 2 copies for 110% of Invoice Value covering All Risks and War Risks"，意思是保险单或保险凭证一式两份，按发票金额的110%投保一切险和战争险。此条款包括单证名称、份数、投保金额、投保险别。一些信用证还可以根据实际需要加列其他内容。如加 negotiable，可转让的；加 payable at destination 表示在目的港赔付；加 in currency of draft 表示按汇票货币赔付等。如以 FOB 成交，保险应由买方办理，信用证加"Insurance to be covered by buyer"或类似说法。

15. 货物条款

货物条款前一般有"covering, evidencing shipment of"或"shipment of"等字样，表示装运什么货物之意。此条款一般包括货名、货量、规格、单价、价格术语、总值、包装等。如 LITTLE SWAN BRAND WASHING MACHINE 1000 SETS USD100/SET CFR VENCOUVER, CANADA IN CONTAINERS ACCORDING TO CONTRACT NO.8989（小天鹅牌洗衣机1000台，每台100美元 CFR 温哥华，集装箱运输，依据合同8989）。货物条款繁简不一，内容多时可加附页说明，并加注"as per attached sheets which form an integrate part of this L/C（货物如附页，此附页构成本信用证不可分割的一部分）"。内容少时连货名都没有而只加注"as per Contract No...（货物如……号合同）"。

16. 装运条款

此条款主要包括以下内容：

（1）起运港，一般表达方式为 loading /dispatch /taking/from 后面接装货港口名称。为适应现代化运输方式的需要，有的信用证注明"Loading on board / dispatch / taking in charge from...for transport to..."表示装船/发货/负责监管自某地运输至某地，可根据不同的运输方式对号入座。

（2）目的港，一般表达方式为 for transportation to... 后面接目的港的名称。

（3）分批装运：一般注明"partial shipments are permitted / not permitted"表示允许或不允许分批装运。有的在允许分运后加一些限制性条件，如"partial shipments are permitted only in two lots"表示只能分两批。有的分批与装运时间相联系，如"100 M/T in Jan., 200M/T in Feb."。有的分批与目的港相联系，如"50 M/T to London, 70 M/T to Paris."。有的与运输方式相联系，如"one set by air, two units by sea"，"partial shipments allowed only one lot by air and five lots by sea"，还有的与单证相联系，如"partial shipments permitted and a separate set of documents is required for each shipment"等。

（4）转运：一般规定"transshipment is allowed / not allowed"表示允许或不允许转运。有的规定只允许在某口岸转运，如"transshipment allowed only in Hongkong"。有的规定只在货装集装箱的情况下允许转运，如"transshipment is allowed only goods in container"。

（5）装运期：一般表示为"Latest Date of Shipment，或 Latest Shipment Date"，有的注有文字标示"Shipment Latest"等，都表示最迟装运日。"Shipment...not later than..."表示装运不能晚于某日。

17. 其他条款

其他条款很多，可根据业务需要或按客户要求加列各种内容，示例如下：

（1）交单期限：如"The documents must be presented for negotiation within 15 days after the date of issuance of the transport documents but within the validity of the credit."（在信用证有效期内，必须在装运单证签单日后15天之内交单议付）。

（2）银行费用：如"All banking charges outside the issuing bank are for account of beneficiary."（除开证银行之外的费用由受益人负担）。

（3）不符点费用：如"A fee of USD 30（or equivalent）will be charged for each set of discrepant documents presented which require our obtaining approval from our customer."[提供单证不符的单证，每套将收30美元（或等值）费用，单证须经我行征得客户同意]。

（4）寄单条款：如"All documents must be airmailed to us in two consecutive lots."（全部单证必须连续分两次航寄我行）。如果要求一次寄单则表示为"in one lot"。

（5）偿付条款：如"We shall pay you by T/T upon our receipt of complying documents."（收到单证相符的单证后我们将向你办理电汇付款）。

（6）议付行背批条款：如"The amount of the draft under this credit should be noted by negotiating bank on the reverse hereof."（议付行应将本信用证项下的汇票金额批注在本证背面）。

18. 开证行担保条款

此条款的内容是"We hereby engage with drawers and/or bona fide holders that draft drawn and negotiated in conformity with the terms of this credit will be duly honored on presentation.（我们在此向出票人及或善意持有人保证按该信用证条款出具和议付的汇票在提示时将被兑付）"。

19. 开证依据的原则

凡承认"《跟单信用证统一惯例》国际商会第500号出版物"条款的银行，开证时都加注信用证据此开立的内容，表示开证行将以此为原则处理信用证业务，并且发生业务纠纷时也将以此为准则进行解决。此条款的内容是"This credit is subject to the Uniform Customs and Practice for Documentary Credit (1993 Revision) International Chamber of Commerce, Paris, France Publication No. 500."（本证依据国际商会在法国巴黎制定的《跟单信用证统一惯例》第600号出版物开立）。

SWIFT信用证范例如表5-2所示。

表5-2 SWIFT信用范例表

Issue of a Documentary Credit	BKCHCNBJA08E SESSION : 000 ISN : 000000 BANK OF CHINA LIAO NING NO. 5 ZHONG SHAN SQUARE ZHONG SHAN DISTRICT DALIAN CHINA　　　　　　　　　　开证行
Destination Bank：	KOEXKRSEXXX MESSAGE TYPE : 700 KOREA EXCHANGE BANK SEOUL 178.2 KA，ULCHI RO，CHUNG-KO　　　通知行
Type of Documentary Credit	40A IRREVOCABLE　　信用证性质为不可撤消

续表

Letter of Credit Number	20 LC84E0081/99　　信用证号码，一般做单时都要求注此
Date of Issue	31G 150816　　　　　　　　　　开证日期
Date and Place of Expiry	31D 151015 KOREA　　　　　失效时间地点
Applicant Bank	51D BANK OF CHINA LIAONING BRANCH　　开证行
Applicant	50 DALIAN WEIDA TRADING CO., LTD.　　开证申请人
Beneficiary	59 SANGYONG CORPORATION CPO BOX 110 SEOUL KOREA　　　　受益人
Currency Code, Amount	32B USD 1,146,725.04　　　　　　信用证总额
Available with...by...	41D ANY BANK BY NEGOTIATION　　呈兑方式，任何银行议付。有的信用证为 ANY BANK BY PAYMENT，这两句有区别，第一个为银行付款后无追索权，第二个则有追索权，就是有权限要回已付给你的钱
Drafts at	42C 45 DAYS AFTER SIGHT　　见证（票）45天内付款
Drawee	42D BANK OF CHINA LIAONING BRANCH　　付款行
Partial Shipments	43P NOT ALLOWED　　分批装不允许
Transhipment	43T NOT ALLOWED　　转船不允许
Shipping on Board/Dispatch/ Packing in Charge at/ from	44A RUSSIAN SEA　　　　起运港
Transportation to	44B DALIAN PORT, P.R.CHINA　　目的港
Latest Date of Shipment	44C 150913　　最迟装运期
Description of Goods or Services :	45A　　货物描述 FROZEN YELLOWFIN SOLE WHOLE ROUND（WITH WHITE BELLY）USD770/MT CFR DALIAN QUANTITY：200MT ALASKA PLAICE（WITH YELLOW BELLY）USD600/MT CFR DALIAN QUANTITY：300MT
Documents Required :	46A　　议付单据 1. SIGNED COMMERCIAL INVOICE IN 5 COPIES. 签字的商业发票五份 2. FULL SET OF CLEAN ON BOARD OCEAN BILLS OF LADING MADE OUT TO ORDER AND BLANK ENDORSED, MARKED "FREIGHT PREPAID" NOTIFYING LIAONING OCEAN FISHING CO., LTD. TEL（86）411-3680288

	一整套清洁已装船提单，抬头为 TO ORDER 的空白背书，且注明运费已付，通知人为 LIAONING OCEAN FISHING CO., LTD. TEL：(86) 411-3680288 3. PACKING LIST/WEIGHT MEMO IN 4 COPIES INDICATING QUANTITY/GROSS AND NET WEIGHTS OF EACH PACKAGE AND PACKING CONDITIONSAS CALLED FOR BY THE L/C. 装箱单/重量单四份，显示每个包装产品的数量/毛净重和信用证要求的包装情况 4. CERTIFICATE OF QUALITY IN 3 COPIES ISSUED BY PUBLIC RECOGNIZED SURVEYOR. 由 PUBLIC RECOGNIZED SURVEYOR 签发的质量证明三份 5. BENEFICIARY'S CERTIFIED COPY OF FAX DISPATCHED TO THE ACCOUNTEE WITH 3 DAYS AFTER SHIPMENT ADVISING NAME OF VESSEL, DATE, QUANTITY, WEIGHT, VALUE OF SHIPMENT, L/C NUMBER AND CONTRACT NUMBER. 受益人证明的传真件，在船开后三天内已将船名航次，日期，货物的数量，重量价值，信用证号和合同号通知付款人 6. CERTIFICATE OF ORIGIN IN 3 COPIES ISSUED BY AUTHORIZED INSTITUTION. 当局签发的原产地证明三份 7. CERTIFICATE OF HEALTH IN 3 COPIES ISSUED BY AUTHORIZED INSTITUTION. 当局签发的健康/检疫证明三份 ADDITIONAL INSTRUCTIONS：47A 附加指示 1. CHARTER PARTY B/L AND THIRD PARTY DOCUMENTS ARE ACCEPTABLE. 租船提单和第三方单据可以接受 2. SHIPMENT PRIOR TO L/C ISSUING DATE IS ACCEPTABLE. 装船期早于信用证的签发日期是可以接受的 3. BOTH QUANTITY AND AMOUNT 10 PERCENT MORE OR LESS ARE ALLOWED. 允许数量和金额公差在 10% 左右
Charges	71B ALL BANKING CHARGES OUTSIDE THE OPENNING BANK ARE FOR BENEFICIARY'S ACCOUNT.

续表

Period for Presentation	48 DOCUMENTSMUST BE PRESENTED WITHIN 15 DAYS AFTER THE DATE OF ISSUANCE OF THE TRANSPORT DOCUMENTS BUT WITHIN THE VALIDITY OF THE CREDIT.
Confirmation Instructions	49 WITHOUT
Instructions to the Paying/Accepting/Negotiating Bank	78 1. ALL DOCUMENTS TO BE FORWARDED IN ONE COVER, UNLESS OTHERWISE STATED ABOVE. 2. DISCREPANT DOCUMENT FEE OF USD 50.00 OR EQUAL CURRENCY WILL BE DEDUCTED FROM DRAWING IF DOCUMENTS WITH DISCREPANCIES ARE ACCEPTED.
"Advising Through" Bank	57A KOEXKRSEXXX MESSAGE TYPE：700 KOREA EXCHANGE BANK SEOUL 178.2 KA，ULCHI RO，CHUNG-KO

知识链接：SWIFT信用证简介

　　SWIFT是环球银行间金融电讯协会（Society for Worldwide Interbank Financial Telecomunication）的简称。该组织是一个国际银行同业间非营利性的国际合作组织，专门从事各国之间非公开性的国际间的金融业电讯业务，主要有十大类业务。第一类，客户汇款与支票；第二类，银行头寸调拨；第三类，外汇买卖和存放款；第四类，托收；第五类，证券；第六类，贵金属和辛迪加；第七类，跟单信用证和保函；第八类，旅行支票；第九类，银行账务；第十类，SWIFT系统电报。SWIFT具有安全可靠、高速度、低费用、自动加密押等特点。

　　凡依据国际商会所制定的电讯信用证格式设计，利用SWIFT网络系统设计的特殊格式，通过SWIFT网络系统传递的信用证的信息，即通过SWIFT开立或通知的信用证称为SWIFT信用证，也称为"环球电协信用证"。凡采用SWIFT信用证，必须遵守SWIFT使用手册的规定，使用SWIFT手册规定的代号（Tag），现以SWIFT信用证为例介绍其代号。目前开立SWIFT信用证的格式代号为MT700和MT701。见表5-3、表5-4。

第五章　信用证

表5-3　MT700 Issue of a Documentary Credit

M/O	Tag 代号	Field Name 栏位名称
M	27	Sequence of Total 合计次序
M	40A	Form of Documentary Credit 跟单信用证类别
M	20	Documentary Credit Number 信用证号码
O	23	Reference to Pre-Advice 预通知的编号
O	31C	Date of Issue 开证日期
M	31D	Date and Place of Expiry 到期日及地点
O	51a	Applicant Bank 申请人的银行
M	50	Applicant 申请人
M	59	Beneficiary 受益人
M	32B	Currency Code，Amount 币别代号、金额
O	39A	Percentage Credit Amount Tolerance 信用证金额加减百分比
O	39B	Maximum Credit Amount 最高信用证金额
O	39C	Additional Amounts Covered 可附加金额
M	41A	Available With...By... 向……银行押汇，押汇方式为……
O	42C	Drafts at... 汇票期限
O	42A	Drawee 付款人
O	42M	Mixed Payment Details 混合付款指示

续表

M/O	Tag 代号	Field Name 栏位名称
O	42P	Deferred Payment Details 延迟付款指示
O	43P	Partial Shipments 分批装运
O	43T	Transshipment 转运
O	44A	Loading on Board/Dispatch/Taking in Change at/from... 由……装船/发运/接管地点
O	44B	For Transportation to... 装运至……
O	44C	Latest Date of Shipment 最后装运日
O	44D	Shipment Period 装运期间
O	45A	Description of Goods and/or Services 货物描述及/或交易条件
O	46A	Documents Required 应具备单证
O	47A	Additional Conditions 附加条件
O	71B	Charges 费用
O	48	Period for Presentation 提示期间
M	49	Confirmation Instructions 保兑指示
O	53A	Reimbursement Bank 清算银行
O	78	Instructions to the Paying/Accepting/Negotiation Bank 对付款/承兑/议付银行之指示
O	57A	"Advise Through" Bank "收讯银行以外的通知"银行
O	72	Sender to Receiver Information 银行间的通知

第五章 信用证

表5-4 MT701 Issue of a Documentary Credit

M/O	Tag 代号	Field Name 栏位名称
M	27	Sequence of Total 合计次序
M	20	Documentary Credit Number 信用证编号
O	45B	Description Goods and/or Services 货物及/或劳务描述
O	46B	Documents Required 应具备单证
O	47B	Additional Conditions 附加条件

注：① M/O 为 Mandatory 与 Optional 的缩写，前者是指必要项目，后者为任意项目。
② 合计次序是指本证的页次，共两个数字，前后各一，如"1/2"，其中"2"指本证共 2 页，"1"指本页为第 1 页。

第四节 信用证的审核与修改

审核信用证是很重要的一项工作。只要受益人接受信用证上的条款，信用证就成为一个独立于合同的"契约"。开证行付款行为的前提是出口方提供了符合信用证要求的一切单证并正确、准确、按时提交单证，而不管合同的内容、单证的真假、是否交货等情况。如果信用证条款本身存在问题，当然受益人就不可能提供符合信用证条款的单证，银行也不会付款。

为了确保收汇安全，信用证业务的收益人在收到信用证后，应立即对其进行认真的核对和审查，发现问题后应及时改证。审核信用证是银行和出口企业的共同职责，但它们在审核内容上又各有侧重。银行着重负责审核有关开证行资信、付款责任以及索汇路线等方面的条款和规定；出口企业着重审核信用证的条款是否与买卖合同的规定相一致。以下从两方面分别介绍。

一、银行审证的重点

（1）从政策上审核。主要看来证各项内容是否符合有关国家的方针政策以及是否有歧视性内容。有则须根据不同情况向开证行交涉。

（2）对开证行的审核。主要对开证行所在国家的政治经济状况，开证行的资信、经营作风等进行审查。对于资信欠佳的银行应酌情采取适当的保全措施。

（3）对信用证性质与开证行付款责任的审核。在我国的出口业务中，我方不接受带"可撤销"字样的信用证；对于不可撤销的信用证，如附有限制性条款或保留字句，使"不可撤销"名不副实，应提醒对方修改。

（4）信用证的大小写金额是否一致。

（5）开证行的印鉴、密押是否相符。

（6）在我国的进出口业务中，银行应注意审查信用证要求的单据是否符合我国政策。

（7）审核信用证条款之间有否互相矛盾，如 CFR 价格条件，要求出具保险单；信用证号码与汇票号不一致；装运期晚于有效期等。

（8）审核信用证的有效期和地点，如在国外到期则不能接受。

上述只是银行对审核信用证的主要范围。银行审证细节要求远不止这些，出口方在收到信用证时务必更加细心地审核，才能做到万无一失。

二、受益人对信用证的审核

信用证是以合同为基础开立的，信用证应该反映合同的内容。但是进口商开来的信用证与合同条款不一致或互相矛盾。受益人一旦接受了信用证条款，就意味着是对一个新"契约"的履行。实质上改变了原合同的属性。受益人审核信用证时，首先应对合同中所规定的品质、数量、包装、价格、支付方式、运输等各条款进行逐一确认，如果发现与合同有矛盾的项目，应向开证申请人提出修改信用证，改妥后再装运。审证的重点主要有以下几个方面：

1. 对开证行资信情况的审核

对国外开证行的资信审查，是受益人的责任，受益人可以委托信用证的通知行调查开证行的资信，但通知行对其提供的信息不负任何法律责任。因此，在实际业务中，对于资信不佳或资历较差的开证行，除非对方接受我方

第五章 信用证

要求并已请求另一家资信较为可靠的银行进行保兑或确认偿付，并且保兑行或确认偿付行所承担的责任已明确，偿付路线又属正常与合理。否则，此类信用证不能接受。

2. 对信用证是否已有效、有无保留或限制的审核

前面在介绍信用证业务流程时已讲过，"简电本"不是有效文本，因此，出口企业在收到这样的信用证时要注意，只能按此进行发货准备工作，而不能急于发货，只有在收到开证行通过通知行递送的有效信用证文件并对之审核无误后方可发货，否则，不能凭此收取货款。另外，如果信用证中附加了"保留"和"限制"条款，或可能是开证申请人故意设置陷阱的条款，凡此类信用证我们都不能接受，必须要求对方取消或修改这些条款。

3. 对信用证类型的审核

信用证的类型往往决定了信用证的用途、性质和流通方式，有时还直接关系到信用证能否执行。如果是保兑信用证，应检查证内有无"保兑"字样；如果是可转让信用证，应检查有无相应的条款规定；《UCP 600》明确规定：所有信用证均为"不可撤销"信用证（Irrevocable Credit），对此，出口方应认真进行检查。一般在信用证标题上或信用证的开端都有明确的标示：不可撤销信用证。如果是可撤销信用（Revocable Credit），则不能接受。

4. 对信用证的有效期及到期地点等的审核

《UCP 600》第六条规定："信用证必须规定提示单证的有效期限。规定的用于兑付或者议付的有效期限将被认为是提示单证的有效期限。由受益人或代表受益人提示的单证必须在到期日当日或在此之前提交。可以有效使用信用证的银行所在的地点是提示单证的地点。对任何银行均为有效的信用证项下单证提示的地点是任何银行所在的地点。不同于开证行地点的提示单证的地点是开证行地点之外提交单证的地点。"因此，没有规定有效期的信用证是无效的，而关于信用证的到期地点，我国出口企业应争取在我国到期，以便在交付货物后及时办理议付等手续。至于交单日期，如果信用证未规定，按惯例银行有权拒收迟于运输单据日期21天后提交的单据，但无论怎样，单据也不得迟于信用证到期日提交。在我国实际业务中，运输单证的出单日期通常就是装运日期。受益人所提交的运输单证的装运日期不得迟于信用证的有效期，如交单地点在我国，通常要求信用证的交单日期在装运期限后15天内，以便受益人有足够的时间办理制单、交单议付等工作。

5. 对信用证金额和支付货币的审核

信用证规定的支付货币应与合同规定相同；金额一般应与合同金额相符。信用证金额是开证行承担付款责任的最高金额，因此，发票、汇票金额不能超过信用证金额，否则，将被拒付。在大宗商品交易下，往往存在溢短装条款，在增减的范围之内，商品的总金额不能超过信用证的额度。

6. 对贸易术语的审核

价格条件应与合同规定相一致。如合同规定为 CFR 条件，而开来信用证却为 CIF 条件，同时要求出口方出具保险单。对于这样信用证，如果代为投保没有其他问题，可以考虑代办保险，但必须提出在信用证中加注条款说明其保费可在信用证项下与货款一起收取。如果信用证总金额不够，应允许超证额支付或修改增额。

7. 关于货物描述是否与合同一致

受益人在审核信用证时必须依据合同对信用证规定的货物描述的内容进行逐项审核：① 商品的品名、货号、规格规定与合同规定是否一致；② 数量规定与合同规定是否相符；③ 货物的包装条款与合同规定是否相符；④ 商品价格条款和贸易术语是否有误等。信用证经常由于打错字，出现商品名称、规格等字母错误，严格地说都应该提出修改。如果不修改，单证只得将错就错地照样缮制，才能算单证一致，但在申请相应证书时，可能会遇到麻烦。因此要尽量争取修改信用证，保证与合同的一致性。

8. 对运输和保险条款的审核

信用证的运输条款必须与合同规定相符，特别是对转运和分批装运要重点审核。《UCP 600》第三十一条规定："允许分批装运"。第三十二条规定"如信用证规定在指定的时间段内分期支款或分期发运，任何一期未按信用证规定期限支取或发运时，信用证对该期及以后各期均告失效。"

对于信用证内的保险条款应注意审查：①信用证内规定的投保险别是否与合同相符。比如，合同要求投保的是"All Risks"，而信用证上却写成"WPA"，这就是一个实质的不符点。②信用证内规定的保险金额的幅度是否与合同的规定一致。比如，一般情况下，合同上的保险条款写明按发票金额110%投保，但信用证上如果未标明加成"10%"或是标成"20%"等，则需要申请人改证。③保险单证的出单日期是否迟于运输单证上注明的货物装船或发运或接受监督的日期。

9. 对信用证中要求交付的单据的审核

对证内要求交付的各种单证，要根据合同的原订条款及习惯做法进行审核。如果单据上加注的条款与我国有关政策相抵触或不能办到，应及时通知修改。

10. 对付款期限的审核

信用证的付款期限必须与买卖合同的规定一致。一般来说是在装运后一段时间进行议付，但如果合同或信用证中议付时间比较短，可以要求申请人改证。

11. 信用证"软条款"的审核

所谓信用证"软条款"（Soft Clause），是指在不可撤销的信用证中加列的一种条款，"软条款"可能会使开证申请人实际上控制了整笔交易，受益人处于受制于人的地位，而信用证项下开证行的付款承诺毫不确定，很不可靠，开证行可随时利用这种条款单方面解除其保证付款的责任。信用证业务中的"软条款"，在我国有时也称为"陷阱条款"（Pitfall Clause）。例如，"The certificates of inspection would be issued and signed by authorized the applicant of L/C before shipment of cargo, which the signature will be inspected by issuing bank."（货物装运前，信用证的开证申请人授权签发检验证书并盖章，开证行签字审核。）这就是典型的"软条款"，实际上是开证申请人控制了整笔交易。

另外，对于来证中的其他条款或不同国家的不同惯例的"特殊条款"，应格外认真并仔细地进行审核。应特别注意有无歧视和不能办到的特殊要求。

在实际工作中，我们还应根据买卖合同条款，参照国际商会《UCP 600》的最新规定和解释，以及在贸易中的一些政策和习惯做法，逐条详细审核信用证。

知识链接：信用证里的四个时间

（1）开证日：指信用证上标明的开证日期，这个日期不是受益人收到证的日期。

（2）到期日：信用证的失效日期。如果卖方在这个日期之后发货，银行是不会给予结汇的。如果预计装船日期会延长，一定要求进口方改证，延长信用证的有效期。

（3）最迟装运期：装运的最后期限，这个期限一定要在信用证的有效期内。

（4）议付最晚期限：信用证里往往要求议付期不得晚于提单签发15天或是21天，但最晚议付时间也不能晚于信用证的有效期。

第五节　信用证操作实务

日本日慧公司（RIHUI CORPORATION）根据与拉夫美特公司（LIFEMATE IMPORT AND EXPORT TRADE CO., LTD）关于订购四门衣柜（家具编号为KSHT-KSH-C017-SMYG）的合同开具了信用证。2012年2月24日，中国银行大连分行通知拉夫美特公司收到日慧公司通过日本住友银行（Sumitomo Bank）开来的编号为MD7358120NS00280的信用证电开本。

信用证是依据合同申请的，所以信用证的相关内容必须与合同严格相符，如果有不符点，就应该要求进口方改证。信用证的内容如下：

```
2012 FEB.24 08：48：25                          LOGICAL TERMINAL HKT3
MTS700             ISSUE OF A DOCUMENTARY CREDIT              PAGE00001

MSGACK DWS765I AUTH OK，KEY BO00091952005D80，BKCHCNBJ DIWAJP**RECORD
BASIC HEADER           F01 BKCHCNBJA810 1116774698
APPLICATION HEADER     0700 1647 991208 SUMITOMO    3779 254230 991208 1547 N
                       *SUMITOMO BANK, LTD., JAPAN
USER HEADER            SERVICE CODE  103 :
                       BANK，PRIORTY          113 :
                       MSG USER REF. 108 :
                       INFO. FROM CI 115 :
```

SEQUENCE OF TOTAL	*27:	1 / 3
FORM OF DOC. CREDIT	*40A:	REVOCABLE
DOC. CREDIT NUMBER	*20:	MD7358120NS00280
DATE OF ISSUE	31C:	120224
EXPIRY	*31D	DATE 120519 PLACE CHINA
APPLICANT	*50:	RIHUI CORPORATION JAPAN
		101-409, DEA-AH APT., 163, POONGN
		AB-DONG SONGPAGU, SEOUL, JAPAN
BENEFICIARY	*59 :	LIFEMATE IMPORT AND EXPORT TRADE CO., LTD
		3003 INTERNATIONAL FINANCE BUILDING NO.98
		RENMIN ROAD ZHONGSHAN DISTRICT DALIAN

第五章　信用证

AMOUNT	*32B:	CURRENCY JPY AMOUNT 1848681.00
POS. / NEG. TOL. (%)	39A:	10 / 10
AVAILABLE WITH / BY	*41D:	ANY BANK BY NEGOTIATION
DRAFTS AT	42C:	AT SIGHT
DRAWEE	42D:	OURSELVES
PARTIAL SHIPMENTS	43P:	NOT ALLOWED
TRANSSHIPMENT	43T:	NOT ALLOWED
LOADING IN CHARGE	44A:	SHANGHAI, CHINA
FOR TRANSPORT TO	44B:	TOKYO,JAPAN
LATEST DATE OF SHIPMENT	44C:	120501
DESCRIPT. OF GOODS	45A:	LIFEMATE FOU
		KSHT–KSH–C011
		2.05m × 2.3m × 0.6
		PLATE–TYPE
		COLOUR
		C.I.F.TOKYO
DOCUMENTS REQUIRED	46A:	

　　　　　+SIGNED COMMERCIAL INVOICE IN 3 COPIES INDICATING REF NO. LMA1281 AND THIS L/C NO.

　　　　　+DETAILED PACKING LIST IN 3 COPIES.

　　　　　+3/3 SET OF CLEAN ON BOARD OCEAN BILLS OF LADING MADE OUT TO THE ORDER OF SUMITOMO BANK AND ENDORSED IN BLANK AND MARKED "FREIGHT PREPAID" AND "NOTIFY APPLICANT".

　　　　　+BENEFICIARY'S CERTIFICATE CERTIFYING THAT 1 SET OF ORIGINAL DOCUMENTS, ONE COPY OF DETAILED PACKING LIST, ONE COPY OF ORIGINAL B/L AND ONE COPY OF INVOICE HAVE BEEN SENT DIRECTLY TO APPLICANT BY DHL WITHIN 5 DAYS AFTER SHIPMENT. DHL'S RECEIPT REQUIRD FOR NEGOTIATION.

　　　　　+INSURANCE POLICY OR CERTIFICATE IN TWO FOLD AND ENDORSED IN BLANK FOR 120 PCT OF FULL TOTAL INVOICE VALUE COVERING ALL RISKS, AS PER THE RELEVANT OCEAN MARINE CARGO CLAUSE OF P.I.C.C.DATED JAN.1ST, 1981. WITH CLAIMS, IF ANY, PAYABLE AT DESTINATION IN THE CURRENCY OF THE DRAFTS.

ADDITIONAL COND.	47A:

+THE NUMBER AND AMOUNT IS 5% OF EXCESSIVE SHORT.
+IF THE DOCUMENTS ARE NOT PROVIDE TO THE TERMS OF THE CREDIT RULES,EACH DISCREPANT $60.
+T. T. REIMBURSEMENT IS NOT ACCEPTABLE.
+ONE COPY OF ALL DOCUMENTS MUST BE SENT TO ISSUING BANK'S RETENTION.

DETAILS OF CHARGES 71B:
ALL BANKING CHARGES OUTSIDE JAPAN ARE BENEFICIARY`S ACCOUNT.

PRESENTATION PERIOD 48:
DOCUMENTS TO BE PRESENTED WITHIN 5 DAYS AFTER THE DATE OF SHIPMENT, BUT WITHIN THE VALIDITY OF THE CREDIT.

CONFIRMATION *49: WITHOUT

信用证分析如表 5-5 所示。

表 5-5 信用证分析表

Tag 代号	Field Name 栏位名称	Content/Options 内容	需要修改的内容
	APPLICATION HEADER 开证银行	SUMITOMO BANK, LTD., JAPAN	
27	SEQUE NCE OF TOTAL 合计次序	1/3 总共有三页，这是其中的第一页	
40A	FORM OF DOC. CREDIT 跟单信用证类别	REVOCABLE 一般开立的信用证都为不可撤销信用证	IRREVOCABLE
20	Documentary Credit Number 信用证号码	MD7358120NS00280	
31C	Date of Issue 开证日期	120224 2012 年 2 月 24 日	
31D	Expiry 到期日及地点	DATE 120519 PLACE CHINA 2012 年 5 月 19 日在中国失效	

第五章 信用证

续表

Tag 代号	Field Name 栏位名称	Content/Options 内容	需要修改的内容
50	Applicant 申请人	RIHUI CORPORATION JAPAN 101-409, DEA-AH APT., 163, POONGN AB-DONG SONGPAGU, SEOUL, JAPAN 进口方名称与地址	
59	Beneficiary 受益人	LIFEMATE IMPORT AND EXPORT TRADE CO., LTD ROOM 3003 INTERNATIONAL FINANCE BUILDING NO.98 RENMIN ROAD, ZHONGSHAN DISTRICT DALIAN 出口方名称与地址	
32B	Amount 币别代号、金额	CURRENCY JPY AMOUNT 1848681.00 1848681 日元	
39A	POS./NEG. TOL.(%)信用证金额增减幅度	10/10 增减10%	
41D	Available With...By... 向……银行押汇，押汇方式为……	ANY BANK BY NEGOTIATION 中国任何一家银行可议付	
42C	Drafts at... 汇票期限	AT SIGHT 即期汇票	
42D	Drawee 付款人	OURSELVES 信用证项下的付款人是开证行	
43P	Partial Shipments 分批装运	NOT ALLOWED 不可分批装运	
43T	Transshipment 转运	NOT ALLOWED 禁止转运	

续表

Tag 代号	Field Name 栏位名称	Content/Options 内容	需要修改的内容
44A	Loading in Charge 由……装船/发运/接管地点	SHANGHAI, CHINA 上海	DALIAN
44B	For Transport to... 装运至……	TOKYO, JAPAN 日本东京	
44C	Latest Date of Shipment 最后装运日	120501 2012年5月1日前装运	
45A	Descript. of Goods 货物描述	LIFEMATE FOUR-DOOR WARDROBE KSHT-KSH-C0117-SMYG 2.05m×2.3m×0.68m/pc 15PCS PLATE-TYPE AND REAL WOOD DEEP COLOUR C.I.F.TOKYO 货号打印错误	KSHT-KSH-C017-SMYG

第五章 信用证

续表

Tag 代号	Field Name 栏位名称	Content/Options 内容	需要修改的内容
46A	Documents Required 应具备单证	+SIGNED COMMERCIAL INVOICE IN 3 COPIES INDICATING REF NO. LMA1281 AND THIS L/C NO. 手签发票3份，标明出参考号及信用证号。 +DETAILED PACKING LIST IN 3 COPIES. 详细的装箱单3份。 +3/3 SET OF CLEAN ON BOARD OCEAN BILLS OF LADING MADE OUT TO THE ORDER OF SUMITOMO BANK AND ENDORSED IN BLANK AND MARKED "FREIGHT PREPAID" AND "NOTIFY APPLICANT". 三份正本、三份副本全套清洁已装船海运提单，开证行指示，做成空白背书，通知开证申请人（申请人全称），标明运费已付。 +BENEFICIARY'S CERTIFICATE CERTIFYING THAT 1 SET OF ORIGINAL DOCUMENTS, ONE COPY OF DETAILED PACKING LIST, ONE COPY OF ORIGINAL B/L AND ONE COPY OF INVOICE HAVE BEEN SENT DIRECTLY TO APPLICANT BY DHL WITHIN 5 DAYS AFTER SHIPMENT.	保险条款：合同中按110%投保，加保WAR RISKS

续表

Tag 代号	Field Name 栏位名称	Content/Options 内容	需要修改的内容
46A	Documents Required 应具备单证	DHL'S RECEIPT REQUIRD FOR NEGOTIATION. 受益人证明：证明装运后5天内，将原产地证正本、明细装箱单副本、正本提单的复印件、商业发票副本已通过快递方式直接寄送给开证人，并附快件回执。 +INSURANCE POLICY OR CERTIFICATE IN TWO FOLD AND ENDORSED IN BLANK FOR 120 PCT OF FULL TOTAL INVOICE VALUE COVERING ALL RISKS, AS PER THE RELEVANT OCEAN MARINE CARGO CLAUSE OF P.I.C.C.DATED JAN.1ST, 1981. WITH CLAIMS, IF ANY, PAYABLE AT DESTINATION IN THE CURRENCY OF THE DRAFTS. 两份保险单做成空白背书。按发票金额120%投保。投保一切险。相关条款的依据为1981年1月1日生效的中国人民保险公司海洋运输条款。如果存在索赔，在目的地按汇票货币支付。	保险条款：合同中按110%投保，加保WAR RISKS
47A	Additional Conditions 附加条件	+THE NUMBER AND AMOUNT IS 5% OF EXCESSIVE SHORT. 本信用证的数量和金额有5%的溢短。 +IF THE DOCUMENTS ARE NOT PROVIDE TO THE TERMS OF THE CREDIT RULES, EACH DISCREPANT $60. 如果提供的单证不符合信用证条款的规定，每个不符点60美金。 +T. T. REIMBURSEMENT IS NOT ACCEPTABLE 不允许T/T付款，一切结算费用由受益人支付。 +ONE COPY OF ALL DOCUMENTS MUST BE SENT TO ISSUING BANK'S RETENTION. 所有单证的副本必须留一份给开证行存档。	
71B	Details of Charges 费用	ALL BANKING CHARGES OUTSIDE JAPAN ARE BENEFICIARY`S ACCOUNT. 所有发生在日本以外的银行费用均由卖方负责。	

第五章 信用证

续表

Tag 代号	Field Name 栏位名称	Content/Options 内容	需要修改的内容
48	Presentation 提示期间	DOCUMENTS TO BE PRESENTED WITHIN 5 DAYS AFTER THE DATE OF SHIPMENT, BUT WITHIN THE VALIDITY OF THE CREDIT. 交单日期不得晚于运输单证签发后五天，并在信用证有效期内。	改为运输单证签发后15天交单。
49	Confirmation 保兑指示	WITHOUT 不保兑	

◇单元练习题◇

一、单项选择题

1. 信用证付款方式下，银行付款的原则是出口商提交的单证（　　）。

　　A. 与买卖合同的规定相符　　　B. 与信用证的规定相符

　　C. 与信用证规定和买卖合同的规定同时相符

　　D. 与合同规定或信用证的规定相符

2. 采用信用证与托收相结合的支付方式时，全套货运单证应（　　）。

　　A. 随附托收项下收款　　　B. 随附信用证项下收款

　　C. 直接寄往入口商　　　　D. 留在卖方

3. 在下列有关可转让信用证的说明中，错误的说法是（　　）。

　　A. 该证的第一受益人可将信用证转让给一个或一个以上的人使用

　　B. 该证的第二受益人不得再次转让

　　C. 该证转让后由第二受益人对合同履行负责

　　D. 可以分成若干部分分别转让

4. 信用证上如未明确付款人，则制作汇票时，受票人应为（　　）。

　　A. 开始申请人　　B. 开证银行　　C. 议付行　　D. 任何人

5. 根据国际商会《跟单信用证统一惯例》的规定，如果信用上未注明"不可撤消"的字样，该信用证应视为（　　）。

　　A. 可撤消信用证　　　　　　B. 不可撤消信用证

C. 远期信用证　　　　　　D. 由受益人决定可撤消或不可撤消

6. 在合同规定的有效期，（　　）负有开立信用证的义务。

　　A. 卖方　　　　B. 买方　　　　C. 开证行　　　　D. 议付行

7. 在交易金额较大，对开证行的资信有不了解时，为保证货款的及时收回，买方最好选择（　　）。

　　A. 可撤销信用证　B. 远期信用证　C. 承兑交单　D. 保兑信用证

8. 关于信用证的有效期，除特殊规定外，银行将拒绝接受迟于运输单证出单日期（　　）天后提交的单证。

　　A.20　　　　　B.30　　　　　C.25　　　　　D.21

9. 信用证上如未明确付款人，则制作汇票时，受票人应为（　　）。

　　A. 开始申请人　B. 开证银行　　C. 议付行　　D. 任何人

10. 某外贸公司的工作人员因为在审证过程中粗心大意，未能发现合同发票上的公司名称与公司印章的名称不一致，合同发票上的是 ABC Corporation，而印章上则是 ABC，仅一词之差，此时又恰逢国际市场价格有变，在这种情况下（　　）。

　　A. 外商有权拒绝付款　　　　B. 责任在外商

　　C. 外商应按规定如期付款不符拒付

　　D. 以上都不对

11. 海运提单的签发日期是（　　）。

　　A. 货物开始装船的日期　　　B. 货物装船完毕的日期

　　C. 船只到达装运港的日期　　D. 船只离开装运港的日期

12. 采用信用证与托收相结合的支付方式时，全套货运单证应（　　）。

　　A. 随托收部分汇票项下　　　B. 随信用证的汇票项下

　　C. 直接寄往进口商　　　　　D. 留在卖方

13. 在下列有关可转让信用证的说明中，错误的说法是（　　）。

A. 该证的第一受益人可将信用证转让给一个或一个以上的人使用

B. 该证的第二受益人不得再次转让

C. 该证转让后由第二受益人对合同履行负责

D. 可以分成若干部分分别转让

14. 保兑信用证的保兑行其付款责任是（　　）。

　　A. 在开证行不履行付款义务时履行付款义务

B. 在开证申请人不履行付款义务时履行付款义务

C. 承担第一性付款义务

D. 付款后对受益人具有追索权

15. 在一笔出口业务中，付款方式采用信用证和 D/P 即划各半，为收汇安全，应在合同中规定（　　）。

A. 开两张汇票，各随附一套等价的货运单价

B. 开两张汇票，信用证项下采用光票；托收项下采用跟单汇票

C. 开两张汇票，信用证项下采用跟单汇票；托收项下采用光票

D. 开两张汇票，信用证项下和托收项均采用光票

二、多项选择题

1. 根据《UCP 600》的规定，信用证单证审核的原则有（　　）。

A. 银行只负责审核单证表面上的一致性

B. 银行对任何单证的形式、完整性、正确性、真实性、伪造或法律效力、或单证上规定的或附加的一般及特别条款，不负任何责任

C. 在任何情况下，银行都不能接受日期早于信用证开证日期的单证

D. 银行对于单证所代表的货物的描述、数目、重量、品质、状况、包装、交货、价格或存在等不负任何责任

E. 银行应审核单证，保证单证与合同规定相符

2. 信用证保兑行的付款是（　　）。

A. 有追索权的　　B. 无追索权的　C. 终局性的　　D. 非终局性的

E. 开证行具有第一性的付款责任，保兑行具有第二性的付款责任

3. 根据《跟单信用证统一惯例》，下列选项哪些是正确的（　　）。

A. 银行只对单证表面真实性作形式上的审查，对单证的真实性、有效性不作实质性审查

B. 银行对单证中货物的描述、价值及存在情况负责

C. 银行对买卖双方的履约情况概不负责

D. 信用证开出后，对于买卖合同的内容的变更、修改或撤销，除非通知银行，否则银行概不负责

E. 信用证是独立于合同之外的文件，信用证条款与买卖合同内容不符时，受益人无权提出异议

4. 在信用证业务的有关当事人之间，一定存在契约关系的有（　　）。

A. 开证申请人与开证行　　　　B. 开证申请人与受益人

C. 开证行与受益人　　　　　　D. 开证申请人与通知行

E. 开证行与议付行

5. 下列说法正确的是（　　）。

A. 根据《UCP 600》规定，信用证如未规定有效期，则该证可视为无效

B. 国外开来信用证规定货物数量为 3000 箱，6、7、8 月，每月均匀装运。我出口公司于 6 月装运 1000 箱，并收妥款项。7 月由于货未备妥，未能装运。8 月装运 2000 箱。根据《UCP 600》规定，银行不得拒付

C. 在信用证支付方式下，受益人只要在信用证规定的有效期内向银行提交符合信用证规定的全部单证，银行就必须履行付款义务

D. 假如受益人要求开证申请人将信用证的有效期延长一个月，在信用证未规定装运期的情况下，同一信用证上的装运期也可顺延一个月

E. 备用信用证与跟单信用证的开证行所承担的付款义务都是第一性的

6. 对于信用证与合同关系的表述正确的是（　　）。

A. 信用证的开立受买卖合同的约束

B. 信用证的履行不受买卖合同的约束

C. 有关银行只根据信用证的依据

D. 合同是审核信用证的根据

7. 按《UCP 600》规定，信用证（　　）。

A. 未规定是否保兑，即为保兑信用证

B. 未规定可否撤销，即为可撤销信用证

C. 有关银行只根据信用证的规定办理信用证业务

D. 未规定可否撤销，即为不可撤销信用证

8. 根据《UCP 600》规定，开证行可以拒付货款的理由是（　　）。

A. 开证申请人破产　　　　　　B. 单证不符

C. 货物与合同不符　　　　　　D. 单单不符

9. 根据《UCP 500》规定，银行在处理信用证业务时应做到（　　）。

A. 不管单证　　　　　　　　　B. 不管贸易合同

C. 不管货物　　　　　　　　　D. 不管买卖双方是否已对合同履约

10. 根据《UCP 600》规定，银行有权拒受（　　）。

A. 迟于信用证规定的到期日提交的单证

第五章 信用证

B. 迟于装运日后 21 天提交的单证
C. 内容与买卖双方销售合同规定不符的单证
D. 单证之间内容有矛盾的单证

三、判断题

1. 信用证支付方式是属于银行信用,所使用的汇票是银行汇票。(　)
2. 信用证是一种银行开立的无条件承诺付款的书面文件。(　)
3. 只要在 L/C 有效期内,不论受益人何时向银行提交符合 L/C 要求的单证,开证行一律不得拒收单证和拒付货款。(　)
4. 在信用证支付方式下,受益人只要在信用证规定的有效期内向银行提交符合信用证规定的全部单证,银行就必须履行付款义务。(　)
5. 在信用证支付方式下,受益人只要在信用证规定的有效期内向银行提交符合信用证规定的全部单证,银行就必须履行付款的义务。(　)
6. 根据《UCP 600》规定,信用证如未规定有效期,则该证可视为无效。(　)
7. 如果受益人要求开证申请人将信用证的有效期延长一个月,在信用证未规定装运期的情况下,同一信用证上的装运期也可顺延一个月。(　)
8. 信用证修改通知有多项内容时,只能全部接受或全部拒绝。(　)
9. 按《UCP 600》规定,可转让信用证只能转让一次。但第二受益人将信用证再转让给第一受益人,不属于被禁止转让的范畴。(　)
10. 可转让信用证,办理转让后,买卖合同也随之由第一受益人转让给第二受益人。(　)
11. 一张不可撤销信用证列有装运期,而未列有效期,按《UCP 600》规定,受益人应在最后装运期前向银行交单。(　)
12. 买方使用假远期信用证,主要是为了利用第三国银行的资金。(　)
13. 可撤销信用证对出口人安全收汇没有保障,因为开证行可在任何情况下单方面撤销和修改信用证。(　)
14. 国外开来信用证规定最迟装运期为 4 月 30 日,有效期为 5 月 15 日,我外贸公司于 4 月 12 日将货物装船并取提单,于 5 月 6 日向议付行提交符合信用证规定的单证。按《UCP 600》规定,银行应予议付。(　)
15. 买卖合同规定买方需开立"可转让信用证",卖方在收到的信用证中虽无"可转让"字样,仍可视为可转让信用证。(　)

四、案例分析

1. 我国甲公司与法国乙公司签定合同出口货物到法国，采用信用证方式结算货款。乙公司通过其开证银行 BANK I 巴黎分行申请开立了非保兑的信用证（适用《UCP 500》），通知行为中国银行江苏省分行。信用证规定："DATE, AND PLACE OF EXPIRY; 041105 FRANCE; AVAILABLE WTTH ISSULNG BANK BY PAYMENT; LATST DATE OF SHPMENT; 041102; PRESENTATION PERIOD: WTTHIN 15 DAYS AFTER THE DATE OF SHIPMENT"。甲公司于2004年11月1日将货物装船，并于2004年11月5日将信用证要求的全套单证提交中国银行江苏省分行，中国银行江苏省分行立刻于当日使用 DHL 将单证寄往法国的开证行。收到单证后，开证银行 BANK I 巴黎分行以"信用证已过期"为由拒付。

请问，BANK I 巴黎分行的拒付理由是否成立？为什么？

2. 某日，受益人向议付行交来全套单证，经审核，议付行认为单单、单证一致，于是一面向受益人办理结汇，一面单寄开证行取得索偿。开证行经审核后，认为议付行交来的全套单证不能接受，因为提单上申请人的通信地址的街名少了一个G。（正确的地址为：Sun Chiang Road，现写成：Sun China Road）获此信息后，受益人即与申请人取得联系，要求取消此不符点，而申请人执意不肯。事实上，开证申请人已通过借单看过货物后才决定拒绝接受货物，并由此寻找单证中的不符点，以此为借口拒绝付款。

请问此案带给我们什么启示？

五、操作题

1. 依据合同修改信用证。

售货确认书
SALES CONFIRMATION

NO. LT07060
DATE: AUG. 10, 2005

The sellers: AAA IMPORT AND EXPORT CO. 222 JIANGUO ROAD DALIAN, CHINA	The buyers: BBB TRADING CO. P.O.BOX 203 GDANSK, POLAND

下列签字双方同意按以下条款达成交易：

The undersigned Sellers and Buyers have agreed to dose the following transactions according to

第五章　信用证

the terms and conditions stipulated below :

品名规格 COMMODITY AND SPECIFICATION	数量 QUANTITY	单价及价格条款 UNIT PRICE & TERMS	金额 AMOUNT
65% POLYESTER 35% COTTON LADIES SKIRTS		CIF GDANSK	
STYLE NO. A101	200DOZ	USD60/DOZ	USD12000.00
STYLE NO. A102	400DOZ	USD84/DOZ	USD33600.00
ORDER NO.HMW0501			

TOTAL USD45600.00

总 值 TOTAL VALUE : U. S. DOLLARS FORTY FIVE THOUSAND AND SIX HUNDRED ONLY.
装运口岸 PORT OF LOADING : DALIAN
目的地 DESTINATION : GDANSK
转运 TRANSSHIPMENT : ALLOWED
分批装运 PARTIAL SHIPMENTS : ALLOWED
装运期限 SHIPMENT : DECEMBER, 2005
保险 INSURANCE : TO BE EFFECTED BY THE SELLERS FOR 110% INVOICE VALUE
　　　　　　　COVERING F.P.A. RISKS OF PICC CLAUSE
付款方式 PAYMENT : BY TRANSFERABLE L/C PAYABLE 60 DAYS AFTER B/L DATE,
　　　　　　　REACHING THE SELLERS 45 DAYS BEFORE THE SHIPMENT

David King　　　　　　　　　　　　　　　　　　　　苏进
买方（The buyers）　　　　　　　　　　　　　　　　卖方（The Seller）

请在本合同签字后寄回一份

Please sign, and return one copy

LETTER OF CREDIT

FORM OF DOC. CREDT	*40A:	IRREVOCABLE
DOC. CREDIT NUMBER	*20:	70/1/5822
DATE OF ISSUE	31:	051007
EXPIRY	*31D	DATE 060115 PLACE POLAND
ISSUING BANK	51D:	SUN BANK
		P.O.BQX 201 GDANSK, POLAND.
APPLICANT	*50:	BBB TRADING CO.
		P.O.BOX203 GDANSK, POLAND
BENEFICIARY	*59:	AAA IMPORT AND EXPORT CO,
		222 JIANGUO ROAD,
		DALIAN, CHINA

AMOUNT	*32B:	CURRENCY USD A
AVAILABLE WITH / BY	*41A:	BANK OF CHINA BY DEF PAYMENT
DEFFERRED PAYMENT	42P:	60 DAYS AFTER B/
PARTIAL SHIPMENT	43P:	NOT ALLOWED
TRANSSHIPMENT	43T: A	ALLOWED
LOADING IN CHARGE	44A:	SHANGHAI
FOR TRANSPORT TO...	44B:	GDANSK
LATEST DATE OF SHIP.	44C:	051231
DESCRIPT. OF GOODS	45A:	

65% POLYESTER 35% COTTON LADES SHIRTS
STYLE NO. 101   200DOZ @USD60/PCE
SYTLE NO. 102   400DOZ @USD84/PCE
ALL OTHER DETAILS OF GOODS ARE
AS PER CONTRACT NO. LT07060 DATED AUG 10, 2005.
DELIVERY TERMS: CIF GDANSK (INCOTERMS 2000)

DOCUMENTS REQUIRED   46A:

1. COMMERCIAL INVOICE MANUALLY SIGNED IN 2 ORIGINALS PLUS 1 COPY MADE OUT TO DDD TRADING CO., P.O.BOX 211, GDANSK, POLAND

2. FULL SET (3/3)OF ORIGINAL CLEAN ON BOARD BILL OF LADING PLUS 3/3 NON NEGOTIABLE COPIES, MADE OUT TO ORDER OF ISSUING BANK AND BLANK ENDORSED, NOTIFY THE APPLICANT, MARKED FREIGHT PREPAID MENTIONING GROSS WEIGHT AND NET WEIGHT.

3. ASSORTMENT LIST IN 2 ORIGINALS PLUS 1 COPY.

4. CERTIFICATE OF ORIGIN IN 1 ORIGINAL PLUS 2 COPIES SIGNED BY CCPIT.

5. MARINE INSURANCE POLICY IN THE CURRENCY OF THE CREDIT ENDORSED IN BLANK FOR CIF VALUE PLUS 30 PCT MARGIN COVERING ALL RISKS OF PICC
CLAUSES INDICATING CLAIMS PAYABLE IN POLAND

ADDITIONAL COND.   47A:
+ ALL DOCS MUST BE ISSUED IN ENGLIS.
+ SHIPMENTS MUST BE EFFECTED BY FCL.
+ B/L MUST SHOWING SHIPPING MARKS: BBB，S/C LT07060, GDAND, C/NO.
+ ALL DOCS MUST NOT SHOW THIS L/C NO.70/1/5822.

第五章　信用证

		+ FOR DOCS WHICH DO NOT COMPLY WITH L/C TERMS AND CONDITIONS, WE SHALL DEDUCT FROM THE PROCEEDS A CHARGE OF EUR 50.00 PAYABLE IN USD EQUIVALENT PLUS ANY INCCURED SWIFT CHARGES IN CONNECTION WITH.
DETAILS OF CHARGES	71B:	ALL BANKING COMM/CHRGS OUTSIDE POLAND ARE ON BENEFICIARY'S ACCOUNT.
PRESENTATION PERIOD	48:	15 DAYS AFTER B/L DATE, BUT WITHIN L/C VALIDITY
CONFIRMATION INSTRUCTIONS	*49:	WITHOUT
SEND TO REC.INFO	78: 72:	WE SHALL REIMBURSE AS PER YOUR INSTRUCTIONS CREDIT SUBJECT TO ICC PUBL. 500/1993 REV.

2. 依据合同修改信用证。

SALES CONTRACT

THE SELLER：　　　　　　　　　　　　　　NO. WILL09068
SHANGHAI WILL TRADING. CO., LTD.　　　DATE：JUNE.1，2009
NO.25 JIANGNING ROAD，SHANGHAI，CHINA　SIGNED AT：SHANGHAI，CHINA
THE BUYER：
NU BONNETERIE DE GROOTE
AUTOSTRADEWEG 6 9090 MEUE BELGIUM

This Sales Contract is made by and between the Sellers and the Buyers, whereby the sellers agree to sell and the buyers agree to buy the under-mentioned goods according to the terms and conditions stipulated below：

Commodity & Specification	Quantity	Price Terms	
		Unit price	Amount
WORK SHORT TROUSERS – 100 PCT COTTON TWILL AS PER ORDER D0900326,	3000 PCS	CIF ANTWERP USD10.50/PC	USD31 500.00
WORK SHORT TROUSERS – 100 PCT COTTON TWILL AS PER ORDER D0900327,	5000 PCS	USD12.00/PC	USD60 000.00
TOTAL：	8000 PCS		USD91 500.00

Total amount：U.S.DOLLARS NINETY ONE THOUSAND FIVE HUNDRED AND FIFTY ONLY

Packing：IN CARTONS OF 50 PCS EACH　　　Shipping Mark：AT SELLER'S OPTION
Time of Shipment：DURING AUG. 2009 BY SEA
Loading Port and Destination：FROM SHANGHAI，CHINA TO ANTWERP，BELGIUM
Partial Shipment and Transshipment：ARE ALLOWED

Insurance : TO BE EFFECTED BY THE SELLER FOR 110 PCT OF INVOICE VALUE AGAINST ALL RISKS AND WAR RISK AS PER CIC OF THE PICC DATED 01/01/1981.

Terms of Payment : THE BUYER SHALL OPEN THROUGH A BANK ACCEPTABLE TO THE SELLER AN IRREVOCABLE SIGHT LETTER OF CREDIT TO REACH THE SELLER 30 DAYS BEFORE THE MONTH OF SHIPMENT AND TO REMAIN VALID FOR NEGOTIATION IN CHINA UNTIL THE 15th DAY AFTER THE FORESAID TIME OF SHIPMENT.

SELLER	BUYER
SHANGHAI WILL TRADING CO., LTD	NU BONNETERIE DE GROOTE
张平	LJSKOUT

ISSUE OF DOCUMENTARY CREDIT
27 : SEQUENCE OF TOTAL : 1/1
40A : FORM OF DOC.CREDIT : IRREVOCABLE
20 : DOC.CREDIT NUMBER : 132CD6372730
31C : DATE OF ISSUE : 090715
40E : APPLICABLE RULES : UCP LATEST VERSION
31D : DATE AND PLACE OF EXPIRY : DATE 090910 PLACE IN BELGIUM
51D : APPLICANT BANK : ING BELGIUM NV/SV（FORMERLY BANK BRUSSELS LAMBERT SA）, GENT
50 : APPLICANT : NU BONNETERIE DE GROOTE
AUTOSTRADEWEG 6
9090 MELLE BELGIUM
59 : BENEFICIARY : SHANGHAI WILL IMPORT AND EXPORT CO., LTD
NO.25 JIANGNING ROAD, SHANGHAI, CHINA
32B : AMOUNT : CURRENCY USD AMOUNT 19 500.00
41A : AVAILABLE WITH...BY ANY BANK IN CHINA BY NEGOTIATION
42C : DRAFTS AT...30 DAYS AFTER SIGHT
42A : DRAWEE : NU BONNETERIE DE GROOTE
43P : PARTIAL SHIPMTS : NOT ALLOWED
43T : TRANSSHIPMENT : ALLOWED
44E : PORT OF LOADING : ANY CHINESE PORT
44F : PORT OF DISCHARGE : ANTWERP, BELGIUM
44C : LATEST DATE OF SHIPMENT : 090815
45A : DESCRIPTION OF GOODS
+ 3000 PCS SHORT TROUSERS – 100PCT COTTON TWILL AT EUR10.50/PC AS PER ORDER D0900326 AND SALES CONTRACT NUMBER WILL09068.
+ 5000 PCS SHORT TROUSERS – 100PCT COTTON TWILL AT EUR12.00/PC AS PER ORDER D0900327 AND SALES CONTRACT NUMBER WILL09069.

第五章 信用证

SALES CONDITIONS : CFR ANTWERP
PACKING : 50PCS/CTN
46A : DOCUMENTS REQUIRED
1. SIGNED COMMERCIAL INVOICES IN 4 ORGINAL AND 4 COPIES
2. FULL SET OF CLEAN ON BOARD OCEAN BILLS OF LADING, MADE OUT TO ORDER, BLANK ENDORSED, MARKED FREIGHT COLLECT NOTIFY THE APPLICANT 4.CERTIFICATE OF ORIGIN.
3. INSURANCE POLICY/CERTIFICATE ISSUED IN DUPLICATE IN NEGOTIABLE FORM, COVERING ALL RISKS, FROM WAREHOUSE TO WAREHOUSE FOR 120 PCT OF INVOICE VALUE. INSURANCE POLICY/CERTIFICATE MUST CLEARLY STATE IN THE BODY CLAIMS, IF ANY, ARE PAYABLE IN BELGIUM IRRESPECTIVE OF PERCENTAGE
71B : CHARGES : ALL CHARGES ARE TO BE BORN BY BENEFICIARY
48 : PERIOD FOR PRESENTATION : WITHIN 5 DAYS AFTER THE DATE OF SHIPMENT, BUT WITHIN THE VALIDITY OF THIS CREDIT。

第三篇
国际商务单证制作

外贸单证制作是外贸业务中一项重要的工作。它关系到出口方能否把货款及时安全收回来，关系到进出口双方能否顺利通关，关系到一笔交易能否顺利完成。因此，国际贸易中的制单原则与方法是每一位外贸工作者都应熟悉掌握的内容。

本篇主要讲授结汇单证及相关单证的制作，通过学习与实践使学生了解各种商务单证的格式及填制，掌握各种单证的制作技能，了解我国外贸业务的交易方式及程序。

第六章　发票与包装单证

【学习目标】

本章主要讲授商业发票与包装单证的主要内容及缮制方法。通过学习，使学生了解上述单证的基本作用，掌握商业单证在外贸实际业务中的制作。

【重点与难点】

1. 商业发票的基本内容及制作
2. 包装单证的基本内容及制作

第一节　发票

发票是出口方对进口方开立的发货价目清单，它是装运货物的总说明，也是进出口双方交接货物和结算货款的凭证。就广义而言，包括商业发票（Commercial Invoice）、形式发票（Proforma Invoice）、领事发票（Consular Invoice）、样品发票（Sample Invoice）、厂商发票（Manufactures' Invoice）、收讫发票（Receipt Invoice）、详细发票（Detailed Invoice）、海关发票（Customs Invoice）等。

一、商业发票的含义和作用

商业发票（Commercial Invoice）简称为发票（Invoice），它是在发货时，

第六章　发票与包装单证

出口方对进口方开立的发货价目清单以及对整个交易和装运货物的总体说明。出口方凭此向进口方索取货款。它全面反映合同内容，虽不是物权凭证，但却是全套单据的中心，其他单证均要与其在内容上保持一致。商业发票的主要作用是供进口商凭发票核对货物的有关情况、收取货物，凭以支付货款和作为进出口商计账、报关纳税的依据。具体来说其作用主要有：

（1）卖方向买方的发货凭证，是卖方重要的履约证明文件。
（2）便于进口人核对已装运的货物是否符合买卖合同的规定。
（3）是进出口双方凭以收付货款和记账的重要凭证。
（4）是进出口双方办理报关、纳税的重要依据。
（5）发票作为索赔和理赔的重要凭证。

二、发票的种类

1. 商业发票（Commercial Invoice）

商业发票是出口商签发给进口商，证明将一定数量的货物销售给进口商的文件，其内容包括编号、签发日期、买卖双方的名称和地址、商品名称、规格型号、单价、数量、金额等。

2. 海关发票（Customs Invoice）

海关发票是由出口商应进口国海关要求出具的一种单证，基本内容同普通的商业发票类似，其格式一般由进口国海关统一制定并提供，主要是用于进口国海关统计、核实原产地、核查进口商品价格的构成等。

3. 领事发票（Consular Invoice）

领事发票是由进口国驻出口国的领事出具的一种特别印制的发票。这种发票证明出口货物的详细情况，进口国用以防止外国商品在本国的低价倾销，同时可用作进口税计算的依据，有助于货物顺利通过进口国海关。出具领事发票时，领事馆一般要根据进口货物价值收取一定费用。这种发票主要为拉美国家采用。

4. 形式发票（Proforma Invoice）

形式发票是由出口商向进口商提供的，供进口商申请进口许可证或进行进口货物申报使用的单证，一般规定有"出口商最后确认为准"的保留条件，不具有法律效力。一些发展中国家为管制进口，控制外汇支出及掌握进口来源地，要求进口商凭出口商提供的形式发票申请进口许可证。中国政府无此类规定。

5. 厂商发票（Manufacturer Invoice）

厂商发票是由厂商出具给出口商的销售货物的凭证。若进口方要求提供厂商发票，其目的是检查是否有削价倾销行为，以便确定是否应征收反倾销税。

6. 联合发票（Combined Invoice）

联合发票是一种对港澳地区出口习惯使用的发票，其内容可包括商业发票、装箱单、产地证和保险单的内容。但商检证书不包括在内。

三、商业发票的基本内容与填制

商业发票是出口企业自行拟制的，没有统一的格式，但其基本栏目大致相同。发票在结构上分为首文、本文、结尾三部分。首文部分包括发票名称、号码、出口商的名称和地址、信用证和合同号码、发票抬头人、运输工具等。本文部分包括唛头、货物描述、单价和总值等。结尾部分包括有关货物产地等声明、发票制作人签章等。现以目前较通用的商业发票为例，介绍商业发票的基本内容和制作方法。

1. 出票人名称和地址（Name and Address of Drewer）

出票人的名称与地址在发票正上方表示。一般来说，出票人名称和地址是相对固定的，因此许多出口企业在制作单证时，将这一内容已编入程序。

2. 发票名称（Invoice）

一般在出口业务中使用、由出口方出具的发票大多是商业发票，所以并不要求一定标出"Commercial"（商业）的字样，但一定要醒目地标出"Invoice"（发票）的字样。

3. 发票抬头人（To/Messers）

只有少数来证在发票条款中指出发票抬头人，多数来证都不作说明。因此，习惯上将信用证的申请人或收货人的名称、地址填入这一栏目。根据国际商会《跟单信用证统一惯例》的规定：除非信用证另有规定，商业发票的抬头必须做成开证申请人。

4. 发票号码（No.）

本栏由出口公司自行编制，一般采用顺序号，以便查对。同时也被作为相应的汇票号码。

5. 发票签发日期（Date）

根据国际商会《UCP 600》规定，银行可以接受签发日期早于开证日期的发票。一般而言在全套单证中，发票是签发日期最早的单证，尤其要注意，不应使发票签发日期迟于提单的签发日期，也不应晚于信用证规定的交单到期日。

6. 信用证号码（L/C No.）

当货款的支付使用信用证方式时，这一栏目填写信用证号码。当货款的支付不使用信用证方式时，空白或删去这一栏目。

7. 合同号（Contract No.）

发票的出具都有买卖合同作为依据，但买卖合同不都以"Contract"为名称。有时出现"S/C""Order""P.O."等。因此，当合同的名称不是contract时，应将本栏目的名称修改后再填写该合同的号码。

8. 起讫地点（From...To...）

按货物运输实际的起讫地点填写。如果货物需要转运，转运地点也应明确地表示出来。例如，货物从广州经香港转船至德国的法兰克福。这一栏目填写如下：

From Guangzhou To Frankfrut Via Hong Kong.

9. 唛头（Shipping Marks）

凡信用证有关于唛头的规定，必须依照规定制唛。而且发票中的唛头应与提单、托运单证严格保持一致，它由收货人、目的地、件号和件数以及有关参考号码组成。例如，信用证规定由卖方制唛，则发票的唛头一栏可填：

LUISE CO.	收货人简称
ADEN	目的港
SC3498	合同号
CNTNO.1—188	件号

如果信用证未规定唛头，则出口人可自行设计；如果无唛头，填写"N/M"。

10. 货物描述（Quantity & Descriptions）

货物描述内容一般包括货物的名称、品质、规格、数量/重量、包装等内容。商品名称必须按照信用证原词填写，不得使用统称，除非信用证另有规定。如果货物有不同规格，或者规格价格不同，则各种规格的数量、重量应分别列出，货物以包装单位计价时，要表示货物包装单位的数量或件数。

国际商会《跟单信用证统一惯例》第600号出版物规定："商业发票中对货物的描述必须符合信用证中的描述。而在所有其他单证中，货物的描述可使用统称，但不得与信用证中货物的描述有抵触。"

11. 单价与总值（Unite Price and Amount）

价格内容在发票中分别由两个栏目表述：单价（Unite Price）、总额（Amount）。单价中又由四个部分组成：计价货币、计量单位、单位价格金额和价格术语。例如，USD（计价货币）12.50（单位价格金额）Per Piece（计量单位）CFR Athens（价格术语）。发票总金额通常是可以收取的价款，是发票上列明的单价与数量的乘积，不得超过信用证规定的总金额。如果合同中包含佣金，而信用证未加规定，其总金额中已扣除了佣金，则发票应能够反映扣佣的全过程，即同时表示出含佣价、佣金和净价。

12. 特殊条款（Special Terms）

在相当多的信用证中，除了要求一般的发票内容外，还要求在发票中证明某些事项的条款。在缮制发票时，可将上述内容打在发票的商品描述栏内。在实际业务中，常见的要求有：列明货物的FOB金额、运费以及保险费、布鲁塞尔税则号、注明货物的原产地是中国以及要求提供"证实发票"等。例如：

（1）The commercial invoice must certify that the goods are of Chinese origin.

（2）The commercial invoice should bear the following clause："We hereby certify that the contents of invoice herein are true and correct."

当发票在本栏采用了"We hereby certify that the contents of invoice herein are ture and correct."等条款证明了本发票内容真实、正确时，必须将发票末端所印就的"E. & O. E"划掉。"E. & O. E"是"Errors and Omissions Excepted"的缩写，即"有错当查"，指发票签发人事先声明，一旦发票有误，可以更正。

13. 签名（Signature）

一般由出口公司的法人代表或经办制单人员代表公司在此签名，并注公司名称。根据《UCP 600》第38条规定，发票无须签字。但当信用证要求"signed invoice"，这时发票就需要签署；而要求"Manually signed invoice"

时，该发票必须是手签。

四、发票制作与审核重点

1. 发票的出票时间

发票是所有商业单证中最早出据的，出票日期最好接近装运日期。目前我国各口岸议付行要求提前预审单证，所以要提前制单。其日期如距离装运日期太长也不妥当。商业发票日期要求不能晚于汇票日期和信用证的议付期。

2. 商品描述

商业发票中货物的描述必须与信用证中的描述相一致（在一切其他单证中，货物描述可使用与信用证中对货物的描述无矛盾的统称。）。由于发票记载商品的详细清单，其有多种同类商品时，尽量写出各种商品名称，而不是只写统称。各商品名称与其对应的数量、价格及总价要在一个水平线上填制，避免错行、断行和堆积。

3. 单价

国际贸易的报价含四个部分，不能遗漏贸易术语。贸易术语可以缩写。无论单价还是总价都保留两位小数。

4. 总价

总价包括大写与小写。大写往往以"TOTAL SAY"开头，以"ONLY"结尾。除非信用证另有规定，银行可拒绝接受其金额超过信用证允许金额的商业发票，因此注意发票金额与信用证可用金额是否一致。

5. 数量

对于个件商品数量要与信用证商品数量保持一致。如果对于大宗商品，其数量要依据信用证溢短装条款要求在规定的范围内。

6. 唛头

要严格按照国际标准唛头制作，包括四个部分。如有需要，也可增加原产地证、信用证号码等内容。

7. 发票的落款

《UCP 600》规定：发票无须签署。除非信用证另有规定。一般情况下为公司盖章即可。

需要说明的是，一切单证都会存在一些非技术层面的失误，如打错字、少字、错行、断行等，对于这些错误务必在制单过程中避免，而对货物描述内容部分尤其谨慎，单价的标写要准确、清晰，多零、少零都会影响到企业的利益和能否安全收汇。

第二节　包装单证

一、包装单证的含义与作用

包装单证（Packing Documents）是指一切记载或描述商品包装情况的单证，是商业发票的附属单证，也是货运单证中的一项重要单证。其主要作用是补充商业发票的不足，是商品的不同包装规格条件，不同花色和不同重量逐一分别详细列表说明的一种单证。它是买方收货时核对货物的品种、花色、尺寸、规格和海关验收的主要依据。另外，进口地海关验货、公证行检验、进口商核对货物时，都以包装单证为依据，以了解包装件号内的具体内容和包装情况。它是出口商议付结算时的必备单证。

二、包装单证的种类

包装单证的种类很多，常见的有以下几种：

装箱单（Packing List / Packing Slip）、包装说明（Packing Specification）、详细装箱单（Detail Packing List）、包装提要（Packing Summary）、重量单（Weight List /Weight Note）、重量证书（Weight Certificate /Certificate of Weight）、磅码单（Weight Memo）、尺码单（Measurement List）、花色搭配单（Assortment List）。其中装箱单、重量单、尺码单比较多见。

1. 装箱单

载明装箱货物的名称、规格、数量、重量、唛头以及箱号、件数和包装情况等。如系定量箱装，每件包装货物都是统一的重量，则只需说明总件数、单件重量和合计重量；若系不定量包装，则必须提供尽可能详细的装箱内容，逐件列出每件包装货物的细节，包括商品的货号、花色搭配、毛净重、尺码等。

2. 重量单

除载明装箱单上的内容外，尽量清楚地表明商品每箱毛、净重及总重量的情况，供买方参考。

3. 尺码单

侧重于说明每件货物的尺码和总尺码，即在装箱单内容的基础上再重点说明每件、每个不同规格项目的尺码和总尺码。不是同一规格尺码的，要逐一列明。

一般情况下，根据商品的不同，根据信用证要求的不同，出口商要提供适当的包装单证。包装单的各项内容必须与其他单证一致，尤其是重量、件数或尺码等必须与提单一致，还要与实货相符。

三、装箱单的内容与填制

1. 装箱单名称（Packing list）

应按照信用证规定使用。通常用"Packing List""Packing Specification""Detailed Packing List"。如果来证要求用中性包装单（Neutral Packing List），则包装单名称打"Packing List"，但包装单内不打卖方名称，不能签章。

2. 编号（No.）

包装单可以有自己的编号，但是因为商业发票是核心单证，所以一般都用商业发票的编号作为包装单的编号，所以在有的包装单上会直接出现商业发票编号栏。

3. 日期（Date）

出单日期可按发票日期填。包装单的缮制一般在发票之后，所以也可比发票日期晚，但不要晚于提单日期。

4. 合同号或销售确认书号（Contract No./ Sales Confirmation No.）

注此批货的合同号或者销售合同书号。

5. 唛头（Shipping Mark）

与发票一致，有的注实际唛头，有时也可以只注"as per invoice No. ×××"。在单位包装货量或品种不固定的情况下，需注明每个包装件内的包装情况，因此包装件应编号。在每个包装件内，一般尽可能详细地列出有关的包装细节，如规格、型号、色泽、内装量等。

6. 箱号（Case No.）

又称包装件号码。在单位包装货量或品种不固定的情况下，需注明每个包装件内的包装情况，因此包装件应编号。

例如,"Carton No. 1-5……""Carton No.6-10……"

有的来证要求此处注明"CASENO.1—UP",UP 是指总箱数。

7. 货号(Name of Commodity)

与发票内容一致。

8. 货描(Description & Specification)

要求与发票一致。

货名如有总称,应先注总称,然后逐项列明详细货名,与之对应逐一注明每一包装件的货名、规格、品种。

9. 数量(Quantity)

应注明此箱内每件货物的包装件数。

例如,"bag 10""drum 20""bale 50",合同栏同时注明合计件数。

10. 毛重(Gr. Weight)

注明每个包装件的毛重和此包装件内不同规格、品种、花色货物各自的总毛重(sub total),最后在合计栏处注总货量。信用证或合同未要求,不注亦可。如为"Detailed Packing List",则此处应逐项列明。

11. 净重(Net Weight)

注明每个包装件的净重和此包装件内不同规格、品种、花色货物各自的总净重(sub total),最后在合计栏处注总货量。信用证或合同未要求,不注亦可。如为"Detailed Packing List",则此处应逐项列明。

12. 箱外尺寸(Measurement)

注明每个包装件的尺寸。

13. 出票人签章(Signature)

由出具本单证的单位和负责人签字盖章,应与发票的签章一致。如果信用证要求中性包装(Neutral packing)或规定中性包装单("in white paper" or "in plain"等),本栏应空白不签章。

第三节 发票、箱单操作实务

拉夫美特公司(LIFEMATE IMPORT AND EXPORT TRADE CO.,LTD)根据与日本日慧公司(RIHUI CORPORATION)订购四门衣柜(家具编号为

第六章 发票与包装单证

KSHT-KSH-C017-SMYG）的合同及信用证，开立发票与箱单。

COMMERCIAL INVOICE

Seller: LIFEMATE IMPORT AND EXPORT TRADE CO., LTD　　　　Inv.No.: LMA1281
　　　　ROM3003 INTERNATIONAL FINANCE BUILDING　　　　　　Date: Apr.7, 2012
　　　　NO.98 RENMIN ROAD ZHONGSHAN DISTRICT DALIAN, CHINA
Buyer: RIHUI CORPORATION 101-409, DEA-AH APT., 163,
　　　　POONGN AB-DONG, SONGPAGU, SEOUL, JAPAN
From: Dalian China To: Tokyo Japan

Marks & Numbers	Description of Commodity	Amount
N/M	LIFEMATE FOUR-DOOR WARDROBE	C.I.F.TOKYO
	KSHT-KSH-C017-SMYG	
	2.05m* 2.3m *0.68m/pc	
	PLATE-TYPE AND REAL WOOD	
	DEEP COLOUR	
	15PCS　JPY123245.4/PC	JPY18,48,681.00
	N.W.: 1238KGS　G.W.:1329KGS	
	PACKED IN 75CTNS	
	ORIGIN CHINA	

PACKING LIST

Seller: LIFEMATE IMPORT AND EXPORT TRADE CO., LTD　　　　Inv.No.: LMA1281
　　　　ROM3003 INTERNATIONAL FINANCE BUILDING　　　　　　Date: Apr.7, 2012
　　　　NO.98 RENMIN ROAD ZHONGSHAN DISTRICT DALIAN CHINA
Buyer: RIHUI CORPORATION 101-409, DEA-AH APT., 163,
　　　　POONGN AB-DONG, SONGPAGU, SEOUL, JAPAN
From: Dalian China To: Tokyo Japan

Marks & Numbers	Description of Commodity	Amount
N/M	LIFEMATE FOUR-DOOR WARDROBE	36.47 M^3
	2.05m* 2.3m *0.68m/pc 15PCS	
	PLATE-TYPE AND REAL WOOD	
	DEEP COLOUR	
	15PCS　　5CTNS	
	N.W.: 1238KGS　G.W.:1329KGS	
	PACKED IN 75CTNS (15PALLETS)	
	ORIGIN CHINA	

◇ 单元练习题 ◇

一、单项选择题

1. 发票上的货物数量应与信用证一致，如信用证在数量前使用"约、大约"字样时，应理解为（　　）。

A. 货物数量有不超过 5% 的增减幅度

B. 货物数量有不超过 10% 的增减幅度

C. 货物数量有不超过 3% 的增减幅度

D. 货物数量不得增减

2. 信用证要求提供厂商发票的目的是（　　）。

A. 查验货物是否已经加工生产　　B. 核对货物数量是否与商业发票相符

C. 检查是否有反倾销行为　　　　D. 确认货物质量是否符合要求

3. 根据《跟单信用证统一惯例（UCP 600）》的规定，以下关于正副本份数正确的选项是（　　）。

A. 如信用证要求提交的发票份数为"3COPIES"，则应提交 3 份副本发票

B. 如信用证要求提交的发票份数为"3COPIES"，则应提交至少 1 份正本发票

C. 如信用证要求提交的发票份数为"2FOLDS"，则应提交 2 份副本发票

D. 如信用证要求提交的发票份数为"DUPLICATE"，则应提交 2 份副本发票

4. 如信用证未规定货物的指定数量不得有增减且数量不是以包装单位或个数记数，在支取款项不超过信用证金额的情况下，发票上显示的货物数量准许的增减幅度为（　　）。

A. 10%　　　　B. 8%　　　　C. 0　　　　D. 5%

5. 根据作用不同，发票可分为商业发票、海关发票、形式发票、领事发票、厂商发票、联合发票和证实发票等，其中（　　）是出口业务结汇中最重要的单证之一，是单证工作的核心单证。

A. 商业发票　　B. 形式发票　　C. 领事发票　　D. 证实发票

6. 发票的日期，在结汇单据中应（　　）。

A. 早于汇票的签发日期　　　　B. 早于提单的签发日期

C. 早于保险单的签发日期　　　D. 最早签发的单证

第六章 发票与包装单证

7. 发票唛头应按信用证或合同规定填制，如没有唛头，则填写（　）。

A. NO　　　　　B. YES　　　　C. N/M　　　　D. N/N

8. 在托收和汇付方式下，商业发票的抬头人一般是（　）。

A. 进口地银行　　B. 买方　　　C. 出口地银行　　D. 卖方

9. 根据《UCP 600》的规定，除非信用证另有规定，商业发票的签发人必须是（　）。

A. 开证申请人　　B. 受益人　　C. 开证行　　D. 合同的买方

10. 根据《跟单信用证统一惯例 UCP 600》的规定，除非信用证另有规定，商业发票的抬头必须做成（　）。

A. 开证行　　　　　　　　B. 开证行指定的银行

C. 开证申请人　　　　　　D. 合同的卖方

11. 信用证要求受益人发票作为议付的单证之一，银行将拒绝接受（　）代替发票。

A. 海关发票　　B. 最终发票　　C. 商业发票　　D. 临时发票

12. 在托收项下，发票等单证的缮制通常以（　）为依据。如有特殊要求，应参照相应的文件或资料。

A. 合同　　　　B. 信用证　　　C. 发票　　　D. 提单

13. 如果信用证给出的贸易术语包含了术语的来源，如 CIFC2 LONDON INCOTERMS 2000，发票中货物描述部分描写正确的是（　）。

A. CIFC2 LONDON INCOTERMS 2000

B. CIFC2 LONDON

C. CIF LONDON

D. CIF LONDON INCOTERMS 2000

14. 发票中不得标明（　）。

A. 折扣、佣金　　　　　　B. 贸易术语

C. 免费的样品、广告材料　　D. 扣减预付款

15. 如果信用证禁止分批装运，只要货物全部装运，且单价没有减少，则发票金额允许有（　）的减幅。

A. 10%　　　　B. 5%　　　　C. 3%　　　　D. 2%

二、多项选择题

1. 商业发票是卖方向买方签发的载明货物的品质、数量、包装和价格等

内容，并凭以索取货款的凭证，其作用主要有（　　）。

　　A. 是买卖双方收付货款及记账依据

　　B. 是货物运输的收据

　　C. 是买卖双方办理报关、纳税的依据

　　D. 是缮制其他出口单证的依据

2. 以下单证中作为发票的附属单证,对发票起着补充说明作用的是（　　）。

　　A. 运输单证　　B. 保险单证　　C. 装箱单　　D. 重量单

3. 在国际贸易结算中，结汇单证的种类繁多。主要有许可证、装箱单、产地证书和检验证书，此外还有（　　）等。

　　A. 商业发票　　B. 汇票　　C. 运输单证　　D. 保险单

4. 产地证明书是由出口国政府有关机构签发的一种证明货物原产地或制造地的证明文件。通常多用于不需要提供（　　）的同家或地区。

　　A. 海关发票　　B. 领事发票　　C. 证实发票　　D. 联合发票

5. 根据《跟单信用证统一惯例 UCP 600》的规定，除非信用证另有规定，商业发票（　　）。

　　A. 必须由信用证中指定的受益人签发

　　B. 必须做成开证申请人抬头

　　C. 必须签署

　　D. 金额不得超过信用证金额

6. 商业发票的抬头一般不是（　　）。

　　A. 出口商　　B. 进口商　　C. 开证银行　　D. 受益人

7. 发票的主要内容包括（　　）。

　　A. 首文部分　　B. 自由处理区　C. 本文部分　　D. 结尾部分

8. 除最常见的商业发票外，发票还包括（　　）。

　　A. 海关发票　　B. 形式发票　　C. 领事发票　　D. 证实发票

9. 信用证要求"发票"而未作进一步定义，则受益人提交下列（　　）发票都是可接受的。

　　A. 商业发票　　B. 临时发票　　C. 形式发票　　D. 最终发票

10. 发票的货物描述与信用证中的货物描述要一致，通常包括（　　）。

　　A. 商品的名称及规格　　　　B. 件数及数量

　　C. 单价及总金额　　　　　　D. 引用的合同号、订单号等

第六章 发票与包装单证

三、操作题

1.依据以下资料填写发票与箱单。

资料一：货物明细：商品名称（TROLLEY CASES）

货号	TS503214	TS503215	TS503216
产地	\multicolumn{3}{c}{Dian China}		
商标	TAISHAN		
包装	1pc in PE bag；3pcs/CTN		
箱子尺寸	53.5×37×79.5CM	53.5×34.5×82CM	48×32.5×78.5CM
箱子尺寸（总）	57.8864CBM	57.833CBM	58.8CBM
净重/毛重（个）	4KG/4.6KG	3.5KG/4KG	3KG/3.5KG
净重/毛重（总）	4416KG/5078.4KG	4021.5/4596KG	4320KG/5040KG
数量	1104PCS	1149PCS	1440PCS
单价	USD6.50	USD6.00	USD5.80
金额	USD7176	USD6894	USD8352
集装箱容量	QTY/40'FCL：368CTNS	QTY/40'FCL：383CTNS	QTY/40'FCL：480CTNS

发票号码：TSI0801005 发票日期：2008-8-5 授权签字人：张平
装运船名：DONGFENG 航 次：V.369 装船　　日 期：2008-8-23
运输标志：ORTAI
TSI0601005
NEW YORK
C/NO.1-1231
原产地标准："P"

资料二：信用证相关内容

27：Sequence of Total：1/1

40A：Form of Documentary Credit：IRREVOCABLE

20：Documentary Credit Number：N5632405TH11808

31C：Date of Issue：080715

31D：Date and Place of Expiry：080909 CHINA

51D：Applicant Bank：CITY NATIONAL BANK

133 MORNINGSIDE AVE NEW YORK，NY 10027 Tel：001-212-865-4763

50：Applicant：ORTAI CO.，LTD.

30 EAST 40TH STREET，NEW YORK，NY 10016

TEL：001-212- 992-9788 FAX：001-212- 992-9789

59：Beneficiary：DALIAN TAISHAN SUITCASE & BAG CO.，LTD.

66 ZHONGSHAN ROAD DALIAN 116001，CHINA TEL：0086-0411-84524789

32B：Currency Code Amount：USD 22422.00

41D：Available With/By：ANY BANK IN CHINA BY NEGOTIATION
42C：Drafts at：SIGHT
42D：Drawee：ISSUING BANK
43P：Partial Shipments：NOT ALLOWED
43T：Transhipment：NOT ALLOWED
44E：Port Of Loading：DALIAN，CHINA
44F：Port Of Discharge：NEW YORK，U.S.A
44C：Latest Date of Shipment：080825
45A：Description of Goods and/or Services：
CIF NEWYORK TROLLEY CASES AS PER SC NO. TSSC0801005
46A：Documents Required
+MANUALLY SIGNED COMMERCIAL INVOICE IN 2 COPYES INDICATING L/C NO. AND CONTRACT NO. CERTIFYING THE CONTENTS IN THIS INVOICE ARE TRUE AND CORRECT.
+FULL SET OF ORIGINAL CLEAN ON BOARD MARINE BILLS OF LADING MADE OUT TO ORDER，ENDORSED IN BANK MARKED FREIGHT PREPAID AND NOYIFY APPLICANT
+PACKING LIST IN 2 COPYES ISSUED BY THE BENEFICIARY
+ORIGINAL GSP FORM A CERTIFICATE OF ORIGIN ON OFFICIAL FORM ISSUED BY A TRADE AUTHORITY OR GOVERNMENT BODY
+INSURANCE POLICIES OR CERTIFICATES IN DUPLICATE，ENDORSED IN BANK FOR 110 PERCENT OF INVOICE VALUE COVERING ICC CLAUSES（A）.
+MANUFACTURER'S QUALITY CERTIFICATE CERTIFYING THE COMMODITY IS IN GOOD ORDER.
+BENEFICIARY'S CERTIFICATE CERTIFYING THAT ONE SET OF COPIES OF SHIPPING DOCUMENTS HAS BEEN SENT TO APPLICANT WHTHIN 5 DAYS AFTER SHIPMENT.
47A：Additional Conditions
+UNLESS OTHERWISE EXPRESSLY STATED，ALL DOCUMENTS MUST BE IN ENGLISH.
+ANY PROCEEDS OF PRESENTATIONS UNDER THIS DC WILL BE SETTLED BY TELETRANSMISSION AND A CHARGE OF USD50.00（OR CURRENCY EQUIVALENT）WILL BE DEDUCTED.
49：Confirmation Instructions：WITHOUT
57D：Advise Through Bank：BANK OF CHINA DALIAN BRANCH
72：Sender to Receiver Information：
DOCUMENTS TO BE DESPATCHED BY COURIER
SERVICE IN ONE LOT TO CITY NATIONAL BANK

第六章　发票与包装单证

COMMERCIAL INVOICE

TO :　　　　　　　　　　　　　　　　　INVOICE NO._____
　　　　　　　　　　　　　　　　　　　DATE
　　　　　　　　　　　　　　　　　　　S/C NO._____
　　　　　　　　　　　　　　　　　　　L/C NO._____

FROM_____　VIA_____　TO_____　BY_____

MARKS & NUMBERS	DESCRIPTION OF GOODS	QUANTITY	UNIT PRICE	AMOUNT
TOTAL AMOUNT :				

ISSUER	PACKING LIST	
TO	INVOICE NO.	DATE
	S/C NO.	L/C NO.

MARKS AND NUMBERS	C/NOS	NUMBER AND KIND OF PACKAGES ; DESCRIPTION	QUANTITY	G.W. (KGS)	N.W. (KGS)	MEAS (CBM)
TOTAL						
TOTAL PACKAGE IN WORDS						

2. 依据信用证修改发票。

资料一：信用证

From of Doc. Credit	*40A:	IRREVOCABLE
Doc. Credit Number	*20:	LC-320-0254771
Date of Issue	31C:	060922
Expiry	*31D:	Date 061222 Place CHINA
Applicant	*50:	MARCONO CORPORATION RM1001, STAR BLDG.TOKYO,JA
Beneficiary	*59:	QINGDAO(SHANDONG)HUARUI NO.35 WUYI ROAD QINGDAO, CHINA
Amount	*32B:	Currency SUD Amount70000.
Pos./Neg.Tol.(%)	39A:	5/5
Available with /by	*41D:	ANY BANK BY NEGOTIAT
Draft at...	42C:	DRAFTS AT SIGHT FOR FU
Drawee	42A:	ROYAL BANK LTD,TOKYO
Partial Shipments	43P:	ALLOWED
Transshipment	43T:	NOT ALLOWED
Loading in Charge	44A:	SHIPMENT FROM CHINESE
For Transport to	44B:	OSAKA, JAPAN
Latest Date of Ship.	44C:	061210
Descript.of Goods	45A:	

HALF DRIED PRUNE 2005CROP

　　　　　　　　　　GRADE SPEC　　QNTY　　UNIT　PRICE
　　　　　　　　　　　　　　　　　（CASE）（USD/CASE）
　　　A　L：500 CASE　M：500CASE　1,000　22.0　CFR OSAKA
　　　B　L：1200CASA　M：1200CASE　2,400　20.0　CFR OSAKA

PACKING：IN WOODEN CASE, 12KGS PER CASE

TRADE TERMS：CFR OSAKA

Documents required　46A：

　　FULL SET OF CLEAN ON BOARD OCEAN BILLS OF LADING MADE OUT TO ORDER OF SHIPPER AND BLANK ENDORSED AND MARKED "FREIGHT PREPAID" AND "NOTIFY MARCONO CORPORATION. RM1001, STAR BLDG. TOKYO, JAPAN

　　+MANUALLY SIGNED COMMERCIAL INVOICE IN TRIPLICATE（3）INDICATING APPLICANT'S REF. NO. SCLI-98-0474.

　　+PACKING LIST IN TRIPLICATE（3）.

第六章　发票与包装单证

Details of Charges 71B：ALL BANKING CHARGES OUTSIDE JAPAN ARE FOR ACCOUNT OF BENEFICIARY

Presentation Period 48：DOCUMENTS TO BE PRESENTED WITHIN 15 DAYS AFTER THE DATE OF SHIPMENT，BUT WITHIN THE VALIDITY OF THE CREDIT.

资料二：补充资料

发票号码：76IN-C001，　　　　　　　发票日期：2006年9月8日
提单号码：NSD220055，　　　　　　　提单日期：2006年12月5日
船名：FENGLEI V.66026H　　　　　　装运港：青岛港
集装箱：2×20' FCL CY/CY　　　　　出口口岸：青岛海关
TRIU 1764332 SEAL 05003　　　　　合同号：HA1101
KHLU1766888 SEAL 05004　　　　　SHIPPING MARKS（唛头）
出口商：青岛华瑞贸易公司　　　　　　MQ
净重：12.00KGS/CASE　　　　　　　　HA1101
毛重：14.00KGS/CAES　　　　　　　　OSAKA
尺码：(20×10×10) CM/CASE　　　　 NOS1-3400

COMMERCIAL INVOICE

TO：MARCONO CORPPRATION　　　　　　INVOICE NO._76IN-C001
RM1001STAR BLOG，TOKYO，JAPAN　　DATE：06.09.08
　　　　　　　　　　　　　　　　　　　S/CNO. HA1101
　　　　　　　　　　　　　　　　　　　L/CNO. _____

FROM <u>QINGDAO</u> TO <u>OSAKA</u>

MARKS&NUMBERS	DESCRIPTION OF GOODS	QUANTITY (CASE)	UNTI PRICE (USD.CASE)	AMOUNT
MQ TOKYO NOS1-3400 MADE IN CHINA	HALF DRIED PRUNE 2005 CROP GRADE A M L B M L	500 500 1200 1200	CIF OSAKA 22.0 22.0 20.0 20.0	USD1100 USD1100 USD2400 USD2400
		Total 3400		USD70000
TOTAL AMOUMT：	SAY US DOLLARS SEVENS THOUSAND ONLY			

TOTAL NUMBER OF PACKAGE : 3400 CARTONS

QINGDAO HUARUI CO.

缮制错误的地方有：

第七章　汇票

【学习目标】

本章主要讲授汇票的基本内容以及在信用证支付方式和托收支付方式下汇票的填制方法。通过学习，使学生了解汇票的基础知识，掌握汇票在信用证和托收支付方式下的制作。

【重点与难点】

1. 汇票内容
2. 汇票制作

第一节　汇票概述

一、汇票定义

汇票（bill of exchange，draft）是国际贸易结算中非常重要的一种票据。根据《中华人民共和国票据法》的汇票的定义："汇票是出票人签发的，委托付款人在见票时或者在指定日期无条件支付确定的金额给收款人或者持票人的票据。"在国际贸易结算实务中，汇票在信用证和托收业务中都有使用，但在信用证业务中使用更为广泛。见图7-1。

BILL OF EXCHANGE
凭 信用证号

开证行 → Drawn under：(1) HONGKONG BANK　　L/C No.(2) 445578 ← 信用证号

开证日期 → 日　期　　　　　按　息　　　　　付　款

Dated：(3) May18,2010　　Payable with interest @ (4) ___ %per annum ← 小写金额

汇票号 → 号　码　　　　汇票金额　　　　　中国上海

No.(5) 123478 Exchange for (6) USD107,000.00 ShangHai, China (7) June 6,2010

见　票　　　　　日后（本汇票之副本未付）付交 ← 出票地点与时间

At (8) ****** sight of this FIRST of Exchange (Second of Exchange being unpaid) pay

汇票期限 → to the order of (9) BANK OF CHINA, TIANJIN BRANCH ← 收款行：议付行

金额

the sum of (10) US DOLLARS ONE HUNDRED AND SEVEN THOUSAND ONLY

大写金额

此致

(11) To:HONGKONG BANK　　　　(12) SHANDAO Company, Shanghai

付款行：开证行　　　　　　　　　　　　　　　　　　　　　　　　LIHONG ← 出票人：出口方

图 7-1　汇票样张

二、汇票种类

常见的出口贸易结算的汇票有下列几种：

（一）跟单汇票（Documentary Draft）和光票（Clean Bill）

汇票按是否跟随货运单证及其他单证的角度划分，可以分为跟单汇票和光票两种。经常在信用证上见有这样的条款："Credit available by your drafts at sight on us to be accompanied by the following documents." 这个条款就是跟单汇票条款。开立这种汇票必须跟随有关货运单证及其他有关单证才能生效，所以叫作"跟单汇票"。和这个意思相反，即开立汇票不跟随货运单证。单凭汇票付款的叫作"光票"。

在出口业务中，结算所缮制的汇票多是跟单汇票，很少有光票。这是因为跟单汇票对买卖双方都有利。汇票跟随着货运单证一起，使进口商必须在付清货款或承兑后才能得到货运单证而提取货物；而出口商如果没有提供合乎信用证要求的单证，进口商可以不负责付款。光票则与上述情况相反。所以进出口贸易都采取跟单汇票，极少使用光票。只有由于费用或佣金等收取才采取光票方式，因无货运单证可提供。

第七章　汇票

（二）即期汇票（Sight Draft）和远期汇票（Time Draft）

从汇票的付款期限来分，有即期汇票和远期汇票的区分。凡是汇票上明确规定见票付款人立即执行付款等字句，这样的汇票就是即期汇票。凡是汇票上明确规定见票后××天或规定将来某一时期内付款人执行付款，这样的汇票就是远期汇票。

（三）银行汇票（Bank's Draft）和商业汇票（Commercial Draft）

从出票人角度来分，有银行汇票和商业汇票。例如，在汇款业务中汇款人请求汇出行把款项汇交收款人，这时汇出银行开立汇票交给汇款人以便寄交收款人向付款行领取款项。这种汇票其出票人由银行开具，所以叫银行汇票。在出口贸易中的预付货款的支付方式，进口商向出口商汇付货款的汇票也属于银行汇票。在汇款方法中属于顺汇法。

出口贸易结算中的托收支付方式和信用证项下的支付方式所开具汇票就是属于商业汇票。商业汇票是债权者主动开具汇票向债务者指令凭票付款，这种汇票的出票人是商人或商号，所以叫作商业汇票，在汇款方法中属于逆汇法。

（四）商业承兑汇票（Commercial Acceptance Bill）和银行承兑汇票（Banker's Acceptance Bill）

从承兑人角度区分，可分为商业承兑汇票和银行承兑汇票。在商业汇票中，远期汇票的付款人为商人，并经付款人承兑，这种汇票叫作商业承兑汇票；如果远期汇票的付款人是银行，并由付款人——银行承兑，这种汇票就叫作银行承兑汇票。

第二节　汇票内容与填制

汇票的格式有多种，但其主要内容是一致的。现举常用的一种格式如下，以此为例谈汇票的填制方法。

1. 出票依据（Drawn under）

出票依据也称"出票条款"。一般内容包含三项，即开证行名称、信用证号码和开证日期。如果信用证有规定缮制方法，则应按照信用证规定原句填制。信用证如果有规定利息条款，也应在本栏中加以列出。在信用证支付条件下，开证行是提供银行信用的一方，开证行开出的信用证就最终伴随所要求的单证成为凭以向买方（付款人）收款的书面证据。本栏 Drawn under 后面要求根据信用证要求填写开证行全称。

2. 信用证号码（L/C NO.）

这一栏的内容要求填写正确的信用证号码。但有时来证要求不填这一栏目，出口公司在制单过程中也可以接受。

3. 开证日期（dated）

这一栏应填写的是开证日期，常见的错误是把出具汇票的日期填在这一栏中了，因此在实务操作中应多加注意。

4. 年息（payable with interest-@% per annum）

这一栏目由结汇银行填写，用以清算企业与银行间利息费用。

5. 汇票号码（NO.）

这一栏正确的填写内容是制作本交易单证中发票的号码。本来的用意是核对发票与汇票中相同和相关的内容。例如，金额、信用证号码等。一旦出现这一栏内容在一套单证错误或需要修改时，只要查出与发票号码相同的汇票，就能确定它们是同一笔交易的单证，给核对和纠正错误带来了方便。在实际工作中，制单人员往往将这一栏也称作汇票号码，因此，汇票号码一般与发票号码是一致的。

6. 汇票小写金额（Exchange for）

汇票上有两处有阴影的栏目，较短的一处填写小写金额，较长的一处填写大写金额。汇票金额一般不超过信用证规定的金额。在填写这一栏时同时应注意其金额不包含佣金，即应填写净价。

7. 汇票的出票地点和日期

出票地点应该是议付地点。它的位置一般在右上方和出票日期连在一起。汇票的日期指受益人把汇票交给议付行的日期。原则上出票日期最晚不能晚于提单日期21天以后，更不能晚于信用证的议付期限，或不能早于提单日期和发票日期。

8. 付款期限（at...sight）

汇票付款有即期和远期之分。

（1）即期汇票（Sight Draft）表明在汇票的出票人按要求向银行提交

第七章 汇票

单证和汇票时，银行应立即付款。即期汇票的付款期限这一栏的填写较简单，只需使用"×××"或"———"或"***"等符号或者直接将"AT SIGHT"字样填在这一栏目中，但该栏不得空白不填。

（2）远期汇票（Time Draft）表明在将来的某个时间付款。以表明"远期"起算时的根据不同，分别为各种远期汇票。一般远期的期限计算有四种：

①付款人于见票后××天付款（At×× days after sight），即付款人在持票人提示汇票时，付款人表示承兑，从承兑日起算××天即为付款日期。

②以汇票出票日起算××天付款（At×× days after date of draft）。

③按提单签发日期后××天付款（At×× days after date of B／L）。

④按固定的×月×日付款。

9. 受款人（Pay to the order of）

信用证项下填写议付银行的名称。由于信用证是银行提供货款，而整个信用证的执行都处在银行监督、控制下，同时开证行也不会跟受益人直接往来，而是通过另一家银行与受益人接触。当开证行按信用证规定把货款交给受益人时，也应通过一家银行，这家银行应成为信用证履行中第一个接受货款的一方，为此，被称为受款人。所以在信用证支付的条件下，汇票中受款人这一栏目中填写的应是银行名称和地址，一般都是出口方所在地的议付行的名称和地址。究竟要填哪家银行作为受款人，这要看信用证中是否有具体规定，即是公开议付还是限制议付。另外，如果信用证中对议付银行的要求是"ANY BANK IN CHINA"，此栏不能照抄，应根据出口公司资金账户的实际情况填写。

10. 汇票大写金额（the sum of）

大写金额由小写金额翻译而成，要求顶格，不留任何空隙，以防有人故意在汇票金额上做手脚。大写金额也由两部分构成，一是货币名称，二是货币金额。常见的货币英文名称写法如下：美元（USD）、英镑（GBP）、瑞士法郎（CHF）、港币（HKD）、日元（JPY）、人民币（CNY）、欧元（EUR）、澳大利亚元（AUD）、加拿大元（CAD）等。以货币名称开始，以ONLY结尾。

11. 付款人（to）

信用证项下的汇票付款人应是开证银行。信用证项下汇票的付款人和合同的付款人不完全相同。从信用证的角度来看，汇票的付款人应是提供这笔交易的信用的一方，即开证行或其指定付款行为的付款人。但从合同的意义来看，信用证只是一种支付方式，是为买卖合同（S/C）服务的。买卖交易中的最终付款人是买方，通常是信用证的开证申请人。按照国际商会《跟单信用证统一惯例》的相关规定："信用证不应凭以申请人为付款人的汇票支付。但如信用证要求以申请人为付款人的汇票，银行将视此种汇票为一项额外的单证。"据此，如信用证要求以申请人为付款人的汇票，仍应照办，但这只能作为一种额外的单证。因此，在填写汇票时，应严格按照信用证的规定填写。

12. 出票人（Drawer）

虽然汇票上没有出票人一栏，但习惯上都把出票人的名称填在右下角，与付款人对应。出票人即出具汇票的人，在贸易结汇使用汇票的情况下，一般都由出口企业填写，主要包括出口公司的全称和经办人的名字。

汇票在没有特殊规定时，一式两份在醒目的位置上印着"1""2"字样，或"original""copy"，表示第一联和第二联。汇票的一联和二联在法律上无区别。第一联生效则第二联自动作废（Second of exchange being unpaid），第二联生效，第一联也自动作废（First of exchange being unpaid）。

知识链接：托收汇票

无证托收业务的汇票，应根据合约规定缮制。在以托收方式收回货款时，使用与信用证支付条件完全相同的汇票。在填写方式上有以下区别：

（1）出票根据、信用证号码和开证日期三栏是不需填写的。与开证条款一样，通常用一种传统的习惯用语"value received"（对价或两讫条款），即"收到汇票的相对价值之意"。在这个栏目内，可写上商品的总称、件数、发票号码，以便于查找，如 Shipment of 100 Cartons Shoes as per Invoice NO.005，此栏一般可填写在大写金额栏的下方。也可如下填写：Drawn under（合同号）Contract No. ZT100-230 against SHIPMENT OF WORK SHORT TROUSERS。

（2）在"付款期限"栏目中，填写 D/P AT SIGHT（即期付款交单）或 D/P ××days（××天远期付款交单）；D/A××days（××天承兑交单）。

（3）"收款人"栏目中，填写托收行名称。在实际业务中，托收项下汇票的受款人一般使用指示抬头，即以托收行指示方式为受款人，如，"Pay to the order of×××Bank"。

（4）"付款人"栏目中填写进口商名称。

第七章　汇票

第三节　汇票操作实务

拉夫美特公司（LIFEMATE IMPORT AND EXPORT TRADE CO.，LTD）根据与日本日慧公司（RIHUI CORPORATION）订购四门衣柜（家具编号为 KSHT-KSH-C017-SMYG）的合同及信用证，开立了汇票。

BILL OF EXCHANG

NO. **LMA1281**　　　　　　**Dalian China,**　　　　　date Apr 14，2012

Exchange for **JPY1848681.00**

　　　At ****** sight of this First of Exchange

（Second of the same tenor and date unpaid）pay to the order of

BANK OF CHINA DALIAN BRANCH

The sum of **JPY YEN ONE MILLION EIGHT HUNDRED AND FOURTY-EIGHT THOUSAND SIX HUNDRED AND EIGHTY-ONE ONLY**

Drawn under **SUMITOMO BANK**

　　　L/C NO.：**MD7358120NS00280 DATED：Feb 24，2012**

To **SUMITOMO BANK**

　　　　　　　　　　　　　　　　LIFEMATE IMPORT AND EXPORT TRADE CO.，LTD

◇单元练习题◇

一、依据以下资料填制汇票

1. THE SELLERS：SHANGHAI IMPORT & EXPORT TRADE CORPORATIONT

　　1321 ZHONGSHAN ROAD SHANGHAI CHINA TEL：（21）65788877 王力

2. THE BUYER：UNITEX MACHINERY LTD

　　307 FIFTH AVENUE，NEW YORK 10016 U.S.A

3. S/C No：ABC151256

4. DESCRIPT OF GOODS：100% COTTON GIRL'S SUITS CIF NEW YORK

　（1）AGT NO. 353 6，000 PCS USD6.27/PC

　（2）AGT NO. 228 8，600 PCS USD7.41/PC

　（3）AGT NO.331 11，000 PCS USD 6.70/PC

5. TERMS OF PAYMENT：50% BY L/C AT 30DAYS AFTER SIGHT，50% BY D/P

AT SIGHT

6. CREDIT NO：TH2003 DATE OF ISSUE：060530 DATE OF EXPIRY：060820

7. ISSUING BANK：NATIONAL PARIS BANK

    24 MARSHALL VEDONCASTER NEW YORK，U.S.A.

8. NEGOTIATION BANK：BANK OF CHINA SHANGHAI BRANCH

9. INVOICE NO：TT060605

10. DRAWEE：NATIONAL PARIS BANK

托收项下的汇票：

BILL OF EXCHANGE

凭   不可撤消信用证

Drawn under   Irrevocable L/C No.

Date   支取 Payable With interest @   %   按   息   付款

号码   汇票金额   上海

No.   Exchange for   Shanghai

见票   日后（本汇票之副本未付）付交   金额

        AT   sight of this FIRST of Exchange（Second of Exchange being unpaid）Pay to the order of   the sum of

款已收讫

Value received

To

L/C 项下的汇票：

BILL OF EXCHANGE

凭   信用证

Drawn under   L/C NO.

日期

Dated   支取   Payable with interest @   %   按   息   付款

号码   汇票金额   上海

NO   Exchange for   Shanghai   20

第七章　汇票

见票　　　　日后（本汇票之正本未付）付交
At　　　sight of this SECOND of Exchange（First of Exchange being unpaid）Pay to the order of

金额
the sum of

此致：
To

二、根据所给资料审核并修改填制错误的汇票

资料：

BENEFICIARY：ABC LEATHER GOODS CO.，LTD.
　　　　　　123 HUANGHE ROAD，TIANJIN CHINA
APPLICANT：XYZ TRADING COMPANY
　　　　　　456 SPAGNOLI ROAD，NEW YORK 11747 USA
DRAFTS TO BE DRAWN AT 30 DAYS AFTER SIGHT ON ISSUING BANK FOR 90% OF INVOICE VALUE.
YOU ARE AUTHORIZED TO DRAWN ON ROYAL BANK OF NEW YORK FOR DOCUMENTARY IRREVOCABLE CREDIT NO. 98765 DATED APR.15，2009.
EXPRITY DATE MAY31，2009 FOR NEGOTIATION BENEFICIARY.
AVAILABLE WITH ANY BANK IN CHINA BY NEGOTIATION
FULL SET OF CLEAN ON BOARD OCEAN BILLS OF LADING，MADE OUT TO ORDER，BLANK ENDORSED AND MARKED FREIGHT PREPAID NOTIFY APPLICANT.
INSURANCE POLICY/CERTIFICATE IN DUPLICATE FOR 110 PCT OF INVOICE VALUE COVERING ALL RISKS AND WAR RISK OF THE PICC DATED01/01/1981
GOODS：5，000 PCS OF LEATHER BAGS PACKED IN 10 PCS/CARTON

合同号：ABC234

发票号：1234567

发票日期：2009年5月5日

发票金额：USD108000 CIF NEW YORK

装运港：TIANJIN CHINA

目的港：NEW YORK USA

装船日期：2009 年 5 月 15 日

开船日期：2009 年 5 月 15 日

发票签发人：ABC LEATHER GOODS CO., LTD.

ALICE

BILL OF EXCHANGE

凭　　　　　　　　　　　　　　　　　　　　信用证号

Drawn under：XYZ TRADING COMPANY　　　L/C N0. 89765

日期

Dated：May 15，2009

号码　　　　　　汇票金额　　　　　　中国天津

No. <u>123456</u> Exchange for USD108，000.00 Shanghai，China Date：June 1，2009

见票　　　　　日后（本汇票之副本未付）付交

At　******　sight of this FIRST of Exchange（Second of Exchange being unpaid）pay to the order of 　BANK OF CHINA，TIANJIN BRANCH　

金额

the sum of US DOLLARS ONE HUNDRED AND EIGHT THOUSAND ONLY

此致

To：XYZ TRADING COMPANY　　　　　ABC LEATHER GOODS CO., ALICE

第八章　运输单证

【学习目标】

本章主要讲授江海运输方式下货物的托运。通过学习，使学生了解江海运输的流程，了解托运单证的填制，掌握海运提单的缮制。

【重点与难点】

1. 托运单证的制作
2. 海运提单的制作
3. 托运流程

第一节　海运货物托运单证

托运指出口企业委托外运公司或其他有权受理对外货运业务的单位向承运单位及其代理办理货物的运输业务。如果出口货物数量大，需要整船运输，出口企业可委托其办理租船；如果出口数量不大，则可委托其代订班轮舱位或租定非班轮的部分舱位。

一、海运出口托运当事人

海运出口托运业务中涉及四个当事人，分别是发货人或托运人（Shipper）、收货人（Consignee）、货运代理人（Fieight Forwarder）、承运人（Carrier）。发货人与收货人是货主，一般情况下是出口方与进口方。货运代理人是接受进出口货物收货人、发货人的委托，以委托人或自己的名义，为委托人办理国际货物运输及相关业务并收取一定的劳务报酬。承运人是指本人或者委托他人以本人名义与托运人订立货物运输合同的人，江海运输业务中的承运人多是船公司。

代理货主办理订舱货主一般都是通过货运代理人向承运人办理货物的运输手续。

二、海运出口托运程序及相关单证

1. 出口企业填写订舱委托书

国际货物的运输往往从发货人委托货运代理人办理运输开始。发货人与货运代理确定运输价格后及服务条件后，货物代理将给发货人一份空白的"货物托运委托书"（见表8-1），发货人如实填写委托书，盖章后交给代理人。货代公司接受货主的委托，并以"委托书"为操作指令，完成下一步的订舱、装运、报检、报关、装货、签单等操作。出口企业填写订舱位委托书，列明出口货物的名称、件数、包装、唛头、毛重、尺码、目的港和最后装运日期等内容，作为订舱的依据。

2. 出口企业或货代填写托运单

货代接受订舱委托后，缮制货物托运单，随同商业发票、装箱单及其他必要的单证一同向船公司办理订舱。托运单（Shipping Note；S/N）（表8-2）有的地方称为"下货纸"，是托运人根据贸易合同和信用证条款内容填制的，向承运人或其代理办理货物托运的单证。承运人根据托运单内容，并结合船舶的航线、挂靠港、船期和舱位等条件考虑，认为合适后，即接受托运。该托运单（场站收据）一式十份，分别用于外轮代理公司留存、装货单、收货单、配舱回单、运费通知、托运人和外运公司留底等。

知识链接：场站收据（DOCK RECIPT，D/R）（表8-5）

场站收据是由发货人或其代理人编制、承运人签发的，证明船公司已从发货人处接收了货物，并证明那时货物形态，船公司对货物首先负有责任的凭证，托运人据此向承运人或其代理人换取待装提单或装船提单。它相当于保守的托运单、装货单、收货单等一整套单证，共有十联（有的口岸有七联），其中：集装箱货物托运单二联：第一联，货主留底；第二联，船代留底，运费通知二联；第三联，运费通知（1）和第四联运费通知（2）；第五联，装货单，即场站收据正本（1），包括交归入口港务费请求书附页；第六联，大副联，即场站收据正本（2）；第七联，场站收据正本；第八联，货代留底；第九联、第十联，配舱回单（1）和（2）。

第八章 运输单证

场站收据十联单的流转程序

（1）托运人填制集装箱货物托运单即场站收据一式十联，嘱托货运代理人代办托运手续。

（2）货运代理人接单后审核托运单，若能接受嘱托，将货主留底联（第一联）退还托运人备查。

（3）货运代理人持糟粕的九联单到船公司或船公司的代理人处处分托运词舱手续。

（4）船公司或其代理人接单后审核托运单，同意吸收托运，在第五联即装货单上盖签单章，确认订舱承运货物，并加填船名、航次和提单号，留下第二联至第四联共三联后，将余下的第五联至第十联共六联退还给货运代理人。

（5）货运代理人留存第八联货代留底，缮制货物流向单及今后查询；将第九联、第十联退托运人作配舱回执。

（6）货运代理人根据船公司或其代理人退回的各联缮制提单和其他货运单证。

（7）货运代理人持第五联至第七联共三联：装货单、大副联和场站收据正本，奉陪入口货物报关单和其他有关货物入口单证至海关处分货物入口报关手续。

（8）海关审核有关报关单证后，同意入口，在场站收据正本（1）即装货单上加盖放行章，并将各联退还货运代理人。

（9）货运代理人将此三联送交集装箱堆场或集装箱货运站，据此验搜集装箱或货物。

（10）若集装箱在港口堆场装箱，集装箱装箱后，集装箱堆场留下装货单；若集装箱在货运站装箱，集装箱人港后，港口集装箱堆场留下装货单和大副收据联，并签发场站收据给托运人或货运代理人。

（11）集装箱装船后，港口场站留下装货单用作结算费用用来查询，大副联交理货部门送大副留存。

（12）发货人或其货运代理人持场站签收的正本场站收据到船公司或其代理人处，处分换取提单手续，船公司或其代理人收回场站收据，签发提单。在集装箱装船前可换取船舶代理签发的待装提单，或在装船后换取船公司或船舶代理签发的装船提单。

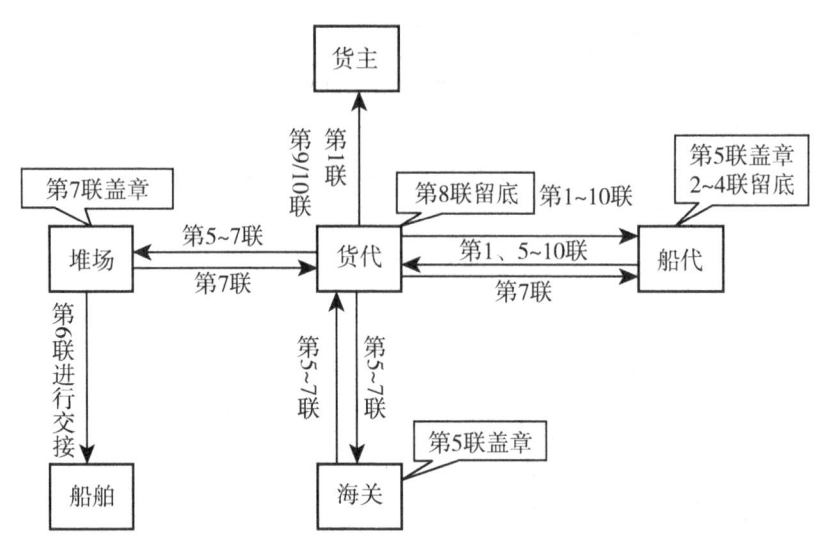

```
                        货主
                         ↑
                       第1联
           第7联盖章   第9/10联  第8联留底   第1~10联    第5联盖章
                                                      2~4联留底
              堆场 ←第5~7联— 货代 —第1、5~10联→ 船代
                  —第7联→      ←第7联—
              第                    
              6  第              第
              联  5              5
              进  ~              ~
              行  7              7
              交  联              联
              接                   
                                  
               船舶              海关 ←第5联盖章
```

场站收据七联单及其流转程序

目前，有的口岸像大连口岸使用了七联单：第一联，集装箱货物托运单，船代留底；第二联，装货单，场站收据正本；第三联，场站收据正本，大副联；第四联，场站收据正本；第五联，装箱理货留底；第六联，货代留底；第七联，配舱回单。

其流转程序：

（1）发货人（托运人）填制集装箱货物托运单（即场站收据）一式七联，盖印后嘱托货运代理人代办托运手续。

（2）货运代理人带七联单到船公司或船公司代理处处分托运订舱手续。

（3）船公司或其代理人接单后审核托运单，同意接受托运，在第二联装货单上盖签单章，填上船名、航次、提单号，留下第一联船代留底，将其他六联退货运代理人。

（4）货运代理人盖印后，留下货代留底，将场站收据、装货单、大副联奉陪货物入口单证和入口货物报关繁多起送海关报关。

（5）海关接单后审核有关单证，同意入口，在装货单上盖放行章，并将各联退还货运代理人。

（6）货运代理人将余下五联单送装箱的集装箱堆场或集装箱货运站，据此验搜集装箱或集装箱货物。

（7）集装箱和货物送集装箱堆场或货运站后，装箱场站留下装箱理货联。

（8）装毕后的重箱送港口场站，场站签发场站收据，正本场站收据退还货运代理人，留下装货单和大副联，装货单用作结算费用及今后查询，大副联交理货部门送船上大副留存。

（9）货运代理人将场站签收后的场站收据正本送船公司或船代，装船前可换取船代签发的待装提单；装船后换取船公司或其代理人签发的已装船提单。

（10）货运代理人将提单和第七联配舱回单退给货主（托运人）。

3. 船公司或外轮代理公司签发配舱回单与装货单

外运公司收到托运单后，会同轮船公司或外轮代理公司，根据托运单内容，结合船舶的航线、挂靠港、船期和舱位等条件考虑，认为合适的，在托运单上签章，表示接受托运，至此订舱手续完成，运输合同成立。轮船公司或外轮代理安排船只和舱位后，向托运人（出口企业）签发装货单，货代在托运单的几联单证上编上与提单号码一致的编号，填上船名、航次，并签署，并将船名、航次和装货日期通知托运人让其准备装运，同时把配舱回单，装货单等与托运人有关的单证退给托运人。此后，托运人即可凭此装货单办理货物出口报关及装船手续。

装货单（Shipping；Order；S/O）（表8-3）是接受了托运人提出装运申请的船公司，签发给托运人，凭此命令船长将承运的货物装船的单证。装货单既可作为装船依据，又是货主凭此向海关办理出口申报手续的主要单证之一。所以又称为"关单"。对托运人而言，装货单是办妥货物托运的证明；对船公司而言，装货单是通知船方接受装运该批货物的批示文件。

4. 报关出口

托运人持船公司签署的S/O，填制出口货物报关单、商业发票、装箱单等连同其他有关的出口单证向海关办理货物出口报关手续。

5. 海关查验放行

海关根据有关规定对出口货物进行查验，如同意出口，则在S/O上盖放行章，并将S/O退回给托运人。

6. 装船

承运船舶抵港前，外贸企业或外运机构根据港区所作的规划，将出口报关的货物存放于港区指定仓库。船抵港后，港区向托运人出具货物港杂费申请书后办理提货、装船。装船时，托运人持海关盖章的由船公司签署的S/O要求船长装货。

7. 装货后，由船上的大副签署 M/R 大副收据交给托运人

收货单（表 8-4）又称大副收据（Mates Receipt），是船长或大副签发给托运人的，用以证明货物收到并已装上船的凭证。大副根据理货员在理货单上所签注的日期、件数及舱位，并与装货单核对后，签署大副收据。大副在签署收货单时，会认真检查装船货物的外表状况、货物标志、货物数量等情况。如果货物外表状况不良、标志不清、货物有水渍、油渍或污渍等状况，数量短缺，货物损坏时，大副就会将这些情况记载在收货单上。这种在收货单上记载有关货物外表状况不良或有缺陷的情况称为"批注"（remark），习惯上称为"大副批注"。有大副批注的收货单称为"不清洁收货单"（foul receipt）；无大副批注的收货单则为"清洁收货单"（clean receipt）。凭清洁收货单换取清洁提单，不清洁收货单换取的是不清洁提单。因此，收货单是记载货物交接状况最早的证明。

8. 托运人持 M/R 向船公司换取正本已装船提单，船公司凭 M/R 签发正本提单并交给托运人凭以结汇

货物装船后，外贸企业或外运机构将缮制好的海运提单交船公司或其代理，请求签字。船公司或其代理审核海运提单所载内容与大副收据内容相符后，在提单上加注"已装船"和装船日期印章，签发清洁已装船提单（要求签发运费已付提单时，外贸企业或外运机构必须先向船公司或其代理缴付海运运费，然后才能从船公司或其代理取得海运提单）。

海运提单（BILL OF LADING，B/L）是承运人或其代理人应托运人的要求所签发的货物收据（RECEIPT OF GOODS），在将货物收归其照管后签发，证明已收到提单上所列明的货物；也是承运人所签署的运输契约的证明，提单还代表所载货物的所有权，是一种货物所有权凭证（DOCUMENT OF TITLE）。提单持有人可据此提取货物，也可凭此向银行押汇，还可在载货船舶到达目的港交货之前进行转让；是承运人与托运人之间运输合同的证明。

9. 发出装船通知

货物装船后，托运人即可向国外买方发出装船通知，以便对方准备付款、赎单、办理收货。如为 CFR 或 FOB 合同，由于保险由买方自行办理，及时发出装船通知尤为重要。

托运流程如图 8-1 所示。

第八章　运输单证

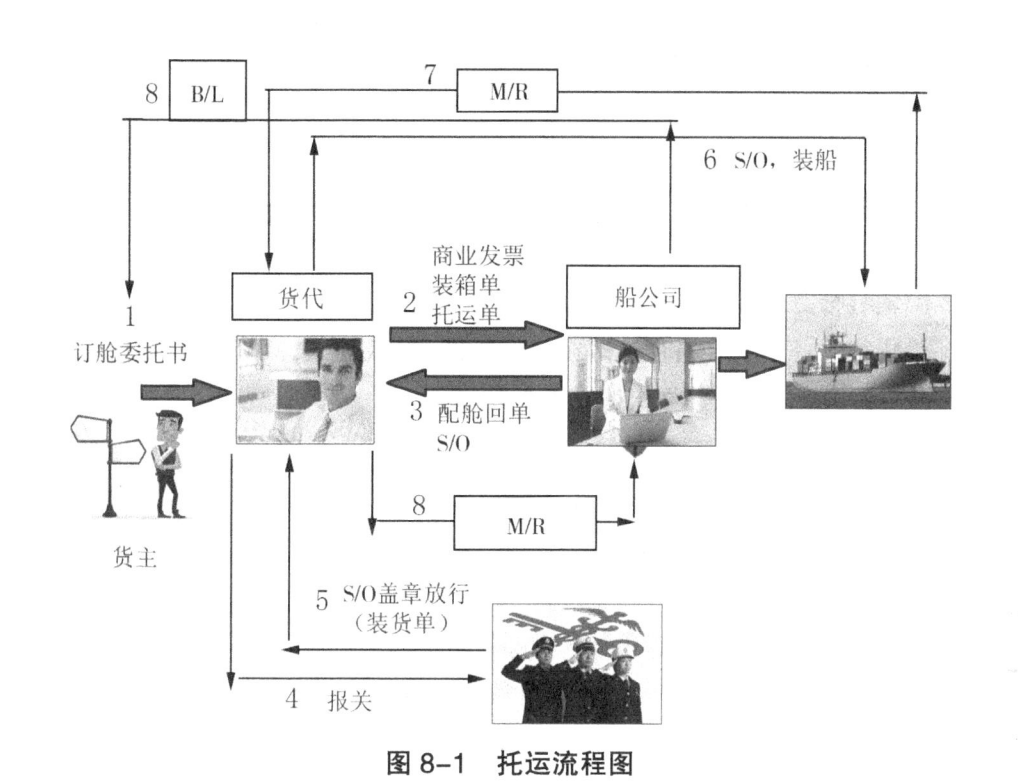

图 8-1　托运流程图

三、集装箱海运出口托运程序

1. 订舱

发货人根据贸易合同或信用证条款的规定，在货物托运前一定时间内填好集装箱货物托运单（CONTAINER BOOKING NOTE）委托其代理或直接向船公司申请订舱。

2. 接受托运申请

船公司或其代理公司根据自己的运力、航线等具体情况，同时考虑发货人的要求，决定接受与否，若接受申请就着手编制订舱清单，然后分送集装箱堆场（CY），集装箱货运站（CFS），据此安排空箱及办理货运交接。

3. 发放空箱

通常整箱货货运的空箱由发货人到集装箱码头堆场领取，有的货主有自备箱；拼箱货货运的空箱由集装箱货运站负责领取。

4. 拼箱货装箱

发货人将不足一整箱的货物交至货运站，由货运站根据订舱清单和场站收据（DOCK RECEIPT D/R）（表8-5）负责装箱，然后由装箱人编制集装箱装箱单（CONTAINER LOAD PLAN）。

5. 整箱货交接

由发货人自行负责装箱，并将已加海关封志的整箱货运到集装箱堆场。集装箱堆场根据订舱清单，核对场站收据及装箱单验收货物。

6. 集装箱交接签证

集装箱堆场或集装箱货运站在验收货物和/或箱子，即在场站收据上签字，并将签署后的场站收据交还发货人。

7. 换取提单

发货人凭场站收据向集装箱运输经营人或其代理换取提单（COMBINED TRANSPORT BILL OF LADING），然后去银行办理结汇。

8. 装船

集装箱装卸区根据装货情况，制订装船计划，并将出运的箱子调整到集装箱码头前方堆场，待船靠岸后，即可装船出运。

实际操作过程要比上述步骤简单得多，其中大部分工作由运输代理完成。

表8-1 托运委托书

经营单位（托运人）				公司编号	
提单B/L项目要求	发货人： Shipper：				
	收货人： Consignee：				
	通知人： Notify Party：				
洋运费(√) Sea Freight	预付（ ）或（ ）到付 Prepaid or Collect		提单份数	提单寄送地址	
起运港		目的港		可否转船	可否分批
集装箱预配数				装运期限	有效期限
标记唛码	包装件数	中英文货号 Description of goods	毛重（公斤）	尺码（立方米）	成交条件（总价）

第八章 运输单证

续表

内装箱（CFS）地址		特种货物冷藏货危险品	重件：每件重量	
			大件（长×宽×高）	
		特种集装箱：（　）		
门对门装箱地址		资物备妥日期	年 月 日	
外币结算账号		资物进栈：自送（　）或派送（　）		
声明事项		人民币结算单位账号		
		托运人签章		
		电话		
		传真		
		联系人		
		地址		
		制单日期：	年　月　日	

表 8-2　海运出口托运单

THE NAME AND ADDRESS OF BENEFICARY

托运单 BOOKING NOTE

（1）收货人：Consignee　　　　（17）提单号：B/L No.
（2）通知人：Notify　　　　　　（18）船名 VSL.
　　　　　　　　　　　　　　　（19）编号 NO.：
　　　　　　　　　　　　　　　（20）日期 Date：
　　　　　　　　　　　　　　　（21）起运地 Loading Port：
　　　　　　　　　　　　　　　（22）装运地 Destination：

（3）标记　　（4）件数　　（5）货名　　（6）净重　毛重　　（7）尺码
Shipping Marks：　Quantity：　Description of Goods：　N/W G/W Measurement：

（23）特殊条款 Special Coditions：

(8) 可否分批   (13) 正本
(9) 可否转船   (14) 副本
(10) 装船期限   (15) 货存地点
(11) 结汇期限   (16) 运费缴付方式
(12) 运费吨：   运费率：   运费金额：

NAME OF BENEFICIARY AND SIGNATURE

表 8-3　装货单　货

中国外轮代理公司
CHINA OCEAN SHIPPING AGENCY
装 货 单
SHIPPING ORDER

托运人
Shipper_____

编号   船名
No._____ S/S_____

目的港
For_____

兹将下列完好状况之货物装船后希签署收货单
Receive on board the undermentioned goods apparent in good order and condition and sign the accompanying receipt for the same

标记及号码 Marks & Nos	件数 Quantity	货名 Description of Goods	重量公斤 Weight Kilos	
			净重 Net	毛重 Gross

共计件数（大写）
Total Number of Package in Writing

日期   时间
Date _____   Time _____

第八章　运输单证

装入何舱
Stowed_____

实收
Received_____

理货员签名　　　　　　　经办员
Tallied by_____ Approved by_____

表8-4　收货单　货

中 国 外 轮 代 理 公 司
CHINA OCEAN SHIPPING AGENCY
收 货 单
MATE'S RECEIPT

托运人
Shipper_____

编号　　　　　　　　　　　　　　船名
No. _____　　　S/S_____

目的港
For_____

兹将下列完好状况之货物装船后希签署收货单
Receive on board the undermentioned goods apparent in good order and condition and sign the accompanying receipt for the same

标记及号码 Marks & Nos	件数 Quantity	货名 Description of Goods	重量公斤 Weight Kilos	
			净重 Net	毛重 Gross

共计件数（大写）
Total Number of Package in Writing

日期　　　　　　　　　　　　时间
Date _____ Time_____

装入何舱
Stowed_____

实收
Received_____

理货员签名   大副
Tallied by_____   Chief Officer_____

表8-5 场站收据

Shipper（发货人）	
	D/R No.（编号）
Consignee（收货人）	场站收据 Received by the Carrier the Total number of containers or other packages or units stated below to be transported subject to the terms and conditions of the carrier's regular form of Bill of Loading(for Combilled Transport or port to Port Shipment) which shall be deemed to be incorporated herein.
Notify Party（通知人）	
Pre carriage by（前程运输） Place of Receipt（收货地点）	
Ocean vessel（船名）Voy.No.（航次） Port of Loading（装货港）	Date（日期）： 场站章
Port of Discharge（卸货港）Place of delivery（交货地点）	Final Destination for Merchant's References（目的地）

	Container No.（集装箱号）	Seal No.（封志号）Mark & Nos.（标记与号码）	No.of Containers or P'kgs.（箱数或件数）	Kind op Packages；Description of Goods（包装种类与货名）	Gross Weight 毛重(公斤)	Measurement 呎码(立方米)
—Particulars Furnished by Merchants—						
	TOTAL NUMBER OF CONTAINERS OR PACKAGES（IN WORDS）集装箱数或件数合计（大写）					

第八章 运输单证

Container No.（箱 号）Seal No.（封志号）Pkgs.（件 数）Container No.（箱 号）Seal No.（封志号）Pkgs.（件数）

		Received（实收） By Terminal clerk（场站员签字）		
FREIGHT & CHARGES	Prepaid at（预付地点）	Payable at（到付地点）	Place of Issue（签发地点）	
	Total Prepaid（预付总额）	No. of Original B（s）/L（正本提单份数）	BOOKING（订舱确认）APPROVED BY	
Service Type on Receiving □ -CY, □ -CFS, □ -DOOR		Service Type on delivery □ -CY, □ -CFS, □ -DOOR	Reefer Temperature Required.（冷藏温度）	°F °C
TYPE OF GOODS（种类）		□ Ordinary, □ Reefer □ Dangerous, □ Auto.（普通）（冷藏）（危险品）（裸装车辆）	危险品	Glass : Property : IMDG Code Page : UN NO.

第二节 海运提单

一、海运提单的含义

海运提单（Bill of Lading，B/L）（表8-6），简称提单，是国际班轮运输中一份非常重要的单证，同时也是一份重要的法律文件。根据《汉堡规则》和《中华人民共和国海商法》的规定，提单是海上货物运输合同的证明，是证明货物已经由承运人接管或已装船的货物收据，是承运人保证凭以交付货物的物权凭证。

表8-6 海运提单

海运提单（正面）

托运人 Shipper		B/L No. 中国对外贸易运输总公司 港到港提单 PORT TO PORT BILL OF LADING RECEIVED the foods in apparent good order and condition as specified below unless otherwise stated herein.THE Carrier, in accordance with the provisions contained in this document, 1) undertakes to perform or to procure the performance of the entire transport form the place at which the goods are taken in charge to the place designated for delivery in this document, and 2) assumes liability as prescribed in this document for such transport One of the bills of Lading must be surrendered duty indorsed in exchange for the goods or delivery order
收货人或指示 Consignee		
通知地址 Notify Address		
海运船只 Ocean Vessel Voy.No.	装货港 Port of Loading	
卸货港 Port of Discharge	交货地点 Place of Delivery	运费支付地 Freight Payable at	正本提单份数 Number of Original B(s)/L
标志和号码 Marks and Nos.	件数和包装种类 Number and Kind of Packages	货名 Description of Goods	毛重（公斤） Gross Weight(kgs.)	尺码（立方米） Measurement(m³)

以 上 细 目 由 托 运 人 提 供
ABOVE PARTICULARS FURNISHED BY SHIPPER

运费和费用 Freight and charges	IN WITNESS whereof the number of original bills of Lading stated above have been signed, one of which being accomplished, the other(s) to be void.
	签单地点和日期 Place and Date of Issue
	代表承运人签字 Signed for or on behalf of the Carrier
	代理 as Agents

第八章　运输单证

海运提单（背面）

1. DEFINIYIONW herever the term "Shipper" occurs hereinafter. It shall be deemed to include also Receiver, Consignee. Holder of this Bill of Lading and Owner of the goods.

2. JURISDICTION All disputes arising under and in connection with this Bill of Lading shall be determined by the court in the People's Republic of China.

3. DEMISE CLAUSE If the ship is not owned by or chartered by demise to the corporation by whom this Bill of Lading is issued (as may be the case notwithstanding anything that appears to the contrary) this Bill of Lading shall take effect only as a contract with the Owner or demise charterer as the case may be as principal made through the agency of the said corporation who act as agents only and shall be under no personal liability whatsoever in respect thereof

4. HAGUE RULES This Bill of Lading shall have effect in respect of Carrier's liabilities, responsibilles, rights and immunities subject to the Hague Rules contained in the International Convention for the Unification of Certain Rules Relating to Bills of Lading 1924.

5. PACKING AND MARKS The Shipper shall have the goods properly packed addurately and clearly marked befpre shipment. The port of destination of the goods should be marked in letters of 5 cm high, in such a way as will remain legible until their delivery.

6. OPTIONAL STOWAGE (1) The goods may be stowed by the Carrier in containers or similar articles of transport used to consolidate goods (2) Goods stowed in containers other than flats, pallets, trailets, transportable tanks or similar articles of transport whether by the Carrier or the Shipper, may be carried on or under deck without notice to the Shipper. Such goods whether carried on or under deck shall participate in general average.

7. DECK CARGO. PLANTS AND LIVE ANIMALS Cargo on deck, plants and live animal are received, handled, carried, kept and discharged at Shipper's or Receiver's risk and the Carrier shall not be liable for loss thereof or damage thereto.

8. FREIGHT (1) Freight and charges shall be deemed earned on receipt of the goods by the Carrier and shall be paid by the Shipper and non-returnable and non-deductable in any event. Freight payable at destination together with other charges is due on arrival of the goods at the place of destination and shall be paid before delivery of the goods. (2) For the purpose of verifying the freight basis, the Carrier reserves the right to have the goods and the contents of containers, trailers or similar articles of transport inspected in order to ascertain the weight, measurement, value or nature of the goods. In case the particulars of the goods furnished by the Shipper are incorrect, the Shipper shall be liable and bound to pay to the Carrier a sum either five times the difference between the correct freight and the freight charged or to double the correct less the freight charged, whichever sum is the smaller, as liquidated damages to the Carrier.

9. LIEN The Carrier shall have a lien on the goods and any documents relating thereto for all sums payable to the Carrier under this Bill of Lading and for general average contributions to whomsoever due and for the cost of recovering the same, and for that purpose shall have the right to sell the goods by public auction or private treaty without notice to the Shipper. If on sale of the goods, the proceeds fail to cover the amount due and the cost incurred, the Carrier shall be entitled to recover the deficit from the Shipper.

10. TIME BAR, NOTICE OF LOSS In any event the Carrier shall be discharged from all liabilities under this Bill of Lading unless suit is brought within one year after the delivery of the goods or the date when the

goods should have been delivered. Unless notice of loss of or damage to the goods and the general nature of it be given in writing to the Carrier at the place of delivery before or at the time of the removal of the goods into the custody of the person entitled to delivery thereof under this Bill of Lading, or, if the loss or damage such removal shall be prima facie evidence of the delivery by the Carrier of the goods as described in this Bill of Lading. In the case of any actual or apprehended loss or damage the Carrier and the Shipper shall give all reasonable facilities to each other for inspecting and tallying the goods.

11. THE AMOUNT OF COMPENSATION (1) When the Carrier is liable for compensation in respect of loss of or damage to the goods, such compensation shall be calculated by reference to the invoice value of the goods plus freight and insurance premium of paid. (2) Notwithstanding clause 4 of this Bill of Lading the limitation of liability under the Hague Rules shall be deemed to be RMB. ¥700 per package or unit.

(3) Higher compensation may be claimed only when, with the consent of the Carrier, the value for the goods declared by the Shipper which exceeds the limits laid down in this clause has been stated in this Bill of Lading and extra freight has been paid as required. In that case the amount of the declared value shall be substituted for that limit. Any partial loss or damage shall be adjusted pro rata on the basis of such declared value.

12. LOADING, DISCHARGING AND DELIVERYT he goods shall be supplied and taken delivery of by the owner of the goods as fast as the ship can take and discharge them, without interruption, by day and night. Sundays and Holidays included, notwithstanding any custom of the port to the contrary and the owner of the goods shall be liable for all losses or damages incurred in default thereof. Discharge may commence without previous notice. If the goods are not taken delivery of by the Receiver in due time from alongside the vessel, or if the Receiver refuses to take delivery of the goods, or in case there are unclaimed goods, the Carrier shall be at liberty to land such goods on shore or any other proper places at the sole risk and expense of the Shipper or Receiver, and the Carrier's responsibility of delivery of goods shall be deemed to have been fulfilled. If the goods are unclaimed during a reasonable time, or wherever the goods will become deteriorated, decayed or worthless, the Carrier may, at his discretion and subject to his lien and without any responsibility attaching to him, sell, abandon or otherwise dispose of such goods solely at the risk and expense of the Shipper.

13. LIGHTERAGE Any lighterage in or off ports of loading or ports of discharge shall be for the account of the Shipper or Receiver.

14. FORWARDING, SUBSTITUTE OF VESSEL, THROUGH CARGO AND TRANSHIPMENTIf necessary, the Carrier may carry the goods to their port of destination by other persons or by rail or other means of transport proceeding either directly or indirectly to such port, and to carry the goods or part of them beyond their port of destination, and to transship and forward same at Carrier's expense but at Shipper's or Receiver's risk. The responsibility of the Carrier shall be limited to the part of the transport performed by him on the vessel under his managemint.

15. DANGEROUS GOODS, CONTRABAND (1) The Shipper undertakes not to tender for transortation any goods which are of a dangerous, inflammable, radio-active, and/or any harmful mature without previously giving written notece of their nature to the Carrier and marking the goods and the container or other covering on the outside as required by any laws or regulations which may be applicable during the carriage. (2) Whenever the goods are discovered to have been shipped without complying with the

第八章　运输单证

subclause (1) above or the goods are found to be contraband or prohibited by any laws or regulations of the port of loading, discharge or call or any place or waters during the carriage, the Carrier shall be entitled to have such goods rendered innocuous, thrown overboard or discharged or otherwise disposed of at the carrier's discretion without compensation and the Shipper shall be liable for and indemnify the Carrier against any kind of loss, damage or liability including loss of freight, and any expenses directly or indirectly arising out of or resulting from such shipment. (3) If any goods shipped complying with the subclause (1) above become a danger to the ship or cargo, they may in like manner be rendered innocuous, thrown overboard or discharged or otherwise disposed of at the Carrier's discretion without compensation except to general average, of any.

16. REFRIGERATED CARGO (1) The Shipper undertakes not to tender for transportation any goods which require refrigeration without previously giving written notice of their nature and particular temperayure range to be maintained. If the above requirements are not complied with, the Carrier shall not be liable for any loss of or damage to the goods howsoever arising (2) Before loading goods in any insulated space, the Carrier shall, in addition to the Class Certificate, obtain the certificate of the Classification Society's Surveyor or other competent person, stating that such insulated space veyor or other competent person fit and safe for the carriage and preservation of refrigerated goods. The aforesaid certificate shall be conclusive evidence against the Shipper, Receiver and/or any Holder of Bill of Lading. (3) Receivers have to take delivery of refrigerated goods as soon as the ship is ready to deliver, otherwise the Carrier shall land the goods at the wharf at Receiver's or Shipper's risk and expense.

17. TIMBER Any statement in this Bill of Lading to the effect that timber has been shipped "in apparent good order and condition" does not involve any admission by the Carrier as to the absence of stains, shakes, splits, holes or broken pieces, for which the Carrier accepts no responsibility.

18. BULK CARGO As the Carrier has no reasonable means of checking the weight of bulk cargo, any reference to such weight in this Bill of Lading shall be deemed to be for reference only, but shall constitute in no way evidence against the Carrier.

19. COTTON Description of the apparent condition of cotton or cotton products does not relate to the insufficiency of or torn condition of the covering, nor to any damage resulting therefrom, and Carrier shall not be responsible for damage of such nature.

20. OPTIONAL CARGE The port of discharge for optional cargo must be declared to the vessel's agents at the first of the optional ports not late than 48 hours before the vessel's arrival there. In the absence of such declaration the Carrier may elect to discharge at the contract of carriage shall then be considered as having been fulfilled, Any option must be for the total quantity of goods under this Bill of Lading.

21. GOODS TO MORE THAN ONE CONSIGNEE Where bulk goods or goods without marks or goods with the same marks are shipped to more than one Consignee, the Consignees or Owners of the goods shall jointly and severally bear any expense or loss in dividing the goods or parcels into pro rata quantities and any deficiency shall fall upon them in such proportion as the Carriers, his servants or agents shall decide.

22. HEAVY LIFTS AND OVER LENGTH CARGO Any one piece or package of cargo which exceeding 2000 kilos or 9 meters must be declared by the Shipper in writing before receipt by the Carrier and/or length Clearly and durably on the outside of the piece or package in letters and figures not less than 2

inches high by the Shipper. In case of the Shipper's failure in his obligations aforesaid, the Shipper shall be liable for loss of or damage to any property or for personal injury arising as a result of the Shipper's said failure and shall indemnify the Carrier against any kind of loss or liability suffered or incurred by the Carrier as a result of such failure.

23. SHIPPER-PACKED CONTAINERS.ETC. (1) If a container has not been filled, packed or stowed by the Carrier, the Carrier shall not be liable for any loss of or damage to its contents and the Shipper shall cover any loss or expense incurred by the Carrier, of such loss, damage or expense has been cause by negligent filling, packing or stowing of the container; orthe contents being unsuitable for carriage in container; or the unsuitability or defective condition of the container unless the container has been supplied by the Carrier and the unsuitability or defective condition would not have been apparent upon reasonable inspection at or prior to the time when the container was filled, packed or stowed. (2) The provisions of the sub-clause (1) above also apply with respect to trailers, transportable tanks, flats and pallets which have not been filled, packed or stowed by the Carrier.

24. WAR, QUARANTINE, ICE, STRIKES, CONGESTION, ETC. Should it appear that war, blockade, pirate, epidemics, quarantine, ice, strikes, congestion and other causes beyond the Carrier's control would prevent the vessel from safely reaching the port of destination and discharging the goods thereat, the Carrier is entitled to discharge the goods at the port and the contract of carriage shall be deemed to have been fulfilled. Any extra expenses incurred under the aforesaid circumstances shall be borne by the Shipper or Receiver.

25. GENERAL AVERAGE General average shall be adjusted in Beijing in accordance with the Beijing Adjustment Rules 1975.

26. BOTH TO BLAME COLLISION If the carrying ship comes into collision with another ship as a result of the negligence of the other ship and any act, neglect or default in the navigation or the management of the carrying ship, the Shipper undertakes to pay the Carrier, or, where the Carrier is not the Owner and in possession of the carrying ship, to pay to the Carrier as trustee for the Owner and/or demise charterer of the carrying ship, a sum sufficient to indemnify the Carrier and/or the Owner and/or demise charterer of the carrying ship against all loss or liability to the other or non-carrying ship or her Owners insofar as such loss or liability represents loss of or damage to his goods or any claim whatsoever of the Shipper, paid or payable by the other or non-carrying ship or her Owners to the Shipper and set-off, recouped or recovered by the other or non-carrying ship or her Owners as part of their claim against the carrying ship or her Owner or demise charterer or the Carrier. The foregoing provisions shall also apply where the Owners, operations, or those in charge of any ship or ships or objects, other than, or in addition to, the colliding ships or objects, are at fault in respect to a collision, contact, stranding or other accident.

27. U.S.A. CLAUSE Notwithstanding any other term hereof the Carriage of Goods by Sea Act 1936 of the United States of America shall have been affect subject to in respect to carriage of goods to and from the United States of America. If any provision of this Bill of Lading be invalid under the Carriage of Goods by Sea Act 1936, such provision shall, to the extent of such invalidity, but no further, be null and void.

二、海运提单的作用

1. 货物收据

海运提单是承运人签发给托运人的收据,确认承运人已收到提单所列货物并已装船,或者承运人已接管了货物,已代装船。

2. 运输契约证明

海运提单是托运人与承运人的运输契约证明。承运人之所以为托运人承运有关货物,是因为承运人和托运人之间存在一定的权利义务关系,双方权利义务关系以提单作为运输契约的凭证。

3. 物权凭证

海运提单是货物所有权的凭证。提单可以通过背书转让,谁持有提单,谁就有权要求承运人交付货物,并且享有占有和处理货物的权利。

三、海运提单分类

(一) 按提单收货人的抬头划分

1. 记名提单(Straight B/L)

记名提单又称收货人抬头提单,是指提单上的收货人栏中已具体填写收货人名称的提单。提单所记载的货物只能由提单上特定的收货人提取,或者说承运人在卸货港只能把货物交给提单上所指定的收货人。如果承运人将货物交给提单指定以外的人,即使该人占有提单,承运人也应负责。这种提单失去了代表货物可转让流通的便利,但同时也可以避免在转让过程中可能带来的风险。

使用记名提单,如果货物的交付不涉及贸易合同下的义务,则可不通过银行而由托运人将其邮寄至收货人,或由船长随船带交。这样,提单就可以及时送达收货人而不致延误。因此,记名提单一般只适用于运输展览品或贵重物品,特别是在短途运输中使用较有优势,而在国际贸易中较少使用。

2. 不记名提单(Bearer B/L,or Open B/L,or Blank B/L)

提单上收货人一栏空白或注明"提单持有人"(Bearer)字样的提单。这种提单不需要任何背书手续即可转让,极为简便。承运人应将货物交给提单持有人,谁持有提单,谁就可以提货,承运人交付货物只凭单,不凭人。这种提单丢失或被窃后的风险极大,也极易引起纠纷,故国际上较少使用这种提单。另外，根据有些班轮公会的规定，凡使用不记名提单。在给大副的提单副本中必须注明卸货港通知人的名称和地址。

> **知识链接：提单背书**
>
> 背书分为记名背书（Special Endorsement）和空白背书（Endorsement in Blank）。记名背书是指背书人（指示人）在提单背面写上被背书人的名称，并由背书人签名。比如，指示人是李红，提单受让人是刘军，做成记名背书形式是先写上刘军的名字，再写上李红的名字。空白背书是指背书人在提单背面不写明被背书人的名称，如只签李红的名字。在记名背书的场合，承运人应将货物交给被背书人；在空白背书的场合，则只需将货物交给提单持有人。

3. 指示提单（Order B/L）

指示提单，是指提单上收货人一栏内载明"凭指示"（to Order）或"凭某人指示"（to the Order of）字样的提单。前者称为不记名指示（空白指示）提单，承运人应按托运人的指示交付货物；后者叫记名指示提单，承运人按记名的指示人的指示交付货物。

我国《海商法》第七十九条规定："记名提单：不得转让；指示提单：经过记名背书或者空白背书转让；不记名提单：无须背书，即可转让。"记名提单虽然安全，却不能转让，对贸易各方的交易不便，用得不多。一般认为：由于记名提单不能通过背书转让，因此从国际贸易的角度看，记名提单不具有物权凭证的性质。不记名提单无须背书即可转让，任何人持有提单便可要求承运人放货，对贸易各方的风险较大，很少采用。指示提单可以通过背书转让，适应了正常贸易需要，所以在实践中被广泛应用。

（二）按货物是否已装船划分

1. 已装船提单（Shipped B/L，or On Board B/L）

已装船提单是指货物装船后由承运人或其授权代理人根据大副收据签发给托运人的提单。如果承运人签发了已装船提单，就是确认他已将货物装在船上。这种提单除载明一般事项外，通常还必须注明装载货物的船舶名称和装船日期，即提单项下货物的装船日期。

由于已装船提单对于收货人及时收到货物有保障，所以在国际货物买卖合同中一般都要求卖方提供已装船提单。根据《UCP 600》的规定，凡以

第八章　运输单证

CIF 或 CFR 条件成立的货物买卖合同，卖方应提供已装船提单。如信用证要求海运提单作为运输单证时，银行将接受注明货物已装船或已装指定船只的提单。

2. 收货待运提单（Received for Shipment B/L）

收货待运提单又称备运提单、待装提单，或简称待运提单。它是承运人在收到托运人交来的货物但还没有装船时，应托运人的要求而签发的提单。签发这种提单时，说明承运人确认货物已交由承运人保管并存在其所控制的仓库或场地，但还未装船。所以，这种提单未载明所装船名和装船时间，在跟单信用证支付方式下，银行一般都不肯接受这种提单。但当货物装船，承运人在这种提单上加注装运船名和装船日期并签字盖章后，待运提单即成为已装船提单。同样，托运人也可以用待运提单向承运人换取已装船提单。

（三）按提单上有无批注划分

1. 清洁提单（Clean B/L）

在装船时，货物外表状况良好，承运人在签发提单时，未在提单上加注任何有关货物残损、包装不良，件数、重量和体积不符合要求，或其他妨碍结汇的批注的提单称为清洁提单。

实践业务中，买方都希望在目的港收到完好无损的货物，因此都要求卖方提供清洁提单。根据《UCP 600》第三十四条规定："清洁运输单证，是指货运单证上并无明显地声明货物及/或包装有缺陷的附加条文或批注者；银行对有该类附加条文或批注的运输单证，除信用证明确规定接受外，应当拒绝接受。可见，在以跟单信用证为付款方式的贸易中，通常卖方只有向银行提交清洁提单才能取得货款。清洁提单是收货人转让提单时必须具备的条件，同时也是履行货物买卖合同规定的交货义务的必要条件。由此可见，承运人一旦签发了清洁提单，货物在卸货港卸下后，如发现有残损，除非是由于承运人可以免责的原因所致，承运人必须负责赔偿。

2. 不清洁提单（Unclean B/L，or Foul B/L）

在货物装船时，承运人若发现货物包装不牢、破残、渗漏、玷污、标志不清等现象时，大副将在收货单上对此加以批注，并将此批注转移到提单上，这种提单称为不清洁提单，我国《海商法》第七十五条规定："承运人或者代其签发提单的人，知道或者有合理的根据怀疑提单记载的货物品名、标志、包数或者件数、重量或者体积与实际接收的货物不符，在签发已装船提单的情况下怀疑与已装船的货物不符，或者没有适当的方法核对提单记载的，可以在提单上批注，说明不符之处，怀疑的根据或者说明无法核对。"

（四）根据运输方式划分

1. 直达提单（Direct B/L）

直达提单又称直运提单，是指货物从装货港装船后，中途不经转船，直接运至目的港卸船交与收货人所使用的提单。直达提单上不得有"转船"或"在某港转船"的批注。凡信用证规定不准转船者，必须使用直达提单。如果提单背面条款印有承运人有权转船的"自由转船"条款者，则不影响该提单成为直达提单的性质。

使用直达提单，货物由同一船舶直运目的港，对买方来说比中途转船有利得多，它既可以节省费用、减少风险，又可以节省时间，及早到货。因此，通常买方只有在无直达船时才同意转船。在贸易实务中，如信用证规定不准转船，则卖方必须取得直达提单才能结汇。

2. 转船提单（Transhipment B/L）

转船提单是指货物从起运港装载的船舶不直接驶往目的港，需要在中途港口换装其他船舶转运至目的港卸货所使用的提单。提单上注明了"转船"或"在××港转船"字样。转船提单往往由第一程船的承运人签发。由于货物中途转船，增加了转船费用和风险，并影响到货时间，故一般信用证内均规定不允许转船，但直达船少或没有直达船的港口，买方也只好同意转船。

3. 联运提单（Through B/L）

联运提单是指货物须经过海运和其他运输方式联合运输时，由第一位承运人所签发的，包括全程运输，并能在目的区域目的地以提货的提单。联运的范围超过了海上运输界限，货物由船舶运送经水域运到一个港口，再经其他运输工具将货物送至目的港，先海运后陆运或空运，或者先空运、陆运后海运。当船舶承运由陆路或飞机运来的货物继续运至目的港时，货方一般选择使用船方所签发的联运提单。

4. 多式联运提单（Multimodal Transport B/L or Intermodal Transport B/L）

多式联运提单主要用于集装箱运输，是指一批货物需要经过两种以上不同运输方式，其中一种是海上运输方式，由一个承运人负责全程运输，负责将货物从接收地运至目的地交付收货人，并收取全程运费所签发的提单。提单内的项目不仅包括起运港和目的港，而且列明一程、二程等运输路线，以及收货地和交货地。

（五）按签发提单时间划分

1. 倒签提单（Anti-dated B/L）

倒签提单是指承运人或其代理人应托运人的要求，在货物装船完毕后，以早于货物实际装船日期为签发日期的提单。当货物实际装船日期晚于信用证规定的装船日期，若仍按实际装船日期签发提单，托运人就无法结汇。为了使签发提单的日期与信用证规定的装运日期相符，以利结汇，承运人应托运人的要求，在提单上仍以信用证的装运日期填写签发日期，以免违约。

签发这种提单，尤其当倒签时间过长时，有可能承担货物运输延误的责任。特别是市场上货价下跌时，收货人可以以"伪造提单"为借口拒绝收货，并向法院起诉要求赔偿。但是为了贸易需要，在一定条件下，如在该票货物已装船完毕，但所签日期是船舶已抵港并开始装货，而所签提单的这票货尚未装船，是尚未装船的某一天；或签单的货物是零星货物而不是数量很大的大宗货；或倒签的时间与实际装船完毕时间的间隔不长等情况下，取得托运人保证承担一切责任的保函后，才可以考虑签发此提单。

2. 顺签提单（Post-date B/L）

顺签提单指在货物装船完毕后，应托运人的要求，由承运人或其代理人签发的一种特殊提单。该提单上记载的签发日期晚于货物实际装船完毕的日期。即托运人从承运人处得到的以晚于货物实际装船完毕的日期作为提单签发日期的提单。

3. 预借提单（Advanced B/L）

预借提单是指在货物尚未装船或尚未装船完毕的情况下，信用证规定的结汇期（即信用证的有效期）即将届满，托运人为了能及时结汇，而要求承运人或其代理人提前签发的已装船清洁提单，即托运人为了能及时结汇而从承运人那里借用的已装船清洁提单。

当托运人未能及时备妥货物或船期延误，船舶不能按时到港接受货载，估计货物装船完毕的时间可能超过信用证规定的结汇期时，托运人往往先从承运人那里借出提单用以结汇，当然必须出具保函。签发这种提单承运人要承担更大的风险，可能构成承、托双方合谋对善意的第三者收货人进行欺诈。

签发倒签或预借提单，对承运人的风险很大，责任承运人必须承担由此引起的，尽管托运人往往向承运人出具保函，但这种保函同样不能约束收货人。比较而言，签发预借提单比签发倒签提单对承运人的风险更大，因为预借提单是承运人在货物尚未装船或者装船还未完毕时签发的。

4. 过期提单（Stale B/L）

过期提单有两种含义，一是指出口商在装船后延滞过久才交到银行议付的提单。按《UCP600》的规定："如信用证无特殊规定，银行将拒收在运输单证签发日期后超过21天才提交的单证。在任何情况下，交单不得晚于信用证到期日。"二是指提单晚于货物到达目的港。近洋国家的贸易合同一般都规定有"过期提单也可接受"的条款（Stale B/L is acceptance）。

四、海运提单的内容

海运提单的样本见表8-6，具体内容如下：

1. 托运人（Shipper）

托运人是指委托运输的人，在贸易中是合同的卖方。提单"Shipper"栏内一般时，都填上卖方的名称。当然，托运人也可以是卖方以外的第三者，对此国际商会《跟单信用证统一惯例》第600号出版物作出规定，"除非L/C另有规定，银行将接受表明以L/C受益人以外的第三者作为发货人的运输单证"。目前，实务中许多货代公司将自己公司名称填写在这一栏中。

2. 收货人（Consignee）

这一栏的填写和托运单"收货人"一栏的填写完全一致，应严格按照信用证（L/C）的有关规定填写。一般来说，提单收货人栏有三种填法，分别是指示式、记名式、不记名式。

（1）指示式：这种方式最普遍，多数信用证也使用这种方式。凭指示式又分为空白指示式和记名指示式。

空白指示式即在本栏填"To order"，然后在提单背面由发货人签字盖章进行背书。

记名指示式又分为发货人指示式、银行指示式和收货人指示式三种。发货人指示式即在本栏填"To order of shipper"，但发货人必须在提单背面背书，可以空白背书，也可以记名背书，如何背书应按信用证或合同规定办；

银行指示式在本栏填"To order of×××Bank"；

收货人指示式在本栏填"To order of×××Co., Ltd."。

银行指示式和收货人指示式,发货人均不需背书。发货人指示式和银行指示式较多见,而收货人指示式则少见。因为开证行付款后,其物权不掌握在银行手中,而是掌握在收货人手中,因此开证行不愿意接受收货人指示式的做法。

(2)记名式:在本栏直接填入某某人的名称,如填"CDMA Co., Ltd.",发货人不需背书,也无指示字样,而是特定"CDMA Co., Ltd."公司为收货人。目前这种做法较少见,因为记名式除了收货人本人以外,提单是不能自由转让的,承运人只能将货交给特定人。因此开证行不愿接受此种做法。

(3)不记名式:即在本栏留空不填,或填入"To bearer"(来人抬头)。意即谁持有该提单,其物权即归谁。不记名式提单可以转让,是仅凭交付即可转让,不需背书或任何转让手续。所以这种风险比较大,目前国际上很少使用。

3. 被通知人(Notify Party/Notify address)

因为提单的收货人栏经常是指示式,甚至是不记名式,船方无法通知实际收货人,所以提单设立"被通知人"栏,以便船方在货到目的港后能及时给收货人的代理人发出到货通知,使其按时办理有关手续。所以被通知人就是收货人的代理人。被通知人栏须提供详细地址,即使信用证未规定详细地址,为了单证一致,提单正本按信用证规定的无地址的被通知人填制,但其副本一定要加注详细的地址。被通知人的地址应该是目的港的地址。信用证规定的被通知人后如有"only"一词,提单亦应照打,不能省略。如果通知人与收货人一致,则填写"THE SAME AS CONSIGNEE"。

4. 船名航次(Ocean Vessel Voy.NO)

如果货物需转运,填写第二程船的船名和航次;如果货物不需转运,填写实际运输船舶的船名和航次。

5. 装货港(Port of Loading)

如果货物需转运,填写中转港口名称;如果货物不需转运,填写装运港名称。

6. 卸货港(Port of Discharge)

填写卸货港(指目的港)名称。

7. 交货地点(Place of Delivery)

填写最终目的地名称。如果货物的目的地是目的港的话,这一栏可空白。

8. 正本提单份数（Number of original Bs/L）

此栏显示的是船公司为承运此批货物所开具的正本提单的份数，一般是1~3份。标注"original"字样的是正本提单，"copy"字样的是副本提单。如果信用证对提单正本份数作出规定，则应对信用证规定一致。例如，信用证中有如下要求：FULL SET OF ORIGINAL CLEAN ON BOARD MARINE BILLS OF LADING MADE OUT TO ORDER, ENDORSED IN BANK MARKED FREIGHT PREPAIDAND NOYIFY APPLICANT... 这里的 FULL SET 理解为全套，即三份正本，三份副本。也有的信用证直接写 3/3 SET OF ORIGINAL CLEAN ON BOARD MARINE BILL OF LADING... 分子表示的是正本数，分母表示的是副本数。

9. 标记与号码（Marks & NOS）

该栏填写唛头，应与商业发票上的唛头完全一致。如果无唛头，填写"N/M"。

10. 件数和包装种类（Number and Kind of Packages）

本栏主要包括数量和包装单位，严格按照信用证规定填写。如果提单项下商品的包装单位不止一种时，应分别表示。如150箱，其中包括100木箱和50纸箱，可表示如下：

100 wooden cases

50 cartons

150 packages

11. 货名（Description of Goods）

商品名称填写应与托运单完全一致，不得有任何增减。在使用文字上要求严格按信用证要求。

12. 毛重（Gross Weight）

填写毛重，其内容应与托运单保持完全一致。如果是裸装货物，没有毛重只有净重时，在净重前加注"N.W.（Net Weight）。"

13. 尺码（Measurement）

该栏填写货物的体积，即货物的实际尺码，以立方米为计算单位，小数点后保留三位，其内容应与托运单保持一致。

14. 运费条款（Freight Clause）和已装船字样（On Board）

在各种类型的提单中，都有运费计算这一栏目，一般有运费预付（Freight

Prepaid)和运费到付(Freight Collect)。使用哪一种应根据价格术语来确定。当使用 CIF 或 CFR 时,应选择运费预付(Freight Prepaid);当采用 FOB 时,应采用运费到付(Freight Colledt)。一般在货物描述下方应表明运费条款和已装船字样(Shipped On Board)。

15. 大写合计数 Total Package(in words)

按照第十栏的大写件数填写。

16. 运费和费用(Freight and Charges)

一般没有必要将运费具体的费率和运费金额列出,除非信用证有特别规定。本栏多数为空白。

17. 提单号(B/L No.)

提单一般按照装货单上的编号(关单号)填写,由代表船公司名称的四位字母和代表该航次、该序号的八位数字组成。一旦货物装上船,该关单号就是提单号。提单号是查询、操作、核查、归档必不可少的一项重要内容。

18. 签发地点和日期(Place and date of issue)

根据国际商会《跟单信用证统一惯例》规定:如果提单上没有预先印就"已装船"(Shipped on board...)字样的,则必须在提单上加注装船批注(On board notation)。已装船提单的签发日期视为装运日期。

19. 代表承运人签字(Signed for or on behalf of the carrier)

根据国际商会《跟单信用证统一惯例》600 号出版物第二十条规定:海运提单应由承运人或代表承运人的具名代理人签署证实,或由船长或代表船长的具名代理人签署证实。同时规定:承运人或船长的任何签署或证实,必须视情况可识别其为承运人或船长。代表承运人或船长签署或证实的代理人还必须表明被代理一方(即承运人或船长)的名称和身份。

例如,承运人(PACIFIC INTERNATIONAL LINES LTD)本人签发提单应签署:PACIFIC INTERNATIONAL LINES LTD AS CARRIER。

代理人(FAN CHENG INTERNATIONAL TRANSPORTATION SERVICE CO., LTD)代签提单应签署:FAN CHENG INTERNATIONAL TRANSPORTATION SERVICE CO., LTD AS AGENT FOR PACIFIC INTERNATIONAL LINES LTD AS CARRIER。

载货船长(James Brown)签发提单应签署 CAPTAIN James Brown AS MASTER。

第三节 海运提单操作实务

拉夫美特公司（LIFEMATE IMPORT AND EXPORT TRADE CO., LTD）根据与日本日慧公司（RIHUI CORPORATION）订购四门衣柜（家具编号为 KSHT-KSH-C017-SMYG）的合同、发票和装箱单的相关内容填写订舱委托书与海运提单。拉夫美特公司委托大连忠进国际货运代理公司（简称忠进）代为预订运输船只。货物于 2012 年 4 月 12 日装上 FEILONG V.0726E 号船，并由承运人中国远洋运输公司签发三份正本提单，提单号为 COHEQYH618PB811。

订舱委托书

Shiper	
LIFEMATE IMPORT AND EXPORT TRADE CO., LTD ROM3003 INTERNATIONAL FINANCE BUILDING NO.98 RENMIN ROAD ZHONGSHAN DISTRICT DALIAN CHINA	TO：忠进 请配 4 月 12 日 1x17' 　　　出保单 保额：2 054 090.00JPY （保险条款是 L/C） TKS! Apr.7, 2012
Consignee TO THE ORDER OF SUMITOMO BANK	
Notify Party RIHUI CORPORATION 101-409, DEA-AH APT., 163, POONGN AB-DONG, SONGPAGU, SEOUL, JAPAN	
Ocean Vessel　　　　Voy.NO.　　　Port of Loading 　　　　　　　　　　　　　　　DALIAN CHINA	
Port of Discharge　　　　　　Place of delivery TOKYO JAPAN	
Container No　Seal No　No of containers　kind of packages;　Gross Weight　Measurement 　　　　Mark&Nos.　　of p'kgs　　description of goods 　　　　N/M　　　　　　LIFEMATE FOUR-DOOR WARDROBE 　　　　　　75CTNS　　　　　　　　　　　　　　　　1329KGS　　36.47 M³	
FREIGHT PREPAID	
TOTAL NUMBER OF CONTAINERS OR PACKAGES（IN WORDS）SAY	SEVENTY-FIVE CTNS ONLY

第八章 运输单证

我公司产品：四门衣柜 HS。编码：44129923。拖车请于4月9日（货已好）到厂（外拖）。

海运提单

Shipper LIFEMATE IMPORT AND EXPORT TRADE CO., LTD ROM3003 INTERNATIONAL FINANCE BUILDING NO.98 RENMIN ROAD ZHONGSHAN DISTRICT DALIAN CHINA		B/L NO. COHEQYH618PB811 中国远洋运输公司 CHINA OCEAN SHIPPING COMPANY Cable : 0001　　Telex : 33200　　CSCO CN Port-to-Port or Combined Transport BILL OF LADING　　　ORIGINAL	
Consignee TO THE ORDER OF SUMITOMO BANK		RECEIVED in external apparent good order and condition. Except otherwise noted the total number of containers or units shown in this Bill of Lading receipt. said by the shipper to contain the goods described abovewhich description the carrier has no reasonable means of checking and is not part of the Bill of Lading. One original Bill of La-ding should be surrendered except clause 22 paragraph 5 in exchange for delivery of the shipment. Signed by the consigned or duly endorsed by the holder in due course. Whereupon the other original（s）issued be void. In accepting this Bill of Lading. The Merchants agree to be bound by all the terms on the face and back hereof as if each had personally signed this Bill of Lading. Final Destination See Article 7.paragraph（2）	
Notify Party RIHUI CORPORATION 101-409, DEA-AH APT., 163, POONGNAB-DONG SONGPAGU, SEOUL, JAPAN		
Pre-carriage by	Place of Receipt
OceanVessel Voy.No FEILONG V.0726E	Port of Loading DALIAN CHINA
Port of Discharge TOKYO JAPAN	Place of Delivery	Final Destination of the goods- not the ship	
Container No. JWD2938 67561467 45 CY/CY	Seal No. Marks& Nos. N/M	Kind of Package : Description of Goods LIFEMATE FOUR-DOOR WARDROBE 75CTNS SHIPPER'S LOAD, COUNT&SEAL SAID TO CONTAIN FREIGHT PREPAID	Gross Weight 1329KGS	Measurement 36.47 M^3
TOTALNUMBER OF CONTAINERS OF PACKAGES（IN WORDS） || SAY SEVENTY- FIVE CTNS ONLY			
Freight&Charges	Revenue Tons	Rate	Per	Prepaid	Collect

续表

Ex.Fisto	Prepaid at	Payable at	Place And Date Of Issue
	Total prepaid in	No. of Original B（s）/L THREE	Signed For The Carrier 中国大连外轮代理有限公司 CHINA OCEAN SHIPPING AGENCY（DALIAN）CO.，LTD #######
LADEN ON BOARD THE VESSEL DATE Apr.12，2012 （COSCO STANDARD FORM 07）（TERMS CONTINUED ON BACK HEREOF）		By	

◇单元练习题◇

一、判断题（如为正确陈述，在括号中打"√"，如为错误陈述，在括号中打"×"）

1. 如果合同规定收货人为："TO ORDER"或"TO ORDER OF THE SHIPPER"字样，空运托运单上的收货人应该显示为："TO ORDER"或"TO ORDER OF THE"。（   ）

2. 托运人是办理出口货物托运手续、向承运人或其代理人递交托运书和随附文件、自行安排报检报验和报关等手续，只接受货主的直接托运。（   ）

3. 根据《中华人民共和国国际货物运输代理业务管理规定》，国际货运代理作为独立经营人，在揽货、订舱、签单时，可以向货主收取运费、杂费，也可以收取佣金。（   ）

4. 清洁提单是指没有任何批注的提单。（   ）

5. 通常表明货物已装船的方式是在信用证规定的装运港装上具名船只加以批注，并且在提单上加盖"已装船"戳记。（   ）

6. 托运人在托运书上要求货运代理在收货发运后，出具真本提单一式三份，即每一页都应标有 ORINGAL 字样。如果所出具的提单标注为 1ST ORIGINAL，2ND ORIGIANL，3RD ORIGINAL 或 ORIGIANL，DUPLICATE，TRIPLICATE 等字样，也可接受。（   ）

7. 海运托运单和海运提单都是托运人和承运人运输合同的契约，尽管形式不同，但作用是相同的。（   ）

8. 货物由我国大连港出口至香港，提单上显示装运港"中国，大连"，目的港"香港"，这种表述是正确的。（   ）

第八章 运输单证

9.无论采用何种贸易方式和运输方式,无论运送何种货物,涉及的托运流程和托运单证都有是相同的。( )

10.信用证规定装运港为 Chinese Port,缮制提单时,装运港一栏应照样填 Chinese Port 以免单证不符。( )

二、单项选择题

1.假如在一笔交易中,提单日期为 2009 年 7 月 15 日,信用证有效期为 2009 年 8 月 15 日。按《UCP600》,受益人最迟向银行交单的期限为( )。

A.2009 年 7 月 15 日　　　　B.2009 年 8 月 5 日

C.2009 年 8 月 15 日　　　　D.2009 年 8 月 6 日

2.根据《华沙公约》;航空货运单应由托运人填写,也可以由承运人或代理人填写,如果货运单由承运人或代理人填写,则开货运单的依据,即货运托运书应该( )。

A.由代理人填写,托运人签字或者盖章

B.由托运人填写,代理人签字或者盖章

C.由代理人填写签字并盖章

D.由托运人填写签字并盖章

3.以下不属于货运单证的是( )。

A.国际货物托运委托书　　　　B.海运装货单

C.集装箱场站收据　　　　　　D.装货通知

4.《国际货物托运委托书》的英文名称是( )。

A.GOING NOTE

B.SHIPPER'S LETTER OF INSTRUCTION

C.ROOF OF DELIVERY

D.NSILODATED CAGRO MANIFEST

5.出口商安排海运空运的正确排序是( )。

A.办理托运,领取装船凭证,装船,装货,向买方发出装船通知

B.向买方发出装船通知,办理托运,领取装运凭证,装船,装货,提取提单

C.办理托运,领取装运凭证,装船,装货,提取提单,向买方发出装船通知

D.向买方发出装船通知,办理托运,装船,装货,领取装运凭证,提取

提单

6. 信用证规定有效期为1999年11月30日，而未规定装运期，则可理解为（　　）。

　　A. 最迟装运期为1999年11月1日
　　B. 最迟装运期为1999年11月15日
　　C. 最迟装运期为1999年11月30日
　　D. 最迟装运期为1999年12月15日

7. 提单的日期是指（　　）。

　　A. 开始装船的日期　　　　　B. 装船完毕的日期
　　C. 船舶开航的日期　　　　　D. 最晚装运期

8. 一票货物于2002年9月10日开始装船，并于同月12日全部装上船，同日船舶开航。如果在同月11日应托运人要求，承运人签发的已装船提单通常称为（　　）。

　　A. 倒签提单　　B. 顺签提单　　C. 预借提单　　D. 待运提单

9. 海运提单收货人栏内显示"TO ORDER"表示该提单（　　）。

　　A. 不可转让　　　　　　　　B. 经背书后，可以转让
　　C. 不经背书即可转让　　　　D. 可以由持有人提货

10. 海运提单的抬头是指提单的（　　）。

　　A. Shipper　　　B. Consignee　　　C. Notify Party　　　D. Carrier

11. 我国对外贸易货物运输最常采用的运输方式是（　　）。

　　A. 国际多式联运　　B. 江海运输　　C. 航空运输　　D. 公路运输

12. 根据《UCP600》规定，如果信用证规定诸如"in triplicate""in three fold""in three copies"等用语要求提交多份单证，则至少提交（　　）正本，其余使用副本单证来满足。

　　A. 一份　　　　　B. 二份　　　　　C. 三份　　　　　B. 四份

13. 根据《UCP600》的解释，如信用证条款未明确规定是否"允许分批装运""允许转运"则应理解为（　　）

　　A. 允许分批装运，但不允许转运　　B. 允许分批装运和转运
　　C. 允许转运，但不允许分批装运　　D. 不允许分批装运和转运

14. 信用证规定到期日为2009年1月30日，而未规定最迟装运期，则可理解最迟装运期为（　　）。

A.2009年1月10日　　　　　　B.2009年1月30日
C.2009年1月9日　　　　　　 D.该信用证无效
15. 根据《UCP600》银行可以拒付迟于提单签发（　）天提交的单证。
A.15　　　　B.21　　　　C.14　　　　D.10

三、多项选择题

1. 装运期的规定办法通常有（　）。
A. 明确规定具体装运期限　　　B. 规定在受到信用证后若干天
C. 规定在某一天装运完毕　　　D. 笼统规定近期装运
2. 按提单对货物表面状况有无不良批注，可分为（　）。
A. 清洁提单　　B. 转船提单　　C. 联运提单　　D. 不清洁提单
3. 按运输方式分，提单有（　）。
A. 直运提单　　B. 转船提单　　C. 联运提单　　D. 舱面提单
4. 按照提单收货人抬头的不同，提单可分为（　）。
A. 已装船提单　　B. 指示提单　　C. 记名提单　　D. 不记名提单
5. 根据《UCP600》规定，卖方可以凭以结汇的装运单证有（　）。
A. 提单　　　　B. 不可转让的海运单　　　　C. 场站收据
D. 航空运单　　E. 铁路运单

四、简答题

1. 根据《UCP600》，运输单证包括哪些种类？
2. 根据以下信用证条款，回答相关问题。

Applicant：Nissho 1wai Corporation

No.4-5 Akaasaka 2-Chome Mi—Natou Tokyo，Japan

Bneficiary：China National Mine Import and Export Corp.Beijing，P.R.China

Pre-advice：Bank of China，Beijing Branch

Documents required：

Full set of clean on board marine bills of lading made out to order and blank endorsed，marked "freight prepaid"．

（1）该提单的发货人、收货人、通知人如何填制？

（2）提单上运费的支付方式如何填报？

（3）该提单属于哪一种类？

五、操作题

1. 根据第七章习题一填写出口委托书。

货运委托书

经营单位（托运人）			公司编号	
提单 B/L 项目要求	发货人： Shipper：			
	收货人： Consignee：			
	通知人： Notify Party：			
洋运费（√） Sea freight	预付（ ）或（ ）到付 Prepaid or Collect	提单份数	提单寄送地址	
起运港		目的港	可否转船	可否分批
集装箱预配数	20× 40×	装运期限		有效期限
标记唛码	包装件数	中英文货号 Description of goods	毛重 （公斤）	尺码 （立方米）	成交条件 （总价）
内装箱（CFS）地址			特种货物 冷藏货 危险品	重件：每件重量	
				大件 （长×宽×高）	
			特种集装箱：( )		
门对门装箱地址			货物备妥日期	年 月 日	
外币结算账号			货物进栈：自送（√）或金发派送（ ）		
声明事项			人民币结算单位账号		
			托运人签章		
			电话		
			传真		
			联系人		
			地址		
			制单日期： 年 月 日		

第八章 运输单证

2. 根据第七章习题二的资料修改以下提单。

Shipper Insert Name, Address and Phone	B/L No. CNS010108895	
ABC LEATHER GOODS CO., LTD. 123 HUANGHE ROAD, TIANJIN CHINA	中远集装箱运输有限公司 COSCO CONTAINER LINES TLX: 33057 COSCO CN FAX: +86 (021) 6545 8984 ORIGINAL	
Consignee Insert Name, Address and Phone		
XYZ TRADING COMPANY 456 SPAGNOLI ROAD, NEW YORK 11747 USA		
Notify Party Insert Name, Address and Phone		
XYZ TRADING COMPANY 456 SPAGNOLI ROAD, NEW YORK 11747 USA		
Ocean Vessel Voy. No.	Port of Loading	Port-to-Port BILL OF LADING Shipped on board and condition except as other-...
SUN V.126	SHANGHAI	
Port of Discharge	Port of Destination	
LONG BEACH		

Marks & Nos. Container / Seal No.	No. of Containers or Packages	Description of Goods	Gross Weight Kgs	Measurement
XYZ 1234567 LONG BEACH NOS.1-500 YMU259654/56789	5000 PCS	LEATHER GOODS FREIGHT PREPAID	2400KGS	20.70CBM
		Description of Contents for Shipper's Use Only (Not part of This B/L Contract)		

Total Number of containers and/or packages (in words) SAY FIVE THOUSAND PCS ONLY

Ex. Rate:	Prepaid at	Payable at	Place and date of issue	
		LONG BEACH	TIANJIN MAY.. 30,2009	
	Total Prepaid	No. of Original B(s)/L	Signed for the Carrier	
		THREE (3)	COSCO CONTAINER LINES	

LADEN ON BOARD THE VESSEL
DATE: MAY.30, 2009   BY: COSCO CONTAINER LINES
+++

第九章 保险单证

【学习目标】

本章主要讲授进出口货物运输保险单的内涵、种类,保险金额和保险费的确定,使学生了解货运保险的有关知识,掌握保险单的内容及制作。

【重点与难点】

1. 保险单基础知识
2. 海洋货物运输保险单的制作

第一节 保险单概述

一、保险单的含义

保险单(Insurance Policy)是保险人与被保险人之间订立保险合同的证明文件,它反映了保险人与被保险人之间的权利和义务关系,也是保险人的承保证明。当发生保险责任范围内的损失时,它又是保险索赔和理赔的主要依据。目前,在保险实务中,我国绝大多数企业采用中国人民保险公司出具的海洋货物运输保险单,也有部分企业采用英国伦敦保险业协会海运货物保险条款。

在国际贸易中是否使用保险单取决于 L/C 的规定。在确定以 FOB、CFR 价格成交时,出口方无须提交保险单。在以 CIF 价格成交时,出口方须办理保险手续,填写保险单。

二、保险单证的种类

(一)保险单(Insurance Policy)

保险单(表9-1),又称大保单,是保险人与被保险人之间订立的正式保险合同。保险单除了正面印制了海上保险所需的基本项目外,还在背面印有

第九章　保险单证

一般保险条款，规定保险人和被保险人的各项权利和义务、保险责任范围、除外责任、责任起讫、损失处理、索赔理赔、保险争议处理、失效条款等各项内容。这是一种内容较为全面的保险单，是目前保险业务中最常采用的形式。

（二）保险凭证（Insurance Certificate）

保险凭证俗称小保单，是一种简化的保险合同。这种凭证除背面不载明保险人和被保险人双方的权利和义务等保险条款外，其他内容与保险单相同。保险凭证与大保单具有相同的法律效力。

（三）联合凭证（Combined Certificate）

联合凭证是一种更为简化的保险单证。由保险公司在出口公司提交的发票上加上保险编号、承保险别、保险金额并加盖保险公司的印章。这种凭证曾在我国对某些特定地区的出口业务中使用，现已不再使用。

（四）批单（Endorsement）

保险单出立后，投保人如需要补充或变更其内容时，可根据保险公司的规定，向保险公司提出申请，经同意后即另出一种凭证，注明更改或补充的内容，这种凭证即称为批单。保险单一经批改，保险公司即按批改后的内容承担责任。其批改内容如涉及保险金额增加和保险责任范围扩大，保险公司只有在证实货物未发生出险事故的情况下才同意办理。批单原则上须粘贴在保险单上，并加盖缝章，作为保险单不可分割的一部分。

（五）预约保险单（Open Policy）

是保险人和被保险人之间订立的一种长期保险合同。在合同中规定承保货物的保险范围、险别、商品名称、保险费率、责任和赔款处理等项目。在每批货物装运后，由被保险人向保险公司发出《保险声明》（Insurance Declaration）或《装船通知》（Shipment Advice），保险人签发保险单证，作为该批货物承保证明。

预约保单的优点是减少了逐笔签订的保险合同的手续，并可以防止因漏保或迟保而造成的无法弥补的损失。保险公司一般对使用预约保险单的投保人提供更优惠的保险费用，因而也吸引了不少投保人。

表9-1 保险单

中国人民保险公司
THE PEOPLE'S INSURANCE COMPANY OF CHINA

总公司设于北京　　一九四九年创立
Head Office：BEIJING　　Established in 1949

保险单　　号次
INSURANCE POLICY　　No.SH02/304246

中国人民保险公司（以下简称本公司）
This Policy of Insurance witnesses that The People's Insurance Company of China（hereinafter called
根据
"the Company"），at the request of _____
（以下简称被保险人）的要求，由被保险人向本公司缴付约定
（hereinafter called "the Insured"）and in consideration of the agreed premium paid to the Company by the
的保险费，按照本保险单承保险别和背面所载条款与下列
Insured，undertakes to insure the undermentioned goods in transportation subject to the conditions of this Policy
条款承保下述货物运输保险，特立本保险单。
as per the Clause printed overleaf and other special clauses attached hereon.

标记 Marks & Nos.	包装及数量 Quantity	保险货物项目 Description of Goods	保险金额 Amount Insured
As per Invoice No.			

总保险金额：
Total Amount Insured：_____

保费　　　　　　　费率　　　　　　　装载运输工具
Premium：as arranged　Rate　as arranged　　Per conveyance S.S.

开行日期　　　　　自　　　　　　　至
Slg.on or abt.　As Per B/L　From　　　　to

承保险别
Conditions

所保货物，如遇出险，本公司凭本保险单及其他有关证件给付赔款。
Claims，if any，payable on surrender of this Policy together with other relevant documents.
所保货物，如发生本保险单项下负责赔偿的损失或事故，
In the event of accident whereby loss or damage may result in a claim under this Policy immediate notice applying

第九章 保险单证

应立即通知本公司下述代理人查勘。
for survey must be given to the Company's Agent as mentioned hereunder：
赔款偿付地点
Claim payable at

| 日期 | 上海 | 中国人民保险公司上海分公司 |
| Date | Shanghai | THE PEOPLE'S INSURANCE CO. OF CHINA |

地址：中国上海中山东一路23号。　　SHANGHAI BRANCH
Address：23 Zhongshan Dong Yi Lu Shanghai，China.
Cables：42001 Shanghai.
Telex：33128 PICCS CN　　　　　　　　General Manager

三、保险金额的确定和保险费计算

1. 保险金额（Insured Amount）

保险金额是指保险人承担赔偿或者给付保险金责任的最高限额，也是保险人计算保险费的基础。投保人在投保货物运输保险时应向保险人申报保险金额。保险金额是根据保险价值（Insured Value）确定的。保险价值一般包括货价、运费、保险费以及预期利润等。按照国际保险市场的习惯做法，出口货物的保险金额通常在 CIF 或 CIP 基础上增加一定的百分率，一般按 CIF 或 CIP 货价另加 10% 计算，增加的百分率即所谓"保险加成"，是买方进行这笔交易所支付的费用和预期利润。

保险金额的计算公式是：

保险金额 = CIF（或 CIP）货值 × （1 + 投保加成率）

由于保险金额一般是以 CIF 或 CIP 价格为基础加成确定的，因此，在仅有货价与运费（即已确定 CFR 或 CPT 价）的情况下，CIF 或 CIP 价可按下列公式计算：

CIF（或 CIP）价 = CFR（或 CPT）价 / {1 − [保险费率 × （1 + 投保加成率）]}

为简化计算程序，中国人民保险公司制定了一份保险费率常数表。将 CFR（或 CPT）价格直接乘以表内所列常数，便可算出 CIF 或 CIP 价格。

在进口业务中，保险金额按进口货物的 CIF 货值计算，不另加减。保费率按"特约费率表"规定的平均费率计算；如果是 FOB 进口货物，则按平均运费率换算为 CFR 货值后再计算保险金额，其计算公式如下：

FOB 进口货物：保险金额 = [FOB 价 × （1 + 平均运费率）] / （1 - 平均保险费率）

CFR 进口货物：保险金额 = CFR 价 / （1 - 平均保险费率）

2. 保险费（Premium）

投保人按约定方式缴纳保险费是保险合同生效的条件。保险费（Premium Rate）是计算保险费的依据。我国进出口货物保险费率是我国保险公司在货物损失率和赔付率的基础上，参照国际保险费率水平，并根据我国对外贸易发展的需要制定的。

保险公司收取保险费的计算公式是：

保险费 = 保险金额 × 保险费率

四、保险条款及险别

我国为适应对外经济贸易业务发展的需要，由中国人民保险公司（PICC）根据我国的实际情况，分别制定了海洋、陆地、航空等多种运输方式的货物保险条款，总称为《中国保险条款》（China insurance clause，CIC）。在国际保险市场上，最有影响力的保险条款当属英国伦敦保险协会制定的《协会货物条款》（Institute cargo clauses，ICC）。下面分别介绍。

（一）我国海运货物保险条款及险别

我国现行的货物保险条款是1981年1月1日的修订本，根据不同的运输方式分别订有适用不同运输方式的保险条款，以《海洋运输货物保险条款》使用最普遍。其货物运输保险分为基本险和附加险两大类。基本险又称主险，是可以独立投保的险别，包括平安险、水渍险和一切险；附加险是对基本险的补充和扩展，它不能单独投保，只能在投保了基本险的基础上加保，包括一般附加险和特殊附加险。

1. 基本险

（1）平安险（Free from Particular Average，F.P.A）：平安险是我国保险业的习惯叫法，英文原意是"单独海损不赔"。平安险承诺以下八项责任：

①被保险货物在运输途中由于恶劣气候、雷电、海啸、地震等自然灾害造成整批货物的全部损失或推定全损。这项责任是指在平安险下，保险人承担由列明的海上自然灾害造成的保险货物的全部损失（包括推定全赔），也就是说，如果列明的自然灾害造成的损失是部分损失，保险公司在平安险项下

第九章 保险单证

不承担赔偿责任。

②由于运输工具造成搁浅、触礁、沉没、互撞与流冰或其他物体碰撞以及失火，爆炸意外事故造成货物的全部或部分损失。这项责任是指在平安险项下，保险人承担运输工具在海上载货运输过程中发生由列明的海上意外事故造成船上货物的全部损失和部分损失。

③在运输工具已经发生搁浅、触礁、沉没、焚毁意外事故的情况下，货物在此前后又在海上遭受恶劣气候，雷电、海啸等自然灾害造成的部分损失。这项责任是指在平安险项下，保险人在有限制条件的情况下，也承担由列明的海上自然灾害造成货物的部分损失，这个限制条件就是船舶在海上航行途中发生了保单上列明的海上意外事故。

④在装卸或转运时由于一件或数件整件货物落海造成的全部或部分损失。这项责任是指在平安险项下，保险人承担货物在装卸或转运时由于吊索造成的损失即吊索损害。

⑤被保险人对遭受承担责任范围内危险的货物采取抢救，防止或减少货物措施而支付的合理费用，但以不超过该批被救货物的保险金额为限。这项责任是指在平安险项下，承担被保险人或其代理人、受雇用人为减少保险标的的损失而合理支出的施救费用。

⑥运输工具遭遇海难后，在避难港由于卸货所引起的损失，以及在中途港、避难港，由于卸货、存仓以及运送货物所产生的特别费用。这项责任是指在平安险项下，承担货物在避难港卸货引起的直接损失。如由于卸货引起的吊索损害。由于卸货引起的一系列损失及特别费用损失。这项责任下保险人承担的责任很大，但它的前提是载货船舶遇难了。

⑦共同海损的牺牲，分摊和救助费用。这项责任是指保险人在平安险项下不但承担遭受共同海损牺牲的货物损失的赔偿责任，还承担共同海损分摊以及救助费用损失。

⑧运输契约订有"船舶互撞"条款，根据该条款规定由货方偿还船方的损失。

（2）水渍险（With particular average，W.P.A）：水渍险亦是我国保险业的习惯叫法，英文原意是"负责单独海损"。水渍险的责任范围除包括"平安险"的各项责任外，还负责被保险货物由于恶劣气候，雷电、海啸、地震、洪水等自然灾害造成的部分损失。水渍险虽然负责了单独海损，但对锈损、碰碎、破损以及散装货物的部分损失是不负责的。特别要指出的是，平安险和水渍险只对海水所致的各种损失负责。被保险货物由于雨淋、雪水融化等淡水造成的损失，不包括在这两种险别的承保责任范围之中。

（3）一切险（All risks）：一切险的责任范围除包括平安险和水渍险的所有责任外，还包括货物在运输过程中，因一般外来原因所造成的全部或部分损失。一切险是三种基本险中责任范围最大的一种。但是一切险并非对一切风险造成的损失都负责，它只对水渍险和一般外来原因引起的可能发生的风险负责，而对货物内在缺陷、自然损耗以及特殊外来原因（如战争、罢工）所引起的风险不负责赔偿责任。

一切险的承保责任范围是各种基本险中最广泛的一种，因此比较适宜于价值较高、可能遭受损失因素较多的货物投保。

2. 附加险

"附加险"又分为一般附加险和特殊（别）附加险两类。

（1）一般附加险共有11种：偷窃，提货不着险（THIEF, PILFERARE AND NON-DELIVERY，简称 T.P.N.D.）；淡水雨淋险（FRESH WATER AND RAIN DAMAGE）；短量险（RISK OF SHORTAGE）；混杂、玷污险（1NTER-MIXTUREANDCONTAMINATION）；渗漏险（LEAK-AGE）；碰损、破碎险（CLASHING AND BREAKAGE RISK）；串味险（RISK OF ODOUR）；受潮受热险（SWEATING AND HEATING RISK）；钩损险（HOOK FOR DAMAGE）；包装破裂险（LOSS FOR DAMAGE CAUSED BY BREAKAGE OF PACKING）和锈损险（RISK OF RUST）。

（2）特殊（别）附加险大致可以分为9种：交货不到险（FAILUR-ETODELIVER）、进口关税险（1MPORTDUTYRISK）、舱面险（ONDECKRISK）、拒收险（REJECTIONRISK）、黄曲霉素险（AFLATOXINRISK）、卖方利益险（SELLER'S CONTINGENTRISK）、出口货物到香港（包括九龙在内）或澳门存仓火险责任扩展险（FIRERISKEXTENSIONCLAUSEFORSTOR—AGEOFCARGOATDESTINATIONHONGKONGINCLUDINGKOWLOONORMACAO）、罢工险（STRIKESRISK）；战争险（WARRISK）。

在我国国际货运保险业务中，特别要注意的是附加险不能单独投保。投保人（被保险人）只有在投保了基本险别（又称主险）的基础上才能加保附加险。一切险，实际上就是水渍险加上十一种一般附加险，所以投保一切险

第九章 保险单证

之后不用再投保任何一种一般附加险，但是，一切险可加保特殊（别）附加险。不过为了使信用证项下的单证做到"单证一致"，保险公司对于某些信用证中要求的一切险加上一般附加险的做法，也是认可的。

（二）英国伦敦保险协会海运货物保险条款

现行英国伦敦《协会货物条款》是1982年1月1日的修订本，与我国现行保险条款相比，其形式和内容都有所不同。该条款共有六种险别。它们是：

1. 协会货物条款（A）[ICC（A）]

ICC（A）可以独立投保，其责任范围较广，采取"一切风险减除外责任"的方式。除外责任有：①一般除外责任，如因包装原因造成损失；由船方原因造成损失；使用原子或热核武器所造成的损失。②不适航、不适货除外责任，如被保险人在装船时已知船舶不适航、不适货。③战争除外责任。④罢工除外责任。ICC（A）相当于一切险。

2. 协会货物条款（B）[ICC（B）]

ICC（B）可以独立投保，其责任范围采用"列明风险"的方法。ICC（B）的除外责任，除对"海盗行为"和恶意损害的责任不负责外，其余均与ICC（A）的除外责任相同。ICC（B）承保范围相当于水渍险。

3. 协会货物条款（C）[ICC（C）]

ICC（C）可以独立投保，其责任范围也采用"列明风险"的方式。ICC（C）的除外责任与ICC（B）完全相同。ICC（C）承保范围近似于平安险。

4. 协会货物战争险条款

属于特殊附加险，等同CIC中的战争险。

5. 协会货物罢工险条款

属于特殊附加险，等同CIC中的罢工险。

上述险别在需要投保时也可作为独立的险别投保。

6. 恶意损害险条款

恶意损害险承保除被保险人以外的其他人（如船长、船员）的故意破坏行为所造成的被保险货物的灭失或损坏，但出于政治动机的人的行为除外。它在ICC（A）中列为承保责任，在ICC（B）和ICC（C）中均列为除外责任。因此，在投保ICC（B）和ICC（C）时，如需取得这种风险的保障，应另行加保恶意损害险。

以上六种险别中，（A）险相当于中国保险条款中的一切险，其责任范围更为广泛，故采用承保"除外责任"之外的一切风险的方式表明其承保范围。（B）险大体上相当于水渍险。（C）险相当于平安险，但承保范围较小些。（B）险和（C）险都采用列明风险的方式表示其承保范围。六种险别中，只有恶意损害险，属于附加险别，不能单独投保，其他五种险别的结构相同，体系完整。因此，除（A）、（B）、（C）三种险别可以单独投保外，必要时，战争险和罢工险在征得保险公司同意后，也可作为独立的险别投保。

第二节 保险单的内容

现以中国人民保险公司的海洋货物运输保险单为例，解释保险单的缮制方法。

1. 保险公司名称（Name of Insurance Company）

此栏应根据信用证和合同要求相应的保险单去办理货运保险。例如：来证中规定："Insurance Policy in Duplicate by PICC"，即信用证要求由中国人民保险公司出具保险单。

2. 保险单证名称（Name）

一般保险公司在单证正上方已印制 INSURANCE POLICY 字样。

3. 保险单号（Invoice No.）

此栏填写保险公司的保险单号码。

4. 被保险人（Insured）

即保险的抬头，在 CIF 或 CIP 贸易条件下，投保人即卖方，所以被保险人栏填卖方名称，即信用证受益人名称。但发生货损时，实际索赔的权益是买方，所以保险单以卖方为被保险人时，卖方要在保险单的背面签字盖章背书，以表示被保险索赔的权益转让给保险单的持有人，同时受让人则负担被保险人的义务。

知识链接：保险单的背书

在 CIF 交易条件下，出口方向银行交单结汇时，在提单转让的同时，在保险单的正本及第二联的背面应背书（Endorsement）签章，将保险单的权益转移给单

第九章 保险单证

据持有人。单据持有人成为新的被保险人，享有向保险人索赔的权利。保险单据的背书转让事先无须通知保险人，但转让形式取决于信用证的相关规定。

保单的背书分为空白背书（只注明被保险人名称）、记名背书（业务中使用较少）和记名指示背书（在保单背面打上"To Order Of XXX"和被保险人的名称）三种。

空白背书只注明被保险人（包括出口公司的名称和经办人的名字）的名称。当来证没有明确使用哪一种背书时，可使用空白背书方式。保单做成空白背书意味着被保险人或任何保单持有人在被保货物出险后享有向保险公司或其代理人索赔的权利并得到合理的补偿。

记名背书在出口业务中较少使用。因为这一背书方式只允许被背书人（受让人）而限制其他任何人在被保险货物损失后享有向保险公司或其代理人索赔的权利，并得到合理的补偿。比如，当来证要求"DELIVERY TO THE ORDER OF...BANK"或"ENDORSED IN NAME OF..."，即规定使用记名方式背书。也就是在保险单背面注明被保险人的名称和经办人的名字后，打上"DELIVERY TO THE ORDER OF..."或"ENDORSED IN NAME OF..."的字样。

指示背书当来证要求"INSURANCE POLICY ISSUED TO THE ORDER OF×××"，即规定使用记名指示方式背书。在制单时，要在保险单背面打上"TO THE ORDER OF×××"，然后签署被保险人的名称。

无须背书的情形。若信用证规定"INSURANCE POLICY ISSUED TO WHOM IT MAY CONCERN"（被保险人为中性名称）或"INSURANCE POLICY ISSUED TO BEARER"（保单签发给被保险人），则保单无须背书即可转让。当被保险货物损失（承保范围内）后，保险单的持有人享有向保险公司或其代理人索赔的权利并得到合理的补偿。

（1）如果 L/C 要求保单"made out to order and endorsed in blank"，填写"受益人名称 + to order"。

（2）如果 L/C 规定为"To order"，则本栏可照填"To order"，受益人亦需背书。一般背书多是空白背书（blank endorsed）。

（3）如果 L/C 规定"Endorsed to order of ABC. Co., Ltd."，则在本栏填受益人名称为被保险人，再在保险单的背面填上"To order of ABC. Co., Ltd."或"Claim if any pay to the order of ABC. Co., Ltd."，受益人再签字盖章。

（4）如果L/C规定："Endorsed in favour of ABC. Co., Ltd."，则在本栏填受益人名称为被保险人，再在保险单背面填"In favour of ABC. Co., Ltd."或"Please pay in favour of ABC. Co., Ltd."，然后受益人再签字盖章。上述两种背书都是记名背书。

（5）如果L/C特别规定以某某公司或某某银行为被保险人，可以直接在本栏填上所规定的名称，则不用背书。

（6）如果L/C规定保单为To order of ×××bank或In favor of ×××bank，应填写"受益人名称 + held to order of ×××bank或in favor of ×××bank"。

（7）如果L/C要求中性抬头（third party或in neutral form），填写"To whom it may concern"。

5. 标记（Marks & Nos）

此栏填制装运唛头，一般与商业发票的唛头完全一致。可以填写"AS PER INVOICE NO.×××"。

6. 包装及数量（Quantity）

本栏填写商品外包装的最大包装件数。依照发票填写即可。

7. 保险货物项目（Description of Goods）

本栏填写商品的名称，可以用总称。填写内容与提单一致。或只填"AS PER INVOICE NO.×××"，因为保险单索赔时一定要求出具发票，这样简单地填写，可使两种单证互相参照，避免填写单证时疏忽导致单单不符的严重错误；数量一栏填写最大包装的件数。

8. 保险金额（Amount Insured）

货物发生损失时，保险公司给予的最高赔偿限额，一般按CIF/CIP发票金额的110%投保，加成如超出10%，超过部分的保险费由买方承担可以办理，L/C项下的保单必须符合L/C规定，如发票价包含佣金和折扣，应先扣除折扣再加成投保，被保险人不可能获得超过实际损失的赔付，保险金额的大小写应一致。如信用证有这样规定的："Insurance policy...for 110% of full CIF invoice value..."，如果CIF3%总价为100万美元的货物，投保金额为106.7万美元。

保额尾数通常要"进位取整"或"进一取整"，即不管小数部分数字是多少，一律舍去并在整数部分加"1"。例如，保险金额为USD23056.16，则在此栏应填写 USD23057。保险金额使用的货币必须是信用证所规定的货币。

9. 保险总金额（Total Amount Insured）

这一栏目只需将保险金额以大写的形式填入。计价货币也应以全称形式填入。注意保险金额使用的货币应与信用证使用的货币一致。

10. 保费（Premium）与费率（Rate）

保费（Premium）和费率（Rate）通常由保险公司在保险单印刷时就打印"As Arranged"（按约定）字样，除非 L/C 另有规定，两者在保单上可以不具体显示。出口公司在填写保险单时无须填写。

保险费通常占货价的比例为 1% ~ 3%，险别不同，费率不一（水渍险的费率约相当于一切险的 1/2，平安险约相当于 1/3；保一切险，欧美等发达国家费率可能是 0.5%，亚洲国家是 1.5%，非洲国家则会高达 3% 以上）。

11. 装载工具（Per Conveyance S.S）

按实际运输方式和运输工具名称填入。如为海运（By sea, By steamer, By vessel per S. S.），则在本栏可填具体船名及航次。例如，本栏可填"S. S EASTWIND VOY. NO. 009A"即"东风轮第 009A 航次"。其中 S. S. 即 steamship 的缩写。如中途将转船，而第二程船名已明确，亦应同时表示出来。如第一程船名为 EASTWIND，第二程船名为 VICTORY，则表示"S. S. EASTWIND/VICTORY"。如为陆运，则表示"By train, wagon No. ××××；By truck"；空运，则表示"By air"或"By areoplane"；邮包寄送，则表示"By parcel post"。如陆空陆联运，即先装火车，然后空运，最后以汽车转到最终目的地（即 T/A/T 方式），则表示"by train / air /truck"。

12. 开航日期（Slg on or abt）

开航日期（Date Of Commencement）通常填提单上的装运日，也可填"As Per B/L"或"As per Transportation Documents"。

13. 起讫地点（From...To...）

起点指装运港名称，讫点指目的港名称。当一批货物经转船到达目的港时，这一栏照下列方法填写：From 装运港 To 目的港 W/T（VIA）转运港。

14. 承保险别（Conditions）

出口公司在制单时，只需在副本上填写这一栏的内容。当全套保险单填好交给保险公司审核、确认时，才由保险公司把承保险别的详细内容加注在正本保险单上。

承保险别可分为两大类：基本险、附加险。中国人民保险公司承保的基本险别是：平安险（F.P.A.）、水渍险（W.A.）和一切险（ALL RISKS），在填写时，一般只需填写险别的英文缩写。同时注明险别的来源，即颁布这些险别的保险公司。例如，"PICC"指中国人民保险公司。"C.I.C."指中国保险条款。并标明险别生效的时间。例如，PICC或C.I.C.颁布的险别生效时间是1981年1月1日。在实际业务中，对于要求投保英国协会货物条款（ICC）的，我方一般也可接受。在填写保险单时要标出所保险的险别适用的文本名称及其日期。例如，"…as per Ocean Marine Cargo（All Risks）Clauses of The People's Insurance Company of China dated 1/1/1981."。

15. 赔付地点（Claim payable at）

此栏按合同或L/C要求填制。如L/C中并未明确，一般将目的港/地作为赔付地点。

16. 日期及地点（Date & Place）

日期是指填写保险单的签发日期。由于保险公司提供仓至仓（W/W）服务，所以要求保险手续在货物离开出口方仓库前办理。保险单的日期相应地填写货物离开仓库的日期，或船舶开航前或运输工具开行前，即至少填写早于提单签发日的日期。保险单签发地点即办理投保所在地的地点。一般保险公司在印制保险单时即事先印妥。

17. 盖章和签字（Stamp & Signature）

由保险公司签字或盖章以示保险单正式生效。单证的签发人必须是保险公司/承保人或他们的代理人，在保险经纪人的信笺上出具的保险单证，只要该保险单证是由保险公司或其代理人，或由承保人或其代理人签署的可以接受；UCP规定除非L/C有特别授权，否则银行不接受由保险经纪人签发的暂保单。

知识链接：保险单正本份数

一般情况下保险公司共印制三份正本，三份都一样印有"ORIGINAL"字样，但在保险单正本的本栏各标明"第一正本"（The First Original）、"第二正本"（The Second Original）和"第三正本"（The Third Original）加以区别。各外贸公司可以根据信用证或实际需要的正本份数，取其一份、两份或三份使用。根据《UCP 600》第十七条D款规定：如果信用证使用诸如"一式两份"（in duplicate)"两份"(in two fold)"两套"(in two copies)等用语要求提交多份单证，则提交至少一份正本，其余使用副本即可满足要求，除非单证本身另有说明。又根据《UCP 600》第二十八条 B 款规定：如果保险单证注明签发的正本超过一份，必须提交所有的正本，除非信用证另有授权。

所以根据上述条文规定，如果信用证仅规定类似一式两份等说法，可以提供一份正本和一份副本来满足。但一般在实务中，对保险单的做法，只要信用证规定类似一式两份等说法，也习惯提供两份正本；如果规定一式三份，则提供三份正本。

第三节　保险单证操作实务

拉夫美特公司（LIFEMATE IMPORT AND EXPORT TRADE CO., LTD.）根据与日本日慧公司（RIHUI CORPORATION）订购四门衣柜（家具编号为 KSHT-KSH-C017-SMYG）的合同、发票和装箱单的相关内容填写保险单。（注：拉夫美特公司于4月10日向中国人民保险公司投保，保险单号为：29700007302020800007）

中国人民保险公司
The People's Insurance Company of China
总公司设于北京一九四九年创立
HEAD OFFICE：BEIJING　　　ESTABLISHED IN 1949
地址：中国大连黄河路　　CABLE：42001　　DALIAN
ADRESS：No. 2，HUANGHEROAD，DALIAN，CHINA　　FAX：2804558，363660
TLX：86215 PICC CN
海洋货物运输保险单
MARINE CARGO TRANSPORTATION INSURANCE

发票号次　　　　　　　　　　　　保险单号次
INVOICE NO. LMA1281　　　POLICY NO.29700007302020800007
中国人民保险公司（以下简称本公司）
THE POLICY OF INSURANCE WITNSES THAT THE PEOPLE'S INSURANCE COMPANY OF CHINA（HEREINAFTER CALLED）"THE CMPANY"，AT THE REQUEST OF LIFEMATE IMPORT AND EXPORT TRADE CO., LTD
根据（以下简称被保险人）的要求，由被保险人向本公司缴付约定的保险费，按照本保险单承保险别和背面所载条款与下列特款承保下述货物运输，特立本保险单。

(HEREINAFTER CALLED THE "INSURED") AND IN CONSIDERATION OF THE AGREED PREMIUM BEING PAID TO THE COMPANY BY THE INSURED, UNDERTAKES TO INSURE THE UNDERMENTIONED GOODS IN TRANSPORTATION SUBJECT TO THE CINDITIONS OF THIS POLICY AS PER THE CLAUSES PRINTED OVERLEAF AND OTHER SPECIAL CLAUSES ATTACHED HEREON.

标记 MARKS &NOS.	包装及数量 QUANTITY	保险货物项目 SCRIPTION OF GOODS	保险金额 AMOUNT INSURED
N/M	75 CTNS	LIFEMATEFOUR-DOOR WARDROBE	JP ￥2054090.00

总保险金额
TOTAL AMOUNT INSURED <u>SAY JP.YEN TWO MILLION FIFTY-FOUR THOUSAND AND NITY ONLY</u>

保费　　　　　　　　　费率　　　　　　　　装载运输工具
PREMIUN AS ARRANGED RATE AS ARRANGED PER CONVEYANCES.S <u>FEILONG V.0726E</u> 开航日期 自 至 SLG. ON OR ABT <u>AS PER DRAFT</u> FROM <u>DALIAN</u> TO <u>TOKYO</u>
承 保 险 别 CONDITIONS COVERING INSTITUTE CARGO CLAUSES：ICC（A）CLAUSE. DATED 1/1/1981 所保货物，如遇出险，本公司凭第一正本保险单及其有关证件给付赔款。
CLAIMS, IF ANY, PAYABLE ON SURRENDER OF THE FIRST ORIGINAL OF THE POLICY TOGETHER WITH
所保货物，如发生本保险单项下负责赔偿的损失或事故，应立即通知本公司下述理赔代理人查勘。
OTHER RELEVANT DOCUMENTS IN THE EVENT OF ACCIDENT WHEREBY LOS OR DAMAGE MAYRESULT IN A CLAIM UNDER THIS POLICY IMMEDIATE NOTICE
INCOK LOSS & AVERAGE ADJUSTERS SUIT 401, 4F HWANGBO-B/D NO.81—4, CHUNGANG DONG4GA CHUNG-KU TOKYO, JAPAN

赔付地点　　　　　　　　　　　　　　　中国人民保险公司大连分公司
CLAIMPAYABLE AT <u>TOKYO JAPAN IN JPY</u>　　THE PEOPLE'S INSURANCE CO.
日期 DATE Apr.10, 2012　　　　　　　　OFCHINA DALIAN BRANCE

◇单元练习题◇

一、单项选择题

1. 如信用证规定以 CIF 价格成交，一般来说，办理保险的一方应该是（　）。

　　A. 买方　　　　B. 船方　　　　C. 卖方　　　　D. 开证申请人

2. 根据《伦敦保险协会海运保险条款》的规定，承保范围最小的基本险

第九章　保险单证

别是（　　）。

A. ICC（A）　　B. ICC（B）　　C. ICC（C）　　D. ICC War Clause

3. 合同或信用证没有规定投保加成率，根据《UCP 600》的规定，卖方可在CIF总值的基础上（　　）投保。

A. 加二成　　　　B. 加一成　　　　C. 加三成　　　　D. 加四成

4. 根据我国"海洋货物运输保险条款"规定，"一切险"包括（　　）。

A. 平安险加11种一般附加险　　　B. 一切险加11种一般附加险

C. 水渍险加11种一般附加险　　　D. 11种一般附加险加特殊附加险

5. 出口货物运输保险的投保人名称应按信用证的规定填写，一般为（　　）。

A. 开证行　　　　B. 受益人　　　　C. 申请人　　　　D. 议付行

6. 我国某公司以CIF条件与国外客户订立出口合同。根据《2000通则》的解释，买方对投保无特殊要求，我公司只需投保（　　）。

A. 平安险　　　　B. 水渍险　　　　C. 一切险　　　　D. 一切险加战争险

7. 根据《UCP600》的规定，如果信用证使用诸如in duplicate，in two fold，in two copies等用语要求提供多份单证，则提交至少（　　）正本，其余可使用副本。

A. 三份　　　　B. 二份　　　　C. 十份　　　　D. 一份

8. 关于国际货运保险被保险人应在（　　）具有可保利益。

A. 投保时　　　　　　　　　　　B. 保险单签发时

C. 保险事故发生要求赔偿时　　　D. 向保险公司办理索赔时

9. 保险公司承担保险责任的期间通常是（　　）。

A. 钩至钩期间　　B. 舷至舷期间　　C. 仓至仓期间　　D. 水面责任期间

10. 淡水雨淋险属于（　　）的承保范围。

A. 平安险　　　　B. 水渍险　　　　C. 一般附加险　　D. 特别附加险

二、多项选择题

1. 如货物的外包装上有唛头，在保险单唛头的一栏可填写（　　）。

A. 发票中具体的唛头　　　　　　B. As per Invoice No.

C. N/M　　　　　　　　　　　　D. N/N

2. 根据我国海运货物保险条款（即CIC条款）的规定，海洋运输货物保险中的基本险可分为（　　）。

A. 平安险　　　　B. 水渍险　　　　C. 一切险　　　　D. 附加险

3. 国际贸易中货物运输保险依运输方式的不同可以分为（　　）。

A. 海上运输保险　　　　　　　B. 陆上货运保险

C. 航空货运保险　　　　　　　D. 人寿财产保险

4. 以下关于保险凭证的正确叙述是（　　）。

A. 俗称小保单，是一种简化的保险单

B. 既有正面内容，又有背面条款

C. 与保险单具有同等效力

D. 在实务中，保险凭证可以代替保险单

5. 以下关于保险单作用的正确选项是（　　）。

A. 物权凭证　　　B. 索赔证明　　　C. 保险合同证明　　　D. 货物收据

6. 在国际货物运输保险中，英国伦敦保险协会ICC六种险别，（　　）是可以单独投保的。

A. ICC恶意损害险　　　　　　B. ICC（A）

C. ICC（B）　　　D. ICC（C）　　　E. ICC战争险、罢工险

7. 中国保险条款中属于一般附加险别的有（　　）。

A. 淡水、雨淋险　　　　　　　B. 短量险

C. 钩损险　　　D. 黄曲霉素险　　　E. 拒收险

8. 我国海运货物保险条款中，适用"仓至仓条款"的险别是（　　）。

A. WAR RISKS　　　　　　　　B. STRIKE RISK

C. FPA　　　D. WPA　　　　　　E. ALL RISKS

9. 以下关于保险凭证的正确叙述是（　　）。

A. 俗称"小保单"，是一种简化的保险单

B. 既有正面内容，又有背面条款

C. 与保险单具有同等效力

D. 在实务中，保险凭证可以代替保险单

E. 只在进口业务中使用

10. 为防止海上运输途中货物被窃，可以投保（　　）。

A. 平安险加保偷窃险　　　　　B. 水渍险加保偷窃险

C. 一切险加保偷窃险　　　　　D. 一切险

三、判断题

1. 平安险（F.P.A）英文名称为单独海损不赔，实际上，保险公司仍然承

担了一部分单独海损的责任。（ ）

2. 单独海损损失由受损失方自行承担。（ ）

3. 投保一切险意味着保险公司为一切风险承担赔偿责任。（ ）

4. 基本险别中，保险公司责任最小的险别是水渍险。（ ）

5. 托运出口玻璃制品时，被保险人在投保一切险后，还应加保碰损破碎险。（ ）

6. "仓至仓条款"是指船公司负责将货物从装运地发货人仓库运送至目的地收货人仓库的运输条款。（ ）

7. 按我国保险条款的规定，三种基本险和战争险均适用"仓至仓条款"。（ ）

8. 在国际货物运输保险中，被保险人必须对保险标的物拥有可保利益，方可在保险标的物遭受承保范围内的损失时向保险人索赔。（ ）

9. 淡水雨淋险属于平安险中的一种类别。（ ）

10. 根据中国人民保险公司保险条款，航运战争险的责任起止是从货物装上海轮或驳船开始，至货物到达目的港卸离海轮或驳船时为止。（ ）

四、操作题

1. 修改错误的保险单。

资料：

LETTER OF CREDIT

FORM OF DOC. CREDT	*40A :	IRREVOCABLE TRANSF，ERABLE
DOC. CREDIT NUMBER	*20 :	70/1/5822
DATE OF ISSUE	31 :	051007
EXPIRY	*31D :	DATE 060115 PLACE CHINA
ISSUING BANK	51D :	SUN BANK
		P.O.BQX 201 GDANSK，POLAND.
APPLICANT	*50 :	BBB TRADING CO.
		P.O.BOX203 GDANSK，POLAND
BENEFICIARY	*59 :	AAA IMPORT AND EXPORT CO，
		222 JIANGUO ROAD，
		DALIAN，CHINA
AMOUNT	*32B :	CURRENCY USD AMOUNT 45 600.00
AVAILABLE WITH / BY	*41A :	BANK OF CHINA DALIAN BRANCH
		BY DEF PAYMENT
DEFFERRED PAYMENT	42P :	60 DAYS AFTER B/L DATE

PARTIAL SHIPMENT	43P :	ALLOWED
TRANSSHIPMENT	43T :	ALLOWED
LOADING IN CHARGE	44A :	DALIAN
FOR TRANSPORT TO...	44B :	GDANSK
LATEST DATE OF SHIP.	44C :	051231
DESCRIPT. OF GOODS	45A :	

      65% POLYESTER 35% COTTON LADIES SKIRTS
      STYLE NO. A101 200DOZ @USD60/DOZ
      SYTLE NO. A102 400DOZ @USD84/DOZ
      ALL OTHER DETAILS OF GOODS ARE
      AS PER CONTRACT NO. LT07060 DATED AUG 10, 2005.
      DELIVERY TERMS : CIF GDANSK (INCOTERMS 2000)

DOCUMENTS REQUIRED 46A :

1. COMMERCIAL INVOICE MANUALLY SIGNED IN 2 ORIGINALS PLUS 1 COPY MADE OUT TO DDD TRADING CO., P.O.BOX 211, GDANSK, POLAND
2. FULL SET (3/3) OF ORIGINAL CLEAN ON BOARD BILL OF LADING PLUS 3/3 NON NEGOTIABLE COPIES, MADE OUT TO ORDER OF ISSUING BANK AND BLANK ENDORSED, NOTIFY THE APPLICANT, MARKED FREIGHT PREPAID MENTIONING GROSS WEIGHT AND NET WEIGHT.
3. ASSORTMENT LIST IN 2 ORIGINALS PLUS 1 COPY.
4. CERTIFICATE OF ORIGIN IN 1 ORIGINAL PLUS 2 COPIES SIGNED BY CCPIT.
5. MARINE INSURANCE POLICY IN THE CURRENCY OF THE CREDIT ENDORSED IN BLANK FOR CIF VALUE PLUS 10 PCT MARGIN COVERING COVERING F.P.A. RISKS OF PICC
CLAUSES INDICATING CLAIMS PAYABLE IN POLAND

ADDITIONAL COND.   47A :

+ ALL DOCS MUST BE ISSUED IN ENGLIS.
+ SHIPMENTS MUST BE EFFECTED BY FCL.
+ B/L MUST SHOWING SHIPPING MARKS : BBB, S/C LT07060, GDANSK, C/NO.
+ ALL DOCS MUST NOT SHOW THIS L/C NO.70/1/5822.
+ FOR DOCS WHICH DO NOT COMPLY WITH L/C TERMS AND CONDITIONS, WE SHALL DEDUCT FROM THE PROCEEDS A CHARGE OF EUR 50.00 PAYABLE IN USD EQUIVALENT PLUS ANY INCCURED SWIFT CHARGES IN CONNECTION WITH.

DETAILS OF CHARGES	71B :	ALL BANKING COMM/CHRGS OUTSIDE POLAND ARE ON BENEFICIARY'S ACCOUNT.
PRESENTATION PERIOD	48 :	15 DAYS AFTER B/L DATE, BUT WITHIN L/C VALIDITY
CONFIRMATION	*49 :	WITHOUT

第九章 保险单证

INSTRUCTIONS	78 :	WE SHALL REIMBURSE AS PER YOUR INSTRUCTIONS
SEND TO REC.INFO	72 :	CREDIT SUBJECT TO ICC PUBL. 500/1993 REV.

保险单

中国人民财产保险股份有限公司			
THE PEOPLE'S INSURANCE（PROPERTY）COMPANY OF CHINA，LTD.			
发票号码		保险单号次	
Invoice No. CBA001		Policy No.PYIE20043201930000146	
货物运输保险单 CARGO TRANSPORTATION INSURANCE POLICY			
被保险人：Insured： AAA IMPORT AND EXPORT CO.			
中保财产保险有限公司（以下简称本公司）根据被保险人的要求，及其所缴付约定的保险费，按照本保险单承担险别和背面所载条款与下列特别条款承保下列货物运输保险，特签发本保险单。			
This policy of Insurance witnesses that The People Insurance（Property）Company of China, Ltd. (hereinafter called the Company) at the request of the Insured and in consideration of the agreed premium paid by the Insured, undertakes to insure the under mentioned goods in transportation subject to the conditions of this Policy as per the Clauses printed overleaf and other special clauses attached hereon.			
货物标记	包装单位数量	保险货物项目	保险金额
Marks of goods	Packing unit quantity	Description of goods	Amount Insured
AS PER INV.NO. CBA001	740CTNS	LADIES SHIRTS	USD59000.00
总保险金额：Total Amount Insured: SAY U.S.DOLLARS FIFTY NINE THOUSAND ONLY.			
保险费	装载运输工具		开航日期
Premium As arranged	Per conveyance S. S. NEW RIVER V.001		Sig on or abt. AS PER B/L
启运港		目的港	
From DALIAN		To GDAND	
承保险别 Conditions：COVERING ALL RISKS OF PICC			

所保货物，如发生本保险单项下可能引起索赔的损失或损坏，应立即通知本公司下述代理人查勘。如有索赔，应向本公	
司提交保险单正本（本保险单共有2份正本）及有关文件。如一份正本已用于索赔，其余正本则自动失效。	
In the event of damage which may result in a claim under this Policy, immediate notice be given to the Company Agent as mentioned hereunder.	
Claims, if any, one of the Original Policy which has been issued in TWO Original（s）together with the relevant documents shall be surrendered to	
be Company, if one of the Original Policy has been accomplished, the others to be void.	
DDD INSURANCE CO. P. O. BOX 201 GDANSK, POLAND	
赔款偿付地点 Claim payable at/in POLAND IN USD	中国人民财产保险股份有限公司大连分公司 The People's Insurance（Property）Company of China, Ltd.
日期 Date 2006.01.10　在 at　DALIAN	Dalian Branch 张宾
地址：　中国大连石门一路39号 Address：　No. 39 Shimenyi Road, Dalian, China	Authorized Signatory

2. 根据第七章习题一的资料填写投保单。

货物运输保险投保单

被保险人 Assured's Name			
发票号码（出口用）或合同号码（进口用）	包装数量	保险货物项目	保险金额

第九章 保险单证

续表

装载运输工具_____	航次、航班或车号_____	开航日期_____
Per Conveyance	Voy. No.	Slg. Date
自_____至_____	转运地_____	赔款地_____
From To	W/Tat	Claim Payable at
承保险别：	投保人签章及公司名称、电话、地址：	
Condition & / or	Applicant's Signature and Co.'s Name，Add. And	
Special Coverage	Tel. No.	
备注：	投保日期：	
Remarks	Date	

第十章　原产地证书

【学习目标】

本章主要讲授普通原产地证书与普惠制产地证的主要内容。通过学习，使学生了解原产地证书的分类以及签证程序，掌握普通原产地证书及普惠制产地证书的缮制。

【重点与难点】

1. 普通原产地证书及普惠制产地证书的签证程序
2. 普通原产地证书及普惠制产地证书的内容及制作

第一节　原产地证书概述

一、原产地证书的含义和作用

原产地证书（Certificate of Origin），是一种证明货物原产地或制造地的文件，供进口国海关采用不同的国别政策、国别待遇、差别关税和控制进口配额之用的一种国际商务单证。

我国出口商可以向中华人民共和国国家质量监督检验检疫总局（AQSIQ）、中国国际贸易促进委员会（CCPIT）、中华人民共和国商务部（MOFCOM）三大机构申领原产地证书。

原产地证书的作用在于证明货物的原产国，从而根据国别的不同实行差别关税，分配和控制进口配额或其他进口管制政策。该文件具有法律效力，也是通关、结汇、进行贸易统计的重要证明文件。

二、原产地证书的种类

根据原产地证书的签发机构不同、使用范围不同、证书格式不同，原产地证书可以分为以下几种类型（见表10-1）：

第十章 原产地证书

1. 一般原产地证书（表10-2）

一般原产地证书（Certificate of Origin），也称普通产地证书，通常用于不使用海关发票或领事发票的国家或地区，以确定对货物征税的税率。它也是国际贸易中使用最多的产地证。在我国，一般原产地证书系指中华人民共和国原产地证书（Certificate of Origin of the People's Replubilc of China），由中国国际贸易促进委员会或国家质量监督检验检疫总局出具，其格式、内容和项目完全一样，只是签发单位名称和签章不同。在国际贸易中，应该提供哪一种证书，应该依据合同和信用证的规定。如果合同或信用证规定产地证书由商业公会等民间机构提供，则一般由中国国际贸易促进委员会出具证书；如果要求由商检机构提供，一般使用国家质量监督检验检疫总局出具的产地证。

2. 普惠制原产地证（表10-3）

普惠制原产地证书（Generalized System of Perferences/Certificated of Origin，简称GSP），全称是普遍优惠制原产地证明书，是指发达国家给予发展中国家或地区在经济、贸易方面的一种普遍的、非歧视的、非互惠的关税优惠制度。即发展中国家向发达国家出口制成品或半制成品时，发达国家对发展中国家予以免征或减征关税。是受惠国的原产品出口到给惠国时，产品享受普惠制关税减免待遇时必备的凭证。

普惠制产地证有三种格式，即 FORM A、Form 59 A 及 FORM APR。其中 FORM A 使用比较普遍。格式 A（FORM A）证书由受惠国的出口商填制并申报，受惠国签证机构审核、证明及签发。签证机构还负责对已签证书的事后查询工作，答复给惠国对已签证书的查询。签证机构必须是受惠国政府指定的，其名称、地址以及印模都要在给惠国注册登记，向联合国贸发会议秘书处备案。在我国，国家质量监督检验检疫总局及所属机构是签发普惠制产地证的唯一机构。

3. 欧洲经济共同体纺织品专用产地证

欧洲经济共同体纺织品专用产地证（Europe Economic Community/Certifiate of Origin），简称 EEC 纺织品产地证书，专门用于需要配额的纺织类产品，是欧共体进口国海关控制配额的主要依据。EEC 纺织品产地证书与EEC 纺织品出口许可证的内容完全一致，均由出口国有关机构提供，我国专门由商务部签发。

4. 对美国出口的原产地声明书

原产地声明书（Declaration of Country Origin），简称 DCO 产地证，又称为"美国产地证"，凡是出口到美国的纺织品，出口商必须向进口商提供该类原产地声明书，作为进口商清关的单证之一。声明书主要包括 A、B、C 三种格式。格式 A：为单一国家产地声明书，一般适用于本国原材料并由本国生产的产品；格式 B：为多国产地声明书，一般用于来料加工、来件装配的产品，由多国生产；格式 C：非多种纤维纺织品声明书，一般适用于纺织品原料的主要价值或重量是丝、麻类或其中羊毛含量不超过 17% 的纺织品。

表 10-1　原产地证书种类

证书种类	证书名称	证书简称	签发机构	证书格式
普通原产地证	一般原产地证书	C/O 产地证	贸促会、出入境检验检疫局	商务部统一格式
优惠原产地证	普惠制原产地证	GSP 产地证	出入境检验检疫局	格式 A、格式 59、格式 APR
特殊（区域性）产地证	欧共体纺织品专用产地证	EEC 产地证	商务部、各地商务委员会	统一格式
	对美出口纺织品声明书	DCO 产地证	出口商	格式 A、格式 B、格式 C
	中国——东盟自由贸易区优惠原产地证书	FORM E 产地证	出入境检验检疫局	专用格式
	中国——智利自由贸易区优惠原产地证	FORM F 产地证	出入境检验检疫局	专用格式
	亚太贸易协定原产地证	FORM B 产地证	出入境检验检疫局	专用格式
	中国——巴基斯坦自由贸易协定原产地证	FORM P 产地证	出入境检验检疫局	专用格式

第十章 原产地证书

第二节 一般原产地证

一、一般原产地证签证程序

1. 注册登记与审核

申请单位须向签证机构办理注册登记手续,经签证机构审核合格后,享有申办原产地证的资格。申请单位向签证机构办理注册登记手续时,须提交下列文件:

① 由工商行政管理部门颁发的当年有效的或经年审的营业执照副本影印件一份。

② 政府主管部门授予企业进出口经营权的文件影印件一份。

③ "申请一般原产地证明书注册登记表"一式两份。

申请单位注册手签员、申领员的授权人应为企业法人代表,若授权人不是企业法人代表,须提供企业法人代表的授权书。手签人员和申领员可以是同一人,也可以是不同人。每一个申请企业允许授权三名手签人员和三名申领员。

每一个申请单位申请注册登记时,还应提供货源企业及其产品的有关材料。出口货物为异地货源的,应根据签证机构的要求,提供货源所在地签证机构提供的"异地货源原产地调查结果单"。

注册有效期为一年,以注册日年度为限。期满经年度审核合格的,续展一年。经注册登记的企业,须按签证机构的要求建立出口货物进料、生产、出货记录。对注册登记的企业及产品,签证机构将派专人到企业进行实地核查。签证机构有权对出口货物实行随机抽查。

2. 原产地证的申领与签发

企业经注册登记后,其授权及委派的手签人员和申领员应接受签证机构的业务培训。申领员凭签证机构颁发的申领员证申办原产地证。持证人因故不能办证时,企业可指定其他人员凭单位证明申办原产地证。申领员不得转借、涂改,也不得用此证代替他人领取证书。若有遗失,应立即向发证机关申明,并凭单位证明申请补办。

企业最迟于货物报关出运前三天向签证机构申请办理原产地证,并按签证机构要求提交以下材料：

① "中华人民共和国出口货物原产地证明书／加工装配证明书申请书"一份。

② "中华人民共和国出口货物原产地证明书"一式四份。

③ 出口货物商业发票。

④ 其他证明文件。

签证机构通常不接受货物出运后才递交的原产地证申请。但特殊情况除外。签证机构对上述材料审核无误后，签发原产地证。

二、一般原产地证内容

一般原产地证书的填写方法如下：

栏 1.Certificate No.（证书编号）

证书编号位于证书右上方，由签证机构指定的号码编制。

栏 2.Exporter（full name and address）（出口商名称、地址、国家）

本栏填写出口公司的详细地址和名称，一般包括企业全称、详细地址和国家名称。一般为信用证业务的收益人，托收业务中的托收人。

栏 3.Consignee（full name and address）（收货人名称、地址、国家）

本栏应该填写给惠国最终收货人名称和地址，一般包括企业全称、详细地址和国家名称。一般为信用证业务的开证申请人，托收业务中的进口方。如果信用证要求所有单证收货人一栏留空，在这种情况下，此栏加注"To Whom It May Concern"或"To Order"。如果需要转运，在收货人后面加注"VIA"，然后填写转口商名称、地址和国家名称。

栏 4.Means of Transport and Route（运输方式和路线）

本栏填报装运港、目的港、中转港的名称，并说明运输方式和运输路线，应注明启运地、目的地以及运输方式等内容。例如，From Shanghai to Hamburg by sea。

栏 5.Country/Region of Destination（目的地或最终目的国）

本栏填写货物最终到达的国家或地区。一般应与最终收货人或最终目的港国别一致，也可以将目的地和国名同时列出。例如，New York USA。

栏 6.For certify authority use only（供签证机构使用）

本栏供签证当局填写。正常情况时，此栏空白。如果是"后发"，加盖

"ISSUED RETROSPECTIVELY"的红色印章。应当注意,日本一般不接受"后发证书"。

栏 7.Marks and Nmbers(唛头和包装号)

本栏填写唛头和包装号。此栏填写商品包装上的装运标志,应完整、规范并与其他单证上的装运标志一致。当唛头过长,可超出本栏,延续到第 8 栏内。一般不能简单填写"As per invoice No×××"或类似内容。当无唛头时,填写"N/M"。

栏 8.Number and kind of packages description of goods(商品名称、包装数量及种类)

该栏目填写应包括三项内容:

(1)最大包装件数。包括大、小写两种方式,如"ONE HUNDRED(100)packages"。

(2)商品名称。最大包装件数和商品名称用"of"连接,如"ONE HUNDRED(100)packages of Door Locks"。

(3)使用终止符号"***"将上述内容的下一行填满。

栏 9.H.S.Code(商品编码)

该栏应按照商品在《商品名称和编码协调制度》(Harmonized Commodity Description & Coding System)中的编码填写,应该与报关单中的商品编码一致。如同一证书包含几种不同商品,则应当将相应的商品编号全部填报,此栏不得留有空白;有时候此栏填报 10 位商品编号,其中最后两位为补充号;填报的商品编号,必须与实际货名一致,并与报关单中显示的 HS CODE 一致。

栏 10.Quantity or Weight(数量或重量)

应按提单或其他运输单证中的有关毛重、数量等正常计量单位填写。一般填写出口货物的数量并与商品计量单位联用。如果计量单位为重量,应标明毛重和净重。例如:"G.W.400kg"或"N.W.390kg"。

栏 11.Number and Date of Invoice(发票号码和日期)

本栏应填写发票号码和发票日期。该日期应早于或同实际出口货物的日期。此栏不得空白。

栏 12.Declaration by the Exporter(出口商声明)

本栏必须由出口公司指派的专人签字并签署地点、时间。该日期不能早于发票的签发日期,一般与发票的日期相同;同时不能迟于装运日期和第 13

栏签证机关的签发日期。

栏 13.Certification（签证机关证明）

此栏由签证当局填写机构的名称、地点和时间等。如"中华国际贸易促进委员会"。2009 年 12 月于上海。

表 10-2　一般原产地证书

ORIGINAL

2.Exporter（full name and address）	1.CERTIFICATE NO				
3.Consignee（full name, address, country）	CERTIFICATE OF ORIGIN OF THE PEOPLE'S REPUBLIC OF CHINA				
4.Means of transport and route	6.For certifying authority use only				
5.Country / region of destination					
7.Marks and numbers	8. Number and kind of packages description of goods；	9.H.S.Code	10.Quantity or Weight	11.Number and date of invoices	
12.Declaration by the exporter The undersigned hereby declares that the above details and statement are correct；that all the goods were produced in China and that they comply with the Rules of Origin of the People's Republic of China.	13.Certification it is hereby certified that the declaration by the exporter is correct.				
Place and date, signature and stamp of authorized signatory	Place and date, signature and stamp of certifying authority				

第三节　普惠制原产地证

一、普惠制原产地证签证程序

各地出入境检验检疫机构是我国政府授权的签发普惠制产地证的唯一的机构，签证手续按《中华人民共和国普遍优惠制原产地证明书签证管理办法》办理。

第十章 原产地证书

1. 注册登记

由申请签发普惠制产地证书的企业（公司）事先向当地商检机构办理注册登记手续。登记时须提交下列证件：

①经营出口业务的批准文件。

②国家工商行政管理部门核发的营业执照。

③由申请签证单位法人代表签署的、委托该单位人员办理普惠制原产地证书申请及手签事宜的委托书一份。

上述证件经商检机构初步审核后，发给"申请签发普惠制原产地证书注册登记表"和"普惠制FORMA原产地证书申报人注册登记卡"各一式二份，由申请单位如实填写，并在规定的时间内将上述表格递交商检机构审核。商检机构确认该单位具有申请签证资格后将准予注册，申请单位应在同时交付规定的注册费。之后，由商检机构在指定时间内对普惠制申请手签人员进行业务培训，考核合格后签发申报证件。申报人可在当年度内凭证向各地商检机构办理普惠制申请签证业务。注册地商检机构每两年对已注册单位及申请手签人员进行复查。

2. 申请出证

申请单位在本批货物出运前五日到商检机构办理申请事宜。申请时一般应提交：

① 普惠制产地证申请书一份。

② 缮制正确、清楚，并经申请单位手签和加盖公章的普惠制产地证格式A一式三份。

③ 出口商品商业发票副本一份。

④ 含有进口成分的产品，还得提交"含进口成分商品成本明细单"一式两份。

⑤ 复出口去日本的来料加工产品及以进养出商品，还应提交缮制清楚的、经申请单位手签并加盖公章的"从日本进口原材料的证明"（CERTIFICATE OF MATERIALS IMPORTED FROM JAPAN）一式两份，及来料（或进料）发票副本和装箱单。

⑥ 其他被认为有必要提供的相关单证（如信用证、合同、报关单等）。

3. 签发证书

出入境检验检疫机构接受申请后，认真审核证书各栏内容，必要时派人去生产厂核查，经查无误的，即予签发。

4. 申请更改、后发

普惠制产地证经签发后，申请人如需更改证书内容的，必须征得原签证机构的同意，全数退回原证书，填写更改单，提交更改凭证和重新缮制的普惠制产地证一式三份，经审核后予以重新签发。

特殊情况下，货物出运时未申请签发普惠制产地证，出运后外商又要求格式A证书时，申请单位可办理申请后发手续，但必须向出入境检验检疫机构提交货物确已出运的证明文件，经审核同意后，方能予以签发，并加盖"后发"印章。

二、普惠制产地证的内容

普惠制原产地证的填写方法如下，以普惠制产地证格式A产地证（GSP Certificate of Origin Form A）为例。

栏1.Reference No.（编号）

证书编号位于证书右上方，填写出入境检验检疫局指定的编号。

栏2.Issued in...（签发国别）

本栏位于证书名称栏下方，填上"THE PEOPLE'S REPUBLIC OF CHINA"，一般来说，出入境检验检疫局在印刷证书时已印妥。

栏3.Goods consigned from（Exporter's business name, address, country）（出口商名称、地址、国家）

本栏填写出口公司的详细地址和名称。应该为中国出口单位的名称和地址。

栏4.Goods consigned to（Consignee's name, address, country）（收货人名称、地址、国家）

本栏填写给惠国最终收货人名称和地址。一般可以为信用证的开证申请人，如果不明确最终的收货人，则可以填写提单通知人或发票抬头人。当然，也可以采用"To Whom It May Concern"表达方法。

栏5.Means of Transport and Route（as far as known）（运输方式和路线，就所知而言）。

本栏填报装运港、目的港、中转港的名称，并说明运输方式和运输路线，应注明启运地、目的地以及运输方式等内容。例如，From Shanghai to

第十章 原产地证书

Hamburg by sea。

运输方式和运输路线，应注明启运地、目的地以及运输方式等内容。

栏6.For Offical use（供签证方使用）

此栏由签证当局填写，正常情况下此栏空白。特殊情况下，签证当局在此栏加注。如货物已出口，签证日期迟于出货日期，签发"后发"证书时，此栏盖上"ISSUED RETROSPECTIVELY"红色印章；证书遗失、被盗或者损毁，签发"复本"证书时盖上"DUPLICATE"红色印章，并在此栏注明原证书的编号和签证日期，并声明原发证书作废，其文字是"THIS CERTIFICATE IS IN REPLACEMENT OF CERTIFICATE OF ORIGIN NO.…DATED...WHICH IS CANCELLED"。

注意：在录入后发证书时，请在申请书备注栏注明"申请后发"，否则计算机退回。日本一般不接受"后发证书"。

栏7.Item Number（项目号）

如果同一批出口货物有不同种类商品品种，则按照每一项商品归类品种后，用阿拉伯数字"1""2""3"……编号填入此栏，单项商品用"1"表示。

栏8.Marks and Nmbers（唛头和包装号）

唛头应与货物外包装上的唛头及COMMERCIAL INVOICE的唛头一致；唛头不得出现中国以外的地区和国家制造的字样，也不能出现香港、澳门、台湾原产地字样（如MADE IN TAIWAN，HONG KONG PRODUCTS等）；如货物无唛头，应填"N/M"。如唛头过多，此栏不够填，则打上SEE THE ATTACHMENT，用附页填写所有唛头（附页纸张要与原证书一样大小），在右上角打上证书号，并由申请单位和签证当局授权签字人分别在附页末页的右下角和左下角手签、盖印。附页手签的笔迹、地点、日期均与证书相一致。

注意：有附页时，请在申请书备注栏注明"唛头见附页"，否则计算机退回。

栏9.Number and kind of packages description of goods（商品名称、包装数量及种类）

包件数量及种类、商品名称必须有英国和阿拉伯数字同时表示，如ONE HUNDRED AND FIFYE（150）CARTONS OF WORKING GLOVES；

注意：

①如果包件数量在千以上，则千与百单位之间不能有"AND"连词，否则计算机退回。应填：TWO THOUSAND ONE HUNDRED AND FIFEYE（2150）CARTONS OF WORDING GLOVES。

②数量、品名要求在一页内打完，如果内容过长，则可以合并包装箱数，品名合并。例如，ONE HUNDRED AND FIFYE（150）CARTONS OF GLOVE，SCARF，TIE，CAP。

③包装必须写具体的包装种类（如 POLYWOVEN BAG，DRUM，PALLET，WOODEN CASE 等），不能只填写"PACKAGE"。如果没有包装，应填写"NUDE CARGO"（裸装货），"IN BULK"（散装货），"HANGING GARMENTS"（挂装）。

④商品名称必须具体填明（具体到能找到相对应的4位HS编码），不能笼统填"MACHINE"（机器）、"GARMENT"（服装）等。对一些商品，如玩具电扇应注明为"TOYS：ELECTRIC FANS"，不能只列"ELECTRIC FANS"（电扇）。

⑤商品的商标、牌名（BRAND）及货号（ARTICLE NUMBER）一般可以不填。商品名称等项列完后，应在下一行加上表示结束的符号，以防止加填伪造内容。国外信用证有时要求填写合同、信用证号码等，可加填在此栏空白处。当一份 FORM A 的货物不止一种时，第7、8、9栏要做到一一对应。

栏 10.Origin Criterion（see Notes overleaf）（原产地标准）

该栏应按照普惠制产地证申请书对货物原料的成分比例的不同填写"P""W""F"等字母。具体来说填法如下：

（1）完全自产，无进口成分，应填写"P"。

（2）含有进口成分的商品，出口到欧盟25国、瑞士、挪威和日本，符合有关给惠国的加工标准的，应填写"W"，经过出口国充分加工的产品输往欧盟等国时，应在"W"后加注出口产品在海关合作理事会税则目录（Customs Cooperation Council Nomenclature—CCCN）的税目号。例如，"W"62.03。

（3）含有进口成分的商品，出口到加拿大，如含有进口成分占产品出厂价的40%以下，使用"F"。

（4）出口到澳大利亚、新西兰的产品，此栏可以空白。

（5）出口到俄罗斯、白俄罗斯、哈萨克斯坦、乌克兰、捷克和斯洛伐克的，进口成分的价值不超过商品离岸价50%的，填"Y"，并在"Y"下方加注该商品进口成分的价值占商品离岸价的百分比。

栏11.Gross Weight or other Quantity（毛重或其他数量）

本栏填写与一般原产地证书基本一致。

栏12.Number and Date of Invoice（发票号码和日期）

本栏填写与一般原产地证书基本一致。

栏13.Certification（签证机关证明）

此栏由签证当局填写机构的名称并由其授权人手签。一般由以下内容组成：

（1）中华人民共和国出入境检验检疫局盖公章，只签一份正本，副本不予签章；如"中华人民共和国上海市出入境检验检疫局"。

（2）检验检疫局授权人或手签人手签。

（3）签证日期不得早于第12栏的发票日期和第14栏的申请日期，也不能晚于提单的装运日期。

（4）签发地点应包括城市名称和国家名称。

栏14.Decaration by the Exporter（出口商申明）

本栏包括：产品原产国、进口国（给惠国）国名、出口公司、出口公司指派的专人签字和申报地点、时间。该日期不能早于发票的签发日期，一般与发票日期相同；同时不能迟于装运日期和签证机关的签发日期。

表10-3 普惠制原产地证书

ORIGINAL

3.Goods consigned from（Exporter's business name, address, country）	1.Reference No： GENERALIZED SYSTEM OF PREFERENCES CERTIFICATE OF ORIGIN （Combined declaration and certificate）
4.Goods consigned to（Consignee's name, address, country）	FORM A 2.Issued in <u>THE PEOPLE'S REPUBLIC OF CHINA</u> （country） See Notes, overleaf

续表

5.Means of transport and route (as far as known)	6.For official use				
7.Item number	8.Marks and numbers of packages	9.Nunber and kind of packages; description of goods	10.Orign criterion (see Notes verleaf)	11.Gross weight or other quantity	12.Number and date of invoices
13.Certification It is hereby certified, on the basis of control carried out, that the declaration by the exporter is correct. Place and date, signature and stamp of certifying authority	14.Declaration by the exporter The undersigned hereby declares that the above details and statements are correct; that all the goods were produced in CHINA (country) and that they comply with the origin requirements specified for those goods in the Generalized System of Preferences for goods exported to (importing country) Place and date, signature of authorized signatory				

第四节 原产地证操作实务

拉夫美特公司（LIFEMATE IMPORT AND EXPORT TRADE CO., LTD）根据与日本日慧公司（RIHUI CORPORATION）订购四门衣柜（家具编号为KSHT-KSH-C017-SMYG）的合同、发票和装箱单的相关内容填写一般原产地证书（表10-4）。（注：根据拉夫美特公司提出申请，中国国际贸易促进委员会于4月7日开出一般原产地证书，其号码是：3456282，HS编码是441299）

第十章 原产地证书

表10-4 一般原产地证书

1.Exporter	Certificate No.3456282
LIFEMATE IMPORT AND EXPORT TRADE CO., LTD 3003 INTERNATIONAL FINANCE BUILDING NO.98 RENMIN ROAD ZHONGSHAN DISTRICT DALIAN CHINA CH 与 C CHCHCHCHINACHINA	CERTIFICATE OF ORIGIN OF THE PEOPLE'S REPUBLIC OF CHINA
2.Consignee	
RIHUI CORPORATION 101-409, DEA-AH APT., 163, POONGN AB-DONG, SONGPAGU, SEOUL, JAPAN	
3.Means of transport and route FROM DALIAN CHINA TO TOKYO JAPAN BY SEA	5.For certifying authority use only
4.Country / region of destination JAPAN	

6.Marks&numbers	7.Number and kind of packages; description of goods	8.H.S.Code	9.Quantity G.W.	10.Number and date of
N/M	SEVENTY-FIVE CTNS OF LIFEMATE FOUR-DOOR WARDROBE	441299	1329KGS	LMA1281 Apr.7, 2012

11.Declaration by the exporter The undersigned hereby declares that the above details and statements are correct, that all the goods were produced in China and that they comply with the Rules of Origin of the People's Republic of China.	12.Certification It is hereby certified that the declaration by the exporter is correct.
LIFEMATE IMPORT AND EXPORT TRADE CO., LTD DALIAN CHINA, Apr.7, 2012	DALIAN CHINA, Apr.7, 2012
Place and date, signature and stamp of authorized signatory	Place and date, signature and stamp of certifying authority

◇单元练习题◇

一、单项选择题

1. 普惠制产地证中的 Origin Criterion（原产地标准）一栏，应根据 生产货物的原料成分填写，通常用一个英文大写字母表示，（　　）表示完全不含进口成分，并冠以引号。

　　A."G"　　　　B."P"　　　　C."F"　　　　D."W"

2.以下关于普惠制产地证明书正确的选项是（　　）。

　　A.出口企业最迟应于货物装运后5天申请普惠制产地证书

　　B.出口商品至澳大利亚需提交的普惠制产地证格式是 FORM 59A

　　C.如果出口商品含有进口成分，应提交《含进口成分受惠商品成本明细单》

　　D.普惠制产地证书申报日期不得早于发票，可以晚于提单日期

3.H.S.code（H.S.编码）是海关合作理事会（　　）的英文缩写。

　　A.《进出口商品的目录对照表》　　B.《商品名称及编码协调制度》

　　C.《跟单信用证统一惯例》　　　　D.《2000年国际贸易术语解释通则》

4.普惠制产地证主要有三种形式，其中（　　）使用范围较广。

　　A.普惠制产地证明书　　　　　　B.普惠制产地证明书 格式 59A

　　C.普惠制产地证书 格式 APR　　 D.普惠制产地证明书 格式 A

5.出口业务中，国外客户往往要出口方提供"GSP"产地证。在我国这种证书的签发机构是（　　）。

　　A.中国出入境检验检疫局　　　　B.中国国际贸易促进委员会

　　C.海关　　　　　　　　　　　　D.出口商

6.原产地证书签发后，如果发现有错误，（　　）。

　　A.可以申请在原证书上更改　　　B.一旦签发不能更改

　　C.出口商可自己更改

　　D.可以提出更改申请，并退回原签发证证书，换发新证

7."GSP产地证"表示（　　）。

　　A.一般原产地证书　　　　　　　B.欧共体纺织品专用产地证

　　C.普惠制原产地证书　　　　　　D.对美国出口纺织品声明书

8.原产地证书签发后，如果遗失，（　　）。

　　A.不能补发新证　　　　　　　　B.经签证当局同意可以重发证书

　　C.无须经签证当局同意就可重新申领新证

　　D.出口商可自行签发代替

9.（　　）是出口国的特定机构出具的证明其出口货物为该国家（或地区）

原产的一种证明文件。

A. 商业发票　　B. 原产地证书　C. 海运提单　　D. 领事发票

10. 在一般原产地证书中，商品名称栏目填完后，在下面一行加上（　　）表示填写结束。

A. ......　　　　B. ……　　　C. *******　　D. ++++++

11. 欧洲经济共同体纺织品专用产地证，简称（　　）产地证。

A. DCO　　　　B. FORM A　　C. FORM 59A　D. EEC

12. 原产地证书的申领流程包括（　　）。

A. 申报—签证人员审核—企业制证—收费—签证—领证

B. 申报—签证人员审核—收费—签证—领证

C. 申报—签证人员审核—企业制证—收费—领证

D. 申报—签证人员审核—收费—企业制证—签证—领证

13. 根据我国有关规定，出口企业最迟应于货物出运前（　　）天向签证机构申请办理原产地证。

A. 三天　　　　B. 两天　　　C. 一天　　　D. 四天

14. 原产国的基本含义是出口产品的（　　）。

A. 起运国　　　B. 出口国　　C. 制造国　　D. 消费国

15. 普惠税是指（　　）。

A. 发展中国家给予发达国家的优惠进口关税

B. 发达国家给予发展中国家的优惠进口关税

C. WTO 成员方之间相互给予的优惠进口关税

D. 自由贸易区成员方之间相互给予的优惠进口关税

二、多项选择题

1. 普惠制产地证是指受惠国有关机构就本国出口商向给惠国出口受惠商品而签发的用以证明原产地证明的文件，其主要有（　　）三种。

A. 普惠制产地证明书 A　　　　B. 普惠制产地证明格式 59A

C. 普惠制产地证书格式 APR　　D. 普惠制产地证明书

2. 出口企业在向签证机构申领普惠制产地证明书 Form A 时，应递交的文件有（　　）。

A. 普惠制产地证明书申请书　　B. 普惠制产地证明书 Form A

C. 商业发票　　　　　　　　　D. 签证机构要求的其他文件

3.出口企业申请办理一般原产地证明书时应提供的文件有（　　）。

A.《一般原产地证明书申请单》　B.《中华人民共和国原产地证明书》

C.出口商业发票　　　　　　　　D.保险单

4.产地证明书是由出口国政府有关机构签发的一种证明货物原产地或制造地的证明文件。通常多用于不需要提供（　　）的国家或地区。

A.海关发票　　B.领事发票　　C.证实发票　　D.联合发票

5.原产地证书是证明本批出口商品的生产地并符合《中华人民共和国出口货物原产地规则》的一种文件，如果信用证或合同对签证机构未作具体规定，一般由（　　）签发。

A.中国出入境检验检疫局　　　B.中国国际贸易促进委员会

C.海关　　　　　　　　　　　D.出口商

6.一般原产地证书是证明货物原产于某一特定国家或地区，享受进口国正常关税（最惠国）待遇的证明文件，其主要作用是（　　）。

A.征收关税　　　　　　　　B.贸易统计

C.歧视性数量限制　　　　　D.反倾销和反补贴

7.出口企业办理原产地申领注册登记手续时需提交的资料有（　　）。

A.政府主管部门批准的对外贸易经营权的文件

B.经年审的营业执照副本的复印件

C.签证机构认为必要补充的有关资料

D.原产地证明

8.具有原产地证的申领资格的单位包括（　　）。

A.在中华人民共和国境内依法设立，享有对外贸易经营权的企业

B.从事"来料加工""来样加工""来件装配"和"补偿贸易"业务的企业

C.外商投资企业　　　　　　D.以上均不对

9.给予中国产品以普惠制待遇的国家包括以下选项中的（　　）。

A.比利时　　B.荷兰　　C.加拿大　　D.韩国

10.我国出口商可以向以下三大机构（　　）或其下属机构申领原产地证明书。

A.中华人民共和国海关　　B.中华人民共和国国家质量监督检验检疫总局

C.中国国际贸易促进委员会　　D.中华人民共和国商务部

三、判断题

1. 普惠制产地证格式A上收货人栏目必须详细填写本批货物最终目的地给惠国收货人的名称、地址、国别。如果有中间商，还应详细填写中间商的名称、地址、国别。（ ）

2. 普惠制产地证书上的原产地标准应按货物原料进口成分的实际情况分别按比例填制，"W"表示出口加拿大货物中的进口成分在40%以下。（ ）

3. 如信用证未规定普惠制产地证书上的收货人，则可在收货人栏填写中间商。（ ）

4. 原产地证书必须在表面上与发票的货物相关联，其中的货物描述可以使用与信用证不相矛盾的货物统称，但不能太笼统。（ ）

5. 一般原产地证明书的MEANS OF TRANSPORT AND ROUTE栏必须填写运输方式和运输路线，无须填写中转港的名称。（ ）

6. 普惠制原产地证书中的MARKS AND NUMBER OF PACKAGES栏，不可以笼统填写成"AS PER INVOICE NO..."。（ ）

7. 我国某贸易商把进口布料剪裁缝制为服装再出口至日本，因为布料是进口的，所以不能申请办理普惠制原产地证FORMA。（ ）

8. 海关规定的实质性加工是指产品加工后，在海关进出口税则中的税号（四位数一级的税则号）已有改变。（ ）

9. 货物经过加工后，增值部分占新产品总值的比例已经达到20%和20%以上的产品，海关认定是经过了实质性加工。（ ）

10. 原产地证明书不可以显示信用证受益人或运输单证上的托运人之外的另外一人为发货人/出口方。（ ）

四、操作题

1. 据第九章习题四第1题的资料补充原产地证。

ORIGINAL

1. Exporter：	Certificate No.	CCPIT064814623
	CERTIFICATE OF ORIGIN	
2. Consignee：	OF	

	THE PEOPLE'S REPUBLIC OF CHINA			
3. Means of transport and route	5. For certifying authority use only			
4. Country / region of destination				
6. Marks & Nos.	7. Number and kind of packages; Description of goods	8. H. S. Code	9. Quantity	10. Numbers and Date of Invoice
		6204430090		CBA001
				DEC.10, 2005

11. Declaration by the exporter	12. Certification
The undersigned hereby declares that the above details and	It is hereby that the declaration by the exporter is correct.
statements are correct, that all the goods were produced in	
China and that they comply with the Rules of Origin of the people's Republic of China.	CHINA COUNCIL FOR THE PROMOTION
AAA IMPORT AND EXPORT CO.	OF INTERNATIONAL TRADE
ZHANG LI	JIN LIAN CHENG
DALIAN CHINA DEC. 10, 2005	DALIAN CHINA DEC. 15, 2005
Place and date, signature and stamp of authorized signatory	Place and date, signature and stamp of certifying authority

第十章 原产地证书

2. 根据下面一般原产地证书回答问题。

ORIGINAL

1.Exporter (full name and address) SHANGHAI KNITWEAR IMP. & EXP. CO. LTD., 1040 NORTH SUZHOU ROAD. SHANGHAI, CHINA	CERTIFICATE NO CERTIFICATE OF ORIGIN OF THE PEOPLE'S REPUBLIC OF CHINA				
2.Consignee (full name, address, country) I.C. ISAACS & CO. LTD., 3840 BANK STREET. BALTIMORE, MARYLAND 21224, U.S.A.					
3.Means of transport and route FROM SHANGHAI TO BALTIMORE BY SEA	5.For certifying authority use only				
4.Country / region of destination U.S.A.					
6.Marks and numbers I.C. ISAACS & CO. LTD., LTD., BALTIMORE USA CTN/NO. 1--45 MADE IN CHINA **************	7. Number and kind of packages description of goods ; FORTY FIVE (45) CARTONS 65% POLYESTER 35% COTTON LADYIES KNIT JACKET STYLENO.H32331SE L/C NO.89854955 **********************	8.H.S.Code 61.04 *****	9.Quantity QUANTITY 1080PCS ********	10.Number and date of invoices 29B00558Y JUNE.8th, 2004 *********	
11.Declaration by the exporter The undersigned hereby declares that the above details and statement are correct ; that all the goods were produced in China and that they comply with the Rules of Origin of the People's Republic of China. SHANGHAI KNITWWEAR IMP. & EXP. CO. LTD., SHANGHAI JUNE .18th, 2004 × × ×	12.Certification it is hereby certified that the declaration by the exporter is correct. 中国国际贸易促进委员会 单证证明专用章 (沪) CHINA COUNCIL FOR THE PROMOTION OF INTERNATIONAL TRADE SHANGHAI JUNE .19th, 2004 × × ×				
Place and date, signature and stamp of authorized Signatory	Place and date, signature and stamp of certifying authority				

（1）该业务中出口商和收货人分别是谁？

（2）该业务出口采用何种运输方式？装运港和目的港是哪些？

（3）出口商品名称是什么？采用什么包装？共多少件？

（4）该业务的发票签发日期是哪年？发票号码是多少？

第十一章 报检单证

【学习目标】

本章主要讲授商品的出入境检验检疫，通过学习，使学生了解出入境检验检疫的项目及报检程序，掌握各种检验证书的基本内容及制作方法。

【重点与难点】

1. 报检程序
2. 报检单及检验证书的内容及制作

第一节 检验检疫概述

一、检验检疫的含义

进出口商品检验检疫是指由具有权威的检验检疫机构依照相关的法律、法规或进出口合同的规定，对进出口商品的质量、数量、重量、包装、卫生、安全及装运条件进行检验并出具相应的检验证书的一系列活动。通常简称为商检工作。

商品检验检疫是对外贸易业务的一个重要环节。商品检验分为法定检验和非法定检验。某些商品必须由出口国或进口国政府指定的机构检验才能出口或进口，这种检验是法定检验。凡属非法定检验的商品，如买卖双方申请，也可采用由出口商品的生产单位或进口商品的商业单位出具证明的办法。凡属国家规定或合同协议规定必须经商品检验检疫机构出具商检证书的商品，必须在出口报关前向商检机构申请检验，取得商检机构颁发的合格的检验证书后，海关才准予放行。凡检验不合格的货物，一律不得出口。非法定检验的但合同或信用证规定必须由商检机构出具商检证书的商品，没有经过商检机构检验和签发相应的证书的，有关银行不予以结汇。

二、检验检疫机构及其任务

(一)检验检疫机构

商检机构有官方的也有非官方的,也有生产商和进口商。我国商品检验检疫机构:国务院设立中华人民共和国国家质量监督检验检疫总局(AQSIQ)主管全国出入境商品检验检疫、动植物检疫、国境卫生检疫工作。国家质检部门设在全国各地的直属出入境检验检疫局(CIQ)、商检机构和办事处管理所辖地区进出口商品检验检疫工作。

知识链接:主要国家检验检疫机构

世界上大多数主权国家一般都设有专门的检验检疫机构,其中比较著名的检验机构由于其检验比较公正、合理、科学,已被许多国家所认可,其鉴定结果亦成为商品进入国际市场的通行证。世界上比较著名的检验机构有美国保险人实验室(Food and Drug Administration,FDA)、法国国家实验室检测中心、瑞士日内瓦通用鉴定公司(SGS)、英国英之杰检验集团(IITS)以及日本海事鉴定协会(NKKK)等。我国的检验检疫机构是中国质量监督检验检疫总局(General Administration of Quality Supervision, Inspection and Quarantine——AQSIQ)(原中华人民共和国出入境检验检疫总局,China Exit & Entry Inspection & Quarantine Bureau, ——CIQ),主管全国出入境商品检验检疫、动植物检疫和国境卫生检疫工作。根据我国《商检法》的相关规定,我国商检机构的基本任务是实施进出口商品的法定检验、公证鉴定、监督管理进出口商品检验工作和统一管理并签发普惠制原产地证书。

(二)商检机构基本任务

1. 法定检验

是根据国家法律法规,对规定的进出口商品实行强制检验。凡列入《检验检疫商品目录》内的进出口商品,必须经出入境检验检疫机构实施检验检疫,海关凭货物报关出口口岸出入境检验检疫局签发的"出(入)境货物通关单"验放,实行"先报检后报关"的货物出入境制度。

2. 公证鉴定

按国际惯例,由检验检疫局对进出口商品进行各项检验、鉴定业务称作

第十一章 报检单证

公证鉴定，包括对外贸易关系人申请的进出口商品的重量鉴定、货载衡量鉴定、进口商品的残损鉴定、短缺鉴定、出口商品船舱检验和监视装载鉴定等，出具重量证明、产地证明、价值证明、包装证明、签封样品、发票签证等。

3. 实施监督管理

检验检疫局对法定检验以外的进出口商品实施监督管理。商检机构接受国际贸易相关人包括生产单位、经营单位、进出口商品的收发货人和外国检验机构等委托，对进出口原材料、半成品和成品实施化验、检验、测试、鉴定等，签发各种鉴定证书。

三、商品检验基本程序

凡属法定检验检疫商品或合同规定需要检疫机构进行检验并出具检验证书的商品，对外贸易关系人均应及时提请检疫机构检验。我国进出口商品的检验程序主要包括以下几个环节：

（一）报检

进出口报检，是指对外贸易关系人向检验检疫机构申请检验检疫，凡属于检验检疫范围内的进出口商品，都必须报检。

出境报检必须填写"出境货物报检单"（见表11-1）。报检人必须按报检单的要求详细填写，每份"出境货物报检单"仅限填报一个合同、一份信用证的商品。对同一个合同、同一信用证，但标记号码不同者应分别填写。报检一般在发运前7天提出。

进口商品的报检人应在一定期限内填写"入境货物报检单"（见表11-2），填明申请检验鉴定项目的要求并附合同、发票、海运提单（或铁路、航空、邮包运单）、品质证书、装箱单，用货部门已验收的记录等资料，向当地检验部门申请检验。如果货物有残损、短缺还须附理货公司与轮船大副共同签署的货物残损报告单、大副批注或铁路商务记录等有关证明材料。

（二）抽样

检验检疫机构接受报检后，需及时派人到货物堆存地点进行现场检验鉴定，其内容主要包括：货物的数量、重量、包装、外观等项目。

（三）检验

报检的出口商品原则上由商检机构进行检验，或由国家商检部门指定的检验机构进行检验。商检机构也可视情况，根据生产单位检验或外贸部门验收的结果换证，或派出人员与生产单位共同进行检验。检验内容包括商品的质量、规格、数量、重量、包装以及是否符合安全、卫生要求。检验的依据是法律、行政法规规定有强制性标准或者其他必须执行的检验标准（如输入国政府法令、法规规定）或对外贸易合同约定的检验标准。

（四）签发证书

出口商品经检验合格的，由商检机构签发检验证书，或在"出口货物报关单"上加盖检验印章。经检验不合格的，由商检机构签发"不合格通知单"。根据不合格的原因，商检机构可酌情同意申请人申请复验，复验原则上仅限一次，或由申请单位重新加工整理后申请复验。复验时应随附加工整理情况报告和"不合格通知单"，经复验合格，商检机构签发检验证书。办理申请进出口商品免验放行程序（图11-1）。

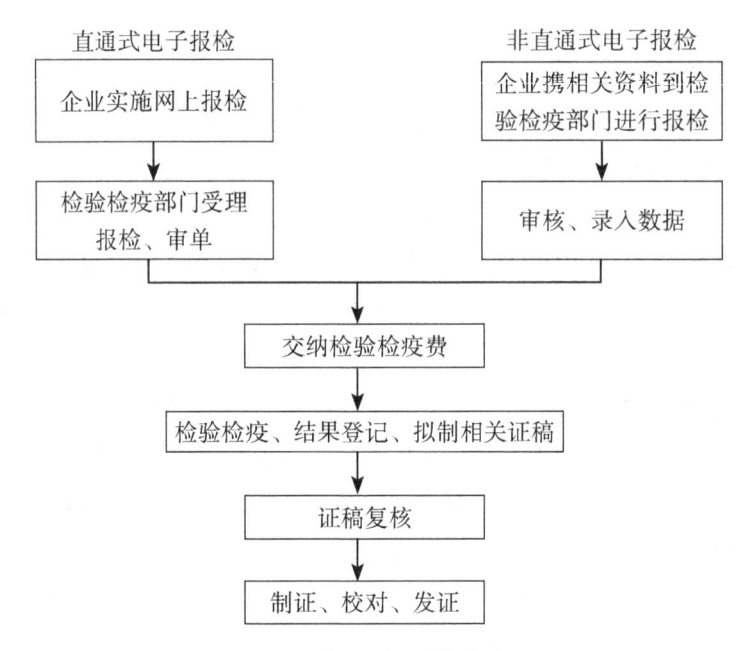

```
直通式电子报检                非直通式电子报检
       │                            │
       ▼                            ▼
┌──────────────┐           ┌──────────────────┐
│企业实施网上报检│           │企业携相关资料到检 │
└──────────────┘           │验检疫部门进行报检 │
       │                   └──────────────────┘
       ▼                            │
┌──────────────┐                    ▼
│检验检疫部门受理│           ┌──────────────┐
│  报检、审单   │           │ 审核、录入数据 │
└──────────────┘           └──────────────┘
       │                            │
       └──────────────┬─────────────┘
                      ▼
              ┌──────────────┐
              │ 交纳检验检疫费│
              └──────────────┘
                      │
                      ▼
          ┌──────────────────────┐
          │检验检疫、结果登记、拟制相关证稿│
          └──────────────────────┘
                      │
                      ▼
              ┌──────────────┐
              │   证稿复核   │
              └──────────────┘
                      │
                      ▼
              ┌──────────────┐
              │制证、校对、发证│
              └──────────────┘
```

图11-1　出口商品检验流程图

知识链接：出口报检时所需单据资料

（1）报关单。

（2）商检预录单。

（3）报检委托书。

（4）包装声明（美、日、韩、欧盟国家过来的货物需提供。如是木质包装，需在外包装上标注 IPPC15 认证标志）：有以下几种熏蒸证书、非木质包装声明、非针叶木包装声明、IPPC15 包装声明（现在以此证明代替熏蒸证明）。

（5）商业发票。

（6）装箱单。

（7）外贸合同。

（8）提单。

四、商品检验证书

（一）含义

商品检验证书简称商检证书，是出入境检验检疫机构对进出口货物、包装容器或运输工具进行指定项目的检验与鉴定后签发的具有法律效力的证明书，证明所交货物的质量、数量、重量、产地或包装容器、运输工具的卫生等是否符合合同的规定。

商检证书起着公证证明的作用，虽然不能保证货物完全符合规定要求，但可以作为买卖双方交接货物、结算货款、进行索赔和理赔的依据之一，也是通关、征收关税和优惠减免关税、结算运费等的有效凭证和确定有关当事人责任的依据。

（二）商检证书的种类

1. 品质检验证书（Inspection Certificate of Quality）

是证明进出口商品的质量、规格的证明文件。具体证明进出口商品的质量、规格是否符合买卖合同或有关规定。（表 11-3）

2. 重量或数量检验证书（Inspection Certificate of Weight or Quantity）

是证明进出口商品重量或数量的证件。其内容为货物经何种计重方法或计量单位得出的实际重量或数量，以证明有关商品的重量或数量是否符合买卖合同的规定。

3. 包装检验证书（Inspection Certificate of Packing）

是用于证明进出口商品包装情况的证书。进出口商品包装检验，一般列入品质检验证书或重量（数量）检验证书中证明，但也可根据需要单独出具包装检验证书。

4. 兽医检验证书（Veterinary Inspection Certificate）

是证明出口动物产品经过检疫合格的证件，适用于冻畜肉、冻禽、禽畜肉、罐头、冻兔、皮张、毛类、绒类、猪鬃、肠衣等出口商品。凡加上卫生检验内容的，称为兽医卫生检验证书（Veterinary Sanitary Inspection Certificate）。

5. 卫生检验证书（Inspection Certificate of Sanitary）

亦称健康检验证书（Certificate of Health），是证明可供人类食用或使用的出口动物产品、食品等经过卫生检验或检疫合格的证件。适用于肠衣、罐头、冻鱼、冻虾、食品、蛋品、乳制品、蜂蜜等。

6. 温度检验证书（Inspection Certificate of Temperature）

是证明出口冷冻商品温度的证书。如国外仅需要证明货物温度，不一定要单独的温度证书，可将测温结果列入品质证书。

7. 消毒检验证书（Inspection Certificate of Disinfection）

是证明出口动物产品经过消毒处理，保证卫生安全的证件。适用于猪鬃、马尾、皮张、山羊毛、人发等商品。其证明内容也可在品质检验证书中附带。

8. 熏蒸证书（Inspection Certificate of Fumigation）

是证明出口量谷、油籽、豆类、皮张等商品，以及包装用木材与植物性填充物等已经经过熏蒸灭虫的证件。主要证明熏蒸的时间等情况。如国外不需要单独出证，可将其内容列入品质检验证书中。

在国际贸易实际业务中，买卖双方应根据成交货物的种类、性质、有关国家的法律和行政法规、政府的涉外经济贸易政策和贸易习惯等来确定卖方应提供何种检验证书，并在买卖合同中予以明确规定。

第十一章 报检单证

表11-1 出境货物报检单

中华人民共和国出入境检验检疫出境货物报检单

报检单位（加盖公章）：   *编号＿＿＿＿＿＿＿

报检单位登记号：   联系人：   电话：   报检日期： 年 月 日

发货人	（中文）				
	（外文）				
收货人	（中文）				
	（外文）				

货物名称(中/外文)	H.S.编码	产地	数/重量	货物总值	包装种类及数量

运输工具名称号码		贸易方式		货物存放地点	
合同号		信用证号		用途	
发货日期		输往国家（地区）		许可证/审批号	
启运地		到达口岸		生产单位注册号	
集装箱规格、数量及号码					

合同、信用证订立的检验检疫条款或特殊要求	标记及号码	随附单证（画"√"或补填）	
		□合同 □信用证 □发票 □换证凭单 □装箱单 □厂检单	□包装性能结果单 □许可/审批文件

需要证单名称（画"√"或补填）		*检验检疫费	
□品质证书 ＿正＿副 □重量证书 ＿正＿副 □数量证书 ＿正＿副 □兽医卫生证书 ＿正＿副 □健康证书 ＿正＿副 □卫生证书 ＿正＿副 □动物卫生证书 ＿正＿副	□植物检疫证书 ＿正＿副 □熏蒸/消毒证书 ＿正＿副 □出境货物换证凭单 □出境货物通关单	总金额 （人民币元）	
		计费人	
		收费人	

续表

报检人郑重声明： 1. 本人被授权报检。 2. 上列填写内容正确属实，货物无伪造或冒用他人的厂名、标志、认证标志，并承担货物质量责任。 　　　　　　签名：_____	领取证单	
	日期	
	签名	

注：有"*"号栏由出入境检验检疫机关填写 ◆国家出入境检验检疫局制 [1-1（2000.1.1）]

表11-2　入境货物报检单

中华人民共和国出入境检验检疫
入境货物报检单

报检单位（加盖公章）：　　　　　　　　　　　　　　　　　*编号

报检单位登记号：　　联系人：　　电话：　　报检日期：　年 月 日

收货人	（中文）		企业性质（画"√"）	□合资□合作 □外资
	（外文）			
发货人	（中文）			
	（外文）			

货物名称（中/外）	H.S.编码	原产国（地区）	数/重量	货物总值	包装种类及数量

运输工具名称号码			合同号	
贸易方式		贸易国别（地区）	提单/运单号	
到货日期		启运国家（地区）	许可证/审批号	
卸毕日期		启运口岸	入境口岸	
索赔有效期至		经停口岸	目的地	
集装箱规格、数量及号码				
合同订立特殊条款以及其他要求			货物存放地点	
			用途	

第十一章 报检单证

续表

随附单证（画"√"或补填）		标记及记号	*外商投资财产（画"√"）	□是 □否
□合同 □发票 □提/运单 □兽医卫生证书 □植物检疫证书 □动物检疫证书 □卫生证书 □原产地证书 □许可/审批文件	□到货通知 □装箱单 □质保书 □理货清单 □磅码单 □验收报告		*检验检疫费	
			总金额 （人民币元）	
			计费人	
			收费人	
报检人郑重声明： 1. 本人被授权报检。 2. 上列填写内容正确属实。 　　　　　　签名：＿＿＿＿＿			领取单证	
			日期	
			签名	

注：有"*"号栏由出入境检验检疫机关填写　　◆国家出入境检验检疫局制

[1-1（2000.1.1）]

表 11-3　品质检验证书

	中华人民共和国出入境检验检疫 ENTRY-EXIT INSPECTION AND QUARANTINE OF THE PEOPLE'S REPUBLIC OF CHINA
	编号 NO.： 品质证书 INSPECTION CERTIFICATE OF QUALITY
发货人 Consignor	
收货人 Consignee	

续表

品名 Description of Goods	标记及号码 Marks & No.
报验数量/重量 Quantity/Weight Declared	
包装种类及数量 Number and Type of Packages	
运输工具 Means of Conveyance	
检验结果 INSPECTION RESULTS： 签证地点 Place of Issue　　　　　签证日期 Date of Issue 授权签字人 Authorized Officer　　　签名 Signature	
我们已尽所知和最大能力实施上述检验，不能因我们签发本证书而免除卖方或其他方面根据合同和法律所承担的产品质量责任和其他责任。All inspections are carried out conscientiously to the best of our knowledge. This certificate does not in any respect absolve the seller and other related parties from his contractual and legal obligations when product quality is concerned.	

第二节　货物报检单

一、货物报检单的含义

货物报检单是指报检单位向商检机构提出的，要求其对出口商品作出检验、鉴定的申请格式。它是报检单位根据国家法律或货物买卖合同规定办理的进出口商品检验前必须填制的单证。

二、"出入境货物报检单"的填制

"出入境货物报检单"由各口岸出入境检验检疫局统一印刷，除编号由检验检疫机构指定外，其余各栏由报检单位填写并盖章确认，填制规范如下：

第十一章　报检单证

（1）编号（No.）：由检验检疫机构受代理人指定，前6位为检验检疫机关代码，第7位为报检类代码，第8、9位为年代码，第10位至第15位为流水号。

（2）报检单位（Declaration Inspection Unit）：经国家质检总局审核，获得许可、登记，并取得国家质检总局颁发的《自理报检单位备案登记证明书》或《代理报检单位备案登记证明书》的企业。本栏填报报检单位的中文名称，并加盖与名称一致的公章。

（3）报检单位登记号（Register No.）：指报检单位在国家质检总局登记的登记证号码。本栏填10位数登记证号码。联系人：填报检人员姓名；电话号码：填报检人员姓名联系电话。

（4）报检日期（Declaration Inspect Date）：指检验检疫机构接受报检当天的日期。本栏填制的报检日期统一用数字来表示，而不用英文等来表示。

（5）发货人（Consignor）：指外贸合同中的出售商，或商业发票上的出票人。本栏分别用中、英文对照分行填报发货人名称。

（6）收货人（Consignee）：指外贸合同中的收购商，或商业发票上的受票人。本栏分别用中、英文对照分行填报收货人名称。

（7）货物名称（中/外文）（Description of Goods）：指被申请报检的出入境货物名称、规格、型号、成分并以中英文对照。本栏应按合同、信用证、商业发票中所列商品名称的中、英文填写。注意：废旧物资需在此栏内注明。

（8）H.S.编码（H.S.Code）：指海关《协调商品名称及编码制度》中所列编码。H.S.编码为八位数字。并以当年海关公布的商品税则编码分类为准。本栏填报8位商品编码。注意：有些商品有最后两位补充编码时，应填报10位编码。

（9）产地（Original Area）：在出境货物报检单中，指货物生产地、加工制造地的省、市、县名。在进境货物报检单中，是指该进口货物的原产地国或地区。本栏填报出境货物生产地的省、市、县的中文名称。

（10）数/重量（Quantity/Weight）：指以商品编码分类中计量标准项下的实际检验检疫数量、重量。本栏按实际申请检验检疫的数/重量填写，重量还须列明毛/净/皮重。注意：本栏可以填报一个以上计量单位，如第一计量单位："个"；第二计量单位："公斤"等。

（11）货物总值（Amount）：指出境或入境货物的商业总值及币种。本栏应与合同、发票或报关单上所列货物总值一致。注意：本栏不需要填报价格术语如"CIF"或"FOB"等。

（12）包装种类及数量（Number and Type of Declaration）：本栏应按照实际运输外包装的种类及对应数量填报，如"136箱"等。注意：实际运输中应当方便装卸，保护外包装，常用托盘运输包装，这时除了填报托盘种类及数量以外，还应填报托盘上装的包装数量及包装种类。

（13）运输工具名称号码（Means of Conveyance）：指载运出境货物运输工具的名称和运输工具编号。本栏填制实际出境运输工具的名称及编号，如船舶名称及航次等。注意：实际报检申请时，若未定运输工具的名称及编号时，可以笼统填制运输方式总称。例如，填报"船舶"或"飞机"等。

（14）合同号（Contract No.）：合同号指对外贸易合同、订单、形式发票等的号码。本栏填报的合同号应与随附的合同号等号码一致。

（15）贸易方式（Means of Trading）：贸易方式指该批货物的贸易性质，即买卖双方将商品所有权通过什么方式转让。本栏填报与实际情况一致的贸易方式。常见的贸易方式有："一般贸易""来料加工贸易""易货贸易""补偿贸易"等90多种贸易方式。

（16）货物存放地点（Place of Goods）：货物存放地点是指出口货物的生产企业所存放出口货物的地点。本栏按实际填报具体地点、仓库。

（17）发货日期（Shipment Date）：是指货物实际出境的日期。按实际开船日或起飞日等，填报发货日期，以年、月、日的方式填报。

（18）输往国家（地区）（Destination Country/Area）：是指出口货物直接运抵的国家（地区），是货物的最终销售国。本栏填报输往国家（地区）的中文名称。

（19）许可证/审批号（Licence No./Approve No.）：凡申领进出口许可证或其他审批文件的货物，本栏应填报有关许可证号或审批号。无许可证或没有审批文件的出境货物报检单可以免报。

（20）生产单位注册号（Manufacture Register No）：是指出入境检验检疫机构签发的卫生注册证书号或加工厂的注册号码等。本栏填报实际生产单位的注册号（十位数）。

（21）起运地（Place of Departure）：本栏填报出境货物最后离境的口岸或所在地的中文名称，如"上海口岸"等。

（22）到达口岸（Final Destination）：是指出境货物运往境外的最终目的港。本栏最终目的港预知的，按实际到达口岸的中文名称填报；最终到达口岸不可预知的，可按尽可能预知的到达口岸填报。

（23）集装箱规格/数量及号码（Type of Container/Container Number）：集装箱规格是指国际标准的集装箱规格尺寸。常见的四种箱型有A型、B型、C型、D型，它们的尺寸有十多种，主要有20'C型、40'A型等。集装箱的数量是指实际集装箱数量，而不是作为换算标准箱。集装箱号码是指国际集装箱号码的识别号码，其组成规则是：箱主代号（3位字母）+设备识别号（"U"为海运集装箱）+顺序号（6位数字）+检测号（1位），如TGHU8491952。本栏填报实际集装箱数量、规格、箱号，如"1X20'/TGHU8491952"。

（24）合同、信用证订立的检验检疫条款或特殊要求：在合同中订立的有关检验检疫的特殊条款及其他要求应填入此栏。

（25）标记号码（Marks and Number of Packages）：货物的标记号码，又称为货物的唛头，主要用于识别货物。本栏应根据实际合同、发票等外贸单证上相同内容填报。注意：如没有唛头应填报"N/M"，不可以空缺。

（26）用途（Purpose）：从以下9个选项中选择符合实际出境货物的用途来填报：①种用或繁殖；②食用；③奶用；④观赏或演艺；⑤伴侣动物；⑥实验；⑦药用；⑧饲用；⑨其他。

（27）随附单证（画"√"或补填）（Attached Files in √）：按照实际随附的单证种类画"√"或补充填报随附单证。

（28）签名（Signature of Authorized Signatory）：由持有报检员证的报检员手签姓名。

（29）检验检疫费用：由检验检疫机构计费人员核定费用后填写，如熏蒸费和消毒费等。

（30）领取证单：报检人在领取证单时填写领证日期和领证人签名。

第三节　检验检疫证明操作实务

拉夫美特公司（LIFEMATE IMPORT AND EXPORT TRADE CO.，LTD）根据与日本日慧公司（RIHUI CORPORATION）订购四门衣柜（家具编号为

KSHT-KSH-C017-SMYG）的合同、发票和装箱单、一般原产地证书的相关内容填写出境货物报检单（注：企业于4月7日报检，4月10日取得报检证书）。

表11-4　出境货物报检证书

中华人民共和国出入境检验检疫						
出境货物报检单						
报检单位（加盖公章）：	拉夫美特进出口贸易有限公司			编号	65010320071827	
报检单位登记号：	3330	联系人：	梁中奇	电话：	报检日期：	2012年4月7日
发货人	（中文）	拉夫美特进出口贸易有限公司				
	（外文）	LIFEMATE IMPORT AND EXPORT TRADE CO., LTD				
收货人	（中文）	日本日慧公司				
	（外文）	RIHUI CORPORATION				
货物名称（中/外文）	H.S.编码	产地	数/重量	货物总值	包装种类及数量	
拉夫美特四门衣柜 LIFEMATE FOUR-DOOR WARDROBE	44129923	中国	15PCS/1329KGS	JPY 1848681.00	15PCS IN 75CARTONS	
运输工具名称号码	FEILONG V.0726E	贸易方式	进料加工	货物存放地点		
合同号	LM12-19	信用证号	MD7358120NS00280	用途		
发货日期	20120412	输往国家（地区）	日本	许可证/审批号	*******	
启运地	大连	到达口岸	东京	生产单位注册号	*******	
集装箱规格、数量及号码						
合同、信用证订立的检验检疫条款或特殊要求		标记及号码		随附单证（画"√"或补填）		
		N/M		□合同 □信用证 □发票 □换证凭单 □装箱单 □厂检单	□包装性能结果单 □许可/审批文件 □ □ □ □	

续表

需要证单名称（画"√"或补填）				*检验检疫费	
□品质证书	__正__副	□植物检疫证书		总金额（人民币元）	
□重量证书	__正__副	□熏蒸/消毒证书			
□数量证书	__正__副	√出境货物换证凭单	__正__副	计费人	
□兽医卫生证书	__正__副		__正__副		
□健康证书	__正__副		__正__副		
□卫生证书	__正__副			收费人	
□动物卫生证书	__正__副				

报检人郑重声明：	领取证单	
1. 本人被授权报检。	日期	2012年4月10日
2. 上列填写内容正确属实，货物无伪造或冒用他人的厂名、标志、认证标志，并承担货物质量责任。 签名：______________	签名	
注：有"*"号栏由出入境检验检疫机关填写	◆国家出入境检验检疫局制	

◇单元练习题◇

一、简答题

1. 我国商品检验检疫机构的主要职责有哪些?

2. 进出口商品检验检疫的程序包括哪些环节?

二、操作题

请根据以下资料填写出境货物报检单。

1. 信用证相关内容。

DATE OF ISSUE：070606

EXPIRY DATE： 070625 PLACE：COUNTERS OF NEGOTIATING BANK

APPLICANT : TOKO TRADE CORPORATION
OSAKA 2-6-7，KAWA RAMACHI，
1-CHOME，OSAKA，JAPAN.

BENEFICIARY : NINGBO HUADONG FOOD CO.，LTD.
NO. 18 DONG SHAN ROAD，NINGBO，CHINA

PARTIAL SHIPMENT：PROHIBITED

TRANSHIPMETN: PROHIBITED

LOADING IN CHARGE：CHINA

FOR TRANSPROT TO：OSAKA，JAPAN.

LATEST DATE OF SHIP.：070615

DESCRIPT. OF GOODS：30 M/T FROZEN PEAPODS CIF OSAKA，JAPAN AS PER S/C NO.JP070525

2.补充资料。

发票号码：07GESP3298	发票日期：2007年6月6日
提单号码：CANE090318	提单日期：2007年6月12日
船名：PRESIDENT V.006	货物装箱情况：20KGS/CTN
H.S.编码：8712.1000	
商品情况：30M/T FROZEN PEAPODS	净重：20KGS/CTN
毛重：21KGS/CTN	尺码：(50×40×60) CM/CTN

唛头：　TOKO
　　　　MADE IN CHINA
　　　　NO.1-UP

生产单位：宁波华东食品有限公司（221089763214）
报检单位登记号：4478633213
集装箱号码：CGHU2332159（40'）
封号：HD20071221

第十二章 进出口货物报关单

第十二章　进出口货物报关单

【学习目标】

本章主要讲授报关程序及报关单的制作。通过学习，使学生了解报关的基本操作规程以及收付汇核销与出口退税，掌握进出口报关单的填制。

【重点与难点】

1. 进出境报关程序

2. 进出口报关单的制作

第一节　进出口货物报关单

一、进出口货物报关单的含义

进出口货物报关是指进出口货物收发货人、进出境运输工具负责人、进出境物品的所有人或其代理人向海关办理货物、运输工具、物品进出境手续及相关手续的全过程。《中华人民共和国海关法》第八条规定："进出境运输工具、货物、物品，必须通过设立海关的地点进境或者出境。"由此可见，报关是运输工具、货物、物品进出境的基本规则，也是进出境运输工具负责人、进出口货物收发货人、进出境物品所有人必须履行的一项基本义务。

二、报关单的填制

中华人民共和国海关进出口货物报关单按进口和出口分为"中华人民共和国海关进口货物报关单"（表12-1）和"中华人民共和国海关出口货物报关单"（表12-2）两种，每种报关单均有47个栏目，其中大部分为报关单位（人）填写。为便于报关单位（人）准确填报和便于海关接受申报时审核有关数据，海关对外发布了《中华人民共和国海关进出口货物报关单填制规范》，统一规定了报关单各栏目的填写要求。报关单位（人）必须按照填制规范的要求，真实准确地填制报关单的有关栏目，并对其填报的数据的准确性和真实性承担相应的法律责任。现将海关对进出口货物报关单各栏目的填制内容和规定介绍如下：

1. 预录入编号

预录入编号是指申报单位或预录入单位对该单位填制录入的报关单的编号，预录入报关单及 EDI 报关单的预录入编号由接受申报的海关决定编号规则，计算机自动打印。

2. 海关编号

海关编号是指海关接受申报时给予报关单的编号。一般为 18 位顺序编号，其中前 4 位为接受申报海关的编号（关区代码表中相应关区代码），第 5~8 位为海关接受申报的公历年份，第 9 位为进出口标志（"1"为进口，"0"为出口），第 10~18 位为报关单顺序编号。例如，2233（浦东机场）、2007（年份）、0（出口）、334116586（报关单顺序编号）。海关编号由各直属海关在接受申报时确定，并标识在报关单的每一联上。一般来说海关编号就是预录入编号，由计算机自动打印，不用填写。

3. 进口口岸 / 出口口岸

进口口岸 / 出口口岸是指货物实际进（出）口我国关境口岸海关的名称。本栏目应根据货物实际进（出）口的口岸海关选择填报《海关名称及代码表》中相应的口岸海关名称及代码。口岸海关代码指国家正式对外公布并已编入海关"关区代码表"的海关的中文名称及代码（四位码）。"关区代码表"中只有直属海关关别及代码的，填报直属海关名称及代码；如果有隶属海关关别及代码，则应填报隶属海关名称及代码。例如，上海海关的关区代码为 2200，浦江海关的关区代码为 2201 等。

4. 备案号

备案号是指进出口企业在海关办理加工贸易合同备案或征、减、免税审批备案等手续时，海关给予《进料加工登记手册》、《来料加工及中小型补偿贸易登记手册》、《外商投资企业履行产品出口合同进料件及加工出口成品登记手册》（以下均简称《登记手册》）、《进出口货物征免税证明》（以下简称《征免税证明》）或其他有关备案审批文件的编号。一份报关单只允许填报一个备案号。

备案号长度为 12 位，其中第 1 位是标记代码。加工贸易手册第 1 位

第十二章 进出口货物报关单

"A""B""C""D""E""F""G",分别表示备料、来料加工、进料加工(专指进料对口)、加工贸易设备(包括作价和不作价设备)、便捷通关电子账册、加工贸易异地进出口分册、加工贸易深加工结转分册。备案号的标记代码必须与"贸易方式"及"征免性质"栏目相协调,如贸易方式为来料加工,征免性质也应当是来料加工,备案号的标记代码应为"B"。

值得注意的是,一份报关单只允许填报一个备案号,无备案审批文件的报关单,本栏目免予填报。

5. 进口日期/出口日期

进口日期是指运载所申报货物运输工具申报进境的日期。本栏目填报的日期必须与相应的运输工具进境日期一致。进口货物收货人或其代理人在进口申报时无法确知相应的运输工具的实际进境日期时,"进口日期"栏允许为空。进口货物收货人或其代理人未申报进口日期,或申报的进口日期与运输工具负责人或其代理人向海关申报的进境日期不符的,应以运输工具申报进境的日期为准。

出口日期是指运载所申报货物的运输工具办结出境手续的日期。本栏目供海关打印报关单证明联用,预录入报关单及EDI报关单均免予填报。对于无实际进出境的货物,报关单"进(出)口日期"栏应填报向海关办理申报手续的日期,以海关接受申报的日期为准。

进出口日期的填报均为8位数字,顺序为年(4位)、月(2位)、日(2位)。例如,2007年11月18日进口的一批商品,运输工具申报进境日期为11月18日,则"进口日期"栏填报为:"2007.11.18"。

6. 申报日期

申报日期是指海关接受进(出)口货物收、发货人或其代理人申请办理货物进(出)口手续的日期。以电子数据报关单方式申报的,申报日期为海关计算机系统接受申报数据的记录的日期。以纸质报关单方式申报的,申报日期为海关接受纸质报关单并对报关单进行登记处理的日期。

本栏目填报格式要求同进口日期/出口日期。除特殊情况外,进口货物申报日期不得早于进口日期;出口货物申报日期不得晚于出口日期。

7. 经营单位

经营单位是指对外签订并执行进出口贸易合同的中国境内企业、单位或个人。本栏目应填报经营单位中文名称及经营单位编码。经营单位编码为10

位数字,指进出口企业在所在地主管海关办理报关注册登记手续时,海关给企业设置的注册登记编码。

进出口企业之间相互代理进出口的,或没有进出口经营权的企业委托有进出口经营权的企业代理进出口的,"经营单位"栏填报代理方中文名称及编码。外商投资企业委托外贸企业进口投资设备、物品的,"经营单位"栏填报外商投资企业的中文名称及编码,并在"标记唛码及备注"栏注明"委托×××公司进口"。对于援助、赠送、捐赠的货物,"经营单位"栏填报接受货物的单位的中文名称及编码。经营单位编码第6位数为"8"的单位是只有报关权而没有进出口经营权的企业,不得作为经营单位填报。境外企业不得作为经营单位填报,对于委托我驻港澳机构成交的货物,国内委托人为经营单位(中国境内法人)。合同签订者和执行者不是同一企业的,经营单位按执行合同的企业填报。

8. 运输方式

运输方式是指货物进出关境时所使用的运输工具的分类,即海关规定的运输方式。海关规定的运输方式可分为两大类:实际运输方式和海关规定的特殊运输方式,前者包括江海、铁路、汽车、航空、邮递和其他运输等;后者仅用于标识没有实际进出境的货物,主要包括9种情况。

"运输方式"栏应根据实际运输方式按海关规定的"运输方式代码表"选择填报相应的运输方式名称或代码。

9. 运输工具名称

运输工具名称是指载运货物进出境的运输工具的名称或运输工具编号。本栏目填制内容应与运输部门向海关申报的载货清单所列相应内容一致,一份报关单只允许填报一个运输工具名称。对于纸质报关单具体填报要求如下:

(1)江海运输填报船名及航次,即"运输工具名称"+"/"+"航次号"。例如,"MAY FLOWER"号轮HK886W航次,则在"运输工具名称"栏填报:MAY FLOWER/HK886W。

(2)汽车运输填报该跨境运输车辆的国内行驶车牌号码+"/"+进出境日期[8位数字,顺序为年(4位)、月(2位)、日(2位)]。

(3)铁路运输填报车厢编号或交接单号+"/"+进出境日期。

(4)航空运输填报航班号,如"KZ0225",此处前两位数为航空公司代号。

（5）邮政运输填报邮政包裹单号+"/"+进出境日期。

（6）其他运输填报具体运输方式名称，如管道、驮畜等。

10. 提运单号

提运单号是指进出口货物提单或运单的编号。本栏目填报的内容应与运输部门向海关申报的载货清单所列相应内容一致（包括数码、英文大小写、符号、空格等）。一份报关单只允许填报一个提运单号，一票货物对应多个提运单时，应分单填报。在实际业务中，不同运输方式的填报要求如下：

（1）江海运输：填报进出口提运单号。如有分提运单的，填报进出口提运单号+"*"+分提运单号。

（2）汽车运输：免予填报。

（3）铁路运输：填报运单号。

（4）航空运输：填报总运单号+"_"（下划线）+分运单号。无分运单的填报总运单号。

（5）邮政运输填报邮运包裹单号。

11. 收货单位／发货单位

收货单位指已知的进口货物在境内的最终消费、使用单位，如自行从境外进口货物的单位、委托有外贸进出口经营权的企业进口货物的单位等。

发货单位指出口货物在境内的生产或销售单位，如自行出口货物的单位、委托有外贸进出口经营权的企业出口货物的单位。

备有海关注册编码或加工生产企业编号的收、发货单位，进口货物报关单的"收货单位"栏和出口货物报关单的"发货单位"栏必须填报其经营单位编码或加工生产企业编号；没有编码或者编号的，填报其中文名称。加工贸易报关单的收、发货单位应与加工贸易手册的货主单位一致。减免税货物报关单的收、发货单位应与征免税证明的申请单位一致。

收货单位／发货单位与经营单位不一定存在必然的关系。自行进、出口货物的收货单位／发货单位同经营单位；外商投资企业委托外贸企业进口设备、物品的，收货单位同经营单位；其他委托有外贸进出口经营权的企业进、出口货物的收货单位／发货单位与经营单位不一致。

12. 贸易方式

贸易方式是指以国际贸易中进出口货物的交易方式为基础，结合海关对进出口货物的证税、统计及监管条件综合设定的对进出口货物的管理方式，即海关监管方式。常见的贸易方式有"一般贸易""来料加工""进料对口"和"进料非对口"等。

本栏目应根据实际情况,并按海关规定的"贸易方式代码表"选择填报相应的贸易方式简称或代码。一份报关单只允许填报一种贸易方式。出口加工区内企业填制的出口加工区进(出)境货物备案清单应选择填报适用于出口加工区货物的贸易(监管)方式简称或代码。

13. 征免性质

征免性质是指海关根据《海关法》、《关税条例》及国家有关政策对进出口货物实施征、减、免税管理的性质类别。征免性质共有41种,以代码首位作为标记,征免性质分为法定征税、法定减免税、特定减免税、其他减免税和暂定税率五部分。其中特定减免税又分为按地区和用途、贸易性质、企业性质、资金来源实施的税收政策四类。常见的征免性质有:一般征税(101)、加工设备(501)、来料加工(502)、进料加工(503)、中外合资(601)、中外合作(602)、外资企业(603)、鼓励项目(789)等。

本栏目应按海关核发的《征免税证明》中批注的征免性质填报,或根据实际情况按海关规定的"征免性质代码表"选择填报相应的征免性质的代码。

加工贸易报关单本栏目应按照海关核发的《登记手册》中批注的征免性质填报相应的征免性质简称或代码,一份报关单只允许填报一种征免性质。

14. 征税比例/结汇方式

征税比例用于原"进料非对口"(代码0715)贸易方式下进口料件的进口报关单,填报海关规定的实际应征税比率。该栏现在不再填报。

出口报关单应填报结汇方式,即出口货物的发货人或其代理人收结外汇的方式。本栏目应按海关规定的"结汇方式代码表"选择填报相应结汇方式名称或代码。常用的结汇方式有:①信汇(M/T);②电汇(T/T);③票汇(D/D);④付款交单(D/P);⑤承兑交单(D/A);⑥信用证(L/C)等。

15. 许可证号

进出口货物许可证是指一国根据其进出口管制法令由商务主管部门签发的允许管制商品进出口的证件。应申领进(出)口许可证的货物,必须在此栏目填报商务部及其授权发证机关签发的进(出)口货物许可证的编号,不得为空。"许可证号"栏填报进出口货物许可证的编号,长度为10个字符。一份报关单只允许填报一个许可证号。对于非许可证管理商品本栏目为空白。

16. 起运国（地区）/运抵国（地区）

起运国（地区）指在未与任何中间国发生任何商业性交易或其他改变货物法律地位的情况下，把货物发出并运往进口国家（地区）的国家或地区。如果货物在运抵进口国（地区）之前在第三国发生中转，并且发生某种商业性交易或活动，则应把第三国作为起运国（地区）。

运抵国（地区）亦称为目的国（地区），指在未发生任何商业性交易或其他改变货物法律地位的活动的情况下，货物被出口国（地区）所发往的或最后交付的国家或地区。

本栏目应按海关规定的《国别（地区）代码表》选择填报相应的起运国（地区）或运抵国（地区）中文名称或代码。国别（地区）为非中文名称时，应翻译成中文名称填报或填报其相应代码。

17. 装货港/指运港

装货港指进口货物在运抵我国关境前的最后一个境外装运港。指运港指出口货物运往境外的最终目的港。

本栏目应根据实际情况按海关规定的《港口航线代码表》选择填报相应的港口中文名称或代码。

18. 境内目的地/境内货源地

境内目的地指已知的进口货物在国内的消费、使用地或最终运抵地。境内货源地指出口货物在国内的产地或原始发货地。

本栏目应根据进口货物的收货单位，出口货物生产厂家或发货单位所属国内地区，并按海关规定的《国内地区代码表》选择填报相应的国内地区名称或代码。

19. 批准文号

本栏目仅填报"出口收汇核销单"编号，进口报关单本栏目暂时为空。

20. 成交方式

成交方式是指进出口贸易中进出口商品的价格构成和买卖双方各自应承担的责任、费用和风险，以及货物所有权转移的界限。成交方式在国际贸易中称为贸易术语，又称价格术语，在我国习惯称为价格条件。成交方式包括两方面内容：一方面表示交货条件，另一方面表示成交价格的构成因素。

本栏目应根据实际成交价格条款按海关规定的"成交方式代码表"选择填报相应的成交方式代码。无实际进出境的，进口成交方式填报 CIF 或其代码，出口成交方式填报 FOB 或其代码。

21. 运费

运费是指进出口货物从始发地至目的地的国际运输所需要的各种费用。本栏应填报该份报关单所含全部货物的国际运输费用，即成交价格中不包含运费的进口货物或成交价格中含有运费的出口货物。例如，进口成交方式为 FOB 或出口成交方式为 CIF、CFR，应在本栏填报运费。

本栏可按运费单价、总价或运费率三种方式之一填报，同时注明运费标记，并按海关规定的《货币代码表》选择填报相应的币种代码。运保费合并计算的，运保费填报在本栏。

运费标记："1"表示运费率，"2"表示每吨货物的运费单价，"3"表示运费总价。填制纸质报关单时，"运费"栏不同的运费标记填报如下：

（1）运费率：直接填报运费率的数值，如 5% 的运费率填报为 5。

（2）运费单价：填报运费币制代码 + "/" + 运费单价的数值 + "/" + 运费单价标记。例如，24 美元的运费单价填报为 502/24/2。

（3）运费总价：填报运费币制代码 + "/" + 运费总价的数值 + "/" + 运费总价标记，如 7000 美元的运费总价填报为 502/7000/3。

另外，运保费合并计算的，运保费填报在"运费"栏中。

22. 保费

本栏用于成交价格中不包含保险费的进口货物或成交价格中含有保险费的出口货物，应填报该份报关单所含全部货物国际运输的保险费用，即进口成交方式为 FOB、CFR 或出口成交方式为 CIF 的，应在本栏填报保险费。

本栏可按保险费总价或保险费率两种方式之一填报，同时注明保险费标记，并按海关规定的"货币代码表"选择填报相应的币种代码。运保费合并计算的，运保费填报在运费栏目中。

保险费标记："1"表示保险费率，"3"表示保险费总价，填制纸质报关单时，"保费"栏不同的保费标记填报如下：

（1）保费率：直接填报保费率的数值，如 3‰ 的保险费率填报为"0.3"。

（2）保费总价：填报保费币制代码 + "/" + 保费总价的数值 + "/" + 保费总价标记。例如，10000 港元保险费总价填报为"110/10000/3"。

23. 杂费

杂费是指成交价格以外的应计入完税价格或应从完税价格中扣除的费

第十二章 进出口货物报关单

用,如手续费、佣金、回扣等。

"杂费"栏用于填报成交价格以外的,应计入完税价格或应从完税价格中扣除的费用,如手续费、佣金、折扣等费用。

本栏可按杂费总价或杂费率两种方式之一填报,同时注明杂费标记,并按海关规定的《货币代码表》选择填报相应的币种代码。

应计入完税价格的杂费填报为正值或正率,应从完税价格中扣除的杂费填报为负值或负率。

杂费标记:"1"表示杂费率,"3"表示杂费总价。填制纸质报关单时,"杂费"栏不同的杂费标记填报如下:

(1) 杂费率:直接填报杂费率的数值,如应计入完税价格的 1.5% 的杂费填报为"1.5",应从完税价格中的扣除的 1% 的回扣率填报为"-1"。

(2) 杂费总价:填报杂费币制代码 + "/" + 杂费总价的数值 + "/" + 杂费总价标记,如应计入完税价格的 500 英镑杂费总价填报为"303/500/3"。

24. 合同协议号

合同协议号是指在进出口贸易中,买卖双方或数方当事人根据国际贸易惯例或国家的法律、法规,自愿按照一定的条件买卖某种商品所签署的合同协议的编号。本栏应填报进(出)口货物合同(协议)的全部字头和号码。

25. 件数

件数是指有外包装的单件进出口货物的实际件数,货物可以单独计数的一个包装称为一件。

本栏应填报有外包装的进(出)口货物的实际件数,本栏不得填报为零,裸装和散装货物填报为 1。有关单证仅列明托盘件数,或者既列明托盘件数又列明单件包装件数的,本栏填报托盘件数。例如,"8 PALLETS 100 CTNS",件数应填报为 8。有关单证既列明集装箱个数,又列明托盘件数、单件包装件数的,按以上要求填报。如仅列明集装箱个数,未列明托盘或者单件包装个数,填报集装箱个数。

26. 包装种类

进出口货物报关单所列的"包装种类"栏是指进出口货物在运输过程中外表所呈现的状态,包括包装材料、包装方式等。本栏应根据进(出)口货物的实际外包装种类,按海关规定的《包装种类代码表》选择填报相应的包装种类或代码。例如,木箱、纸箱、铁桶、散装等。散装货物,"包装种类"

栏填报为"散装"。裸装货物、件货或集装箱,"包装种类"栏填报为"其他"。不属于《包装种类代码表》中前6种包装种类的都应填报为"其他"。

27. 毛重（公斤）

毛重指货物及其包装材料的重量之和。本栏填报进（出）口货物实际毛重，计量单位为千克，不足1千克的填报为"1"。

28. 净重（公斤）

净重指货物的毛重减去外包装材料后的重量，即商品本身的实际重量。本栏目填报进（出）口货物的实际重量，计量单位为千克，不足1千克的填报为1。如果货物的重量在1千克以上且非整数，其小数点后保留4位，第5位几以后略去。例如，净重8.88668千克,"净重"栏的正确内容为："8.8866"。

29. 集装箱号

集装箱号是指在每个集装箱箱体两侧标示的全球唯一的编号。其组成规则是：箱主代号（3位字母）+设备识别号"U"+顺序号（6位数字）+校验码（1位数字），如EASU9809490。

在填制纸质报关单时,集装箱号以"集装箱号"+"/"+"规格"+"/"+"自重"的方式填报。多个集装箱的，第一个集装箱号填报在"集装箱号"栏中，其余依次填报在"标记唛码及备注"栏中。例如，TEXU3605231/20/2275，表明这是一个20英尺集装箱，箱号为TEXU3605231，自重2275千克。非集装箱货物，填报为"0"。

30. 随附单证

随附单证是指随进（出）口货物报关单一并向海关递交的单证或文件，包括发票、装箱单、运单、装运单等基本单证，监管证件、征免税证明、外汇核销单等特殊单证和合同、信用证等预备单证。

在填制报关单时,"随附单证"栏仅填报除进出口许可证以外的监管证件代码及编号。其格式为：监管证件的代码+"："+监管证件编号。所申报货物涉及多个监管证件的，第一个监管证件代码和编号填报在"随附单证"栏，其余监管证件代码和编号填报在"标记唛码及备注"栏中。合同、发票、装箱单、进出口许可证等随附单证不在"随附单证"栏填报。

一份原产地证书只能对应一份报关单，同一份报关单上的商品不能同时享受协定税率和减免税。在一票进口货物中，对于实行原产地证书联网管理

第十二章 进出口货物报关单

的，如涉及多份原产地证书或含非原产地证书商品，应分别填报。报关单上申报商品的计量单位必须与原产地证书上对应商品的计量单位一致。

31. 用途／生产厂家

用途是指进口货物在境内应用的范围。进口货物填报用途，应根据进口货物的实际用途按海关规定的"用途代码表"选择填报相应的用途名称和代码。进口货物常见用途有"外贸自营内销""其他内销""企业自用""加工返销""借用""收保证金""免费提供""作价提供"等。

生产厂家指出口货物的境内生产企业的名称，本栏目供必要时填写。

32. 标记唛码及备注

标记唛码是运输标志的俗称。进出口货物报关单上标记唛码专指货物的运输标志。备注是指填制报关单时需要备注的事项，包括关联备案号、关联报关单号等。

本栏填报随附据栏中第一个监管证件以外的其余监管证件和代码；标记唛码中除图形以外的文字、数字；一票货物多个集装箱的，在本栏打印其余的集装箱号；一票货物多个提（运）单的，在本栏打印其余的提（运）单号等。

33. 项号

项号是指申报货物在报关单中的商品排列序号。每项商品的"项号"分两行填报及打印。第一行打印报关单中的商品排列序号，第二行专用于加工贸易和实行原产地证书联网管理等已备案的货物，填报和打印该项货物在加工贸易手册中的项号或对应的原产地证书上的商品项号。加工贸易合同项下进出口货物，必须填报与贸易手册一致的商品项号，所填报项号用于核销对应项号下的料件或成品数量。

优惠贸易协定项下实行原产地证书联网管理的报关单分两行填写。第一行填写报关单中商品排列序号，第二行填写对应原产地证书上的"商品项号"。

一张纸质报关单最多打印5项商品，一张电子报关单有20栏。

34. 商品编号

商品编号是指按海关规定的《进出口税则》确定的进（出）口货物的商品编号。"商品编码"栏应填报《进出口税则》8位税则号列，有附加编号的，还应填报附加的第9、10位附加编号。在填报商品编码时应该按照进出口商品的实际情况填报。加工贸易手册中商品编号与实际不符的，应按实际商品编号填报。

35. 商品名称、规格型号

商品名称是指缔约双方同意买卖的商品的名称，在报关单中的商品名称是指进出口商品规范的中文名称。商品的规格型号是指反映商品性能、品质和规格的一系列指标。

本栏分两行填报，第一行填报进（出）口货物规范的中文商品名称，如果发票中的商品名称为非中文名称，则需翻译成规范的中文名称填报，仅在必要时加注原文。第二行填报规格型号。

一份报关单最多允许填报20项商品。

36. 数量及单位

指进（出）口商品的实际数量及计量单位。计量单位分为成交计量单位和海关法定计量单位。成交计量单位是指买卖双方在交易过程中所确定的计量单位。海关法定计量单位是指海关按照《中华人民共和国计量法》的规定所采用的计量单位，我国海关采用的是国际单位制的计量单位。海关法定计量单位又分为海关法定第一计量单位和海关法定第二计量单位，海关法定计量单位以《统计商品目录》中规定的计量单位为准。

进出口货物必须按海关法定计量单位和成交计量单位填报。本栏分三行填报：法定第一计量单位及数量填报在本栏第一行；凡海关列明第二计量单位的，必须填报该商品第一及第二计量单位及数量，第二法定计量单位填报在本栏第二行，无第二法定计量单位的，本栏第二行为空；以成交计量单位申报的，须填报与海关法定计量单位转换后的数量，同时还需将成交计量单位及数量填报在本栏第三行，如成交计量单位与海关法定计量单位一致，本栏第三行为空。加工贸易等已备案的货物，成交计量单位必须与备案登记中同项号下货物的计量单位一致，不一致时必须修改备案或转换一致后填报。

37. 原产国（地区）/最终目的国（地区）

原产国（地区）指进口货物的生产、开采或加工制造国家（地区）；最终目的国（地区）指已知的出口货物的最终实际消费、使用或进一步加工制造国家（地区）。本栏应按海关规定的《国别（地区）代码表》选择填报相应的国家（地区）名称或代码。

38. 单价

单价是指商品的一个计量单位以某一种货币表示的价格。本栏应填报同

第十二章 进出口货物报关单

一项号下进（出）口货物实际成交的商品单位价格。单价非整数，其小数点后保留4位，第5位及以后略去。无实际成交价格的，填报货值。

39. 总价

总价是指进出口货物实际成交的商品总价。本栏应填报同一项号下进（出）口货物实际成交的商品总价。总价如非整数，其小数点后保留4位，第5位及以后略去。无实际成交价格的，填报货值。

40. 币制

币制是指进（出）口货物实际成交价格的币种。本栏应根据实际成交情况按海关规定的"币制代码表"选择填报相应的货币名称或代码。如"币制代码表"中无实际成交币种，需转换后填报。

41. 征免

征免是指海关依照《海关法》、《进出口关税条例》及其他法律、行政法规，对进（出）口货物进行征税、减税、免税或特案处理的实际操作方式。

同一份报关单上可以有不同的征减免税方式。报关单填制中的主要征减免税的方式有"照章征税""折半征税""全免""特案减免""随征免性质""保证金"和"保证函"等。

本栏应按照海关核发的《征免税证明》或有关政策规定，对报关单所列每项商品选择填报海关规定的"征减免税方式代码表"中相应的征减免税方式。加工贸易报关单应根据登记手册中备案的征免规定填报。加工贸易手册中备案的征免规定为"保金"或"保函"的，不能按备案的征免规定填报，而应填报"全免"。

42. 税费征收情况

本栏供海关批注进（出）口货物税费征收及减免情况。

43. 录入员

本栏用于预录入和EDI报关单，打印录入人员的姓名。

44. 录入单位

本栏用于预录入和EDI报关单，打印录入单位名称。

45. 申报单位

本栏指报关单位左下方用于填报申报单位有关情况的总栏目。申报单位指对申报内容的真实性直接向海关负责的企业或单位。自理报关的，应填报进（出）口货物的经营单位名称及代码；委托代理报关的，应填报经海关批准的专业或代理报关企业名称及代码。一般应加盖申报单位的有效公章。

46. 填制日期

填制日期是指报关单的填制日期。预录入和EDI报关单位由计算机自动打印。

47. 海关审单批注栏

本栏目指供海关内部作业时签注的总栏目,由海关关员手工填写在预录入报关单上。其中"放行"栏填写海关对接受申报的进出口货物作出放行决定的日期。

表12-1 中华人民共和国海关进口货物报关单

预录入编号:　　　　　　　　　　海关编号:

进口口岸		备案号	进口日期		申报日期	
经营单位		运输方式	运输工具名称		提运单号	
收货单位		贸易方式	征免性质		征税比例	
许可证号		起运国(地区)	装货港		境内目的地	
批准文号		成交方式	运费	保费	杂费	
合同协议号		件数	包装种类	毛重(公斤)		净重(公斤)
集装箱号		随附单证			用途	
标记唛码及备注						
项号 商品编号 商品名称、规格型号 数量及单位 原产国(地区) 单价 总价 币制 征免						

第十二章 进出口货物报关单

续表

税费征收情况		
录入员 录入单位	兹声明以上申报无讹并承担法律责任	海关审单批注及放行日期（签章） 审单　　　　　审价
报关员		证税　　　　　统计
单位地址	申报单位（签章）	查验　　　　　放行
邮编　　　电话　　　填制日期		

表12-2　中华人民共和国海关出口货物报关单

预录入编号：　　　　　　　　　　　　　　　　　　海关编号：

出口口岸	备案号	出口日期		申报日期	
经营单位	运输方式	运输工具名称		提运单号	
收货单位	贸易方式	征免性质		结汇方式	
许可证号	运抵国（地区）	指运港		境内货源地	
批准文号	成交方式	运费	保费	杂费	
合同协议号	件数	包装种类	毛重（公斤）	净重（公斤）	
集装箱号	随附单证			用途	
标记唛码及备注					
项号　商品编号　商品名称、规格型号　数量及单位　原产国（地区）单价　总价　币制　征免					

续表

税费征收情况	
录入员　录入单位	兹声明以上申报无讹并承担法律责任	海关审单批注及放行日期（签章） 审单　　　　　审价
报关员		证税　　　　　统计
单位地址　　　　　　申报单位（签章）		查验　　　　　放行
邮编　　　电话　　　填制日期		

第二节　报关单操作实务

拉夫美特公司（LIFEMATE IMPORT AND EXPORT TRADE CO.，LTD）根据与日本日慧公司（RIHUI CORPORATION）订购四门衣柜（家具编号为KSHT-KSH-C017-SMYG）的合同、信用证、发票、装箱单、一般原产地证书的相关内容填写出口货物报关单（见表12-3）。

表12-3　中华人民共和国海关出口货物报关单

预录入编号：923642576　　　　　　　　　　　　　　海关编号：

出口口岸 大连海关0901	备案号	出口日期 2012.4.12	申报日期 2012.4.10
经营单位 拉夫美特进出口贸易有限公司 （1422102554）	运输方式 江海	运输工具名称 FEILONG V.0726E	提运单号 COHEQYH618PB811
发货单位 1422102554	贸易方式 进料加工	征免性质 进料加工	结汇方式 信用证
许可证号	运抵国（地区） 日本	指运港 东京	境内货源地 大连

第十二章 进出口货物报关单

续表

批准文号 28/1555451	成交方式 CIF	运费 502/1002/3	保费 0.27/1	杂费	
合同协议号 LM12-19	件数 75	包装种类 纸箱	毛重(公斤) 1329	净重(公斤) 1238	
集装箱号	随附单证 原产地证 3456282		生产厂家 拉夫美特进出口贸易有限公司		
标记唛码及备注： N/M 集装箱号：JWD29386756146745					
项号 商品编号 商品名称 规格型号 数量及单位 最终目的地（地区）单价 总价 币制 征免					
01　44129923　拉夫美特四门衣柜　15件　日本　123245.4　1848681.00 日元　全免 　　　　　　板式实木深色 　　　　　　STYLE NO. KSHT-KSH-C017-SMYG　75箱					
税费征收情况					
录入员　录入单位	兹声明以上申报无讹并承担法律责任		海关审单批注及放行日期(签章) 审单　　　　　审价		
报关员 ××× 单位地址 ×××××× 申报单位（签章）大连忠进国际货运代理公司 邮编 ×××××× 电话 ×××××××× 填制日期 ××××××			证税　　　　　统计 查验　　　　　放行		

◇单元练习题◇

一、简答题

1.简述进出口货物报关单的内涵。

2.报关单的运费栏有哪几种填报方式？

二、操作题

请依据以下资料缮制出口报关单。

1.发票。

上海群英进出口有限公司

上海中山东一路68号东楼

SHANGHAI QUNYING IMP. & EXP. CO.，LTD.

East Tower，No.68 Zhongshan Road（E.1），Shanghai China

发 票

INVOICE

TEL：0086-21-63232199　　　　　　　　　　　INV. NO.：TY8884
FAX：0086-21-63233177　　　　　　　　　　　DATE：MAY 6，2006
L/C NO.：8654324679
S/C NO.：SC601399
TO：AOLIN IMPORT & EXPORT TRADE CORPORATION
　　564-8，SUNAM-DONG，NAM-KU
　　BUSAN KOREA.
　　　TEL：（052）288-5300
FROM：SHANGHAI，CHINA TO：BUSAN PORT

唛头及品名 MARKS & DESCRIPTIONS	数量 QUANTITY	单价 UNIT PRICE	总价 AMOUNT
Men's Suit Style no.：WWW050 Composition：55%T 27%R 18%W	720 SETS	CIF BUSAN USD100.00/SET	USD72000.00
AOLIN SC601399 BUSAN C/NO.1-30 TOTAL：	720 SETS		USD72000.00
TOTAL AMOUNT INWORDS：SAY U.S. DOLLARS SEVENTY TWO THOUSAND ONLY			

Certificate of origin

We hereby certify that above mentioned goods are of Chinese origin.

SHANGHAI QUNYING IMP. & EXP. CO.，LTD.

经樟海

2.装箱单。

第十二章　进出口货物报关单

上海群英进出口有限公司

上海中山东一路 68 号东楼

SHANGHAI QUNYING IMP. & EXP. CO., LTD.

East Tower, No.68 Zhongshan Road (E.1), Shanghai China

装 箱 单

PACKING LIST

TEL : 0086-21-63232199　　　　　　　　　　　　　INV. NO. : TY8884

FAX : 0086-21-63233177　　　　　　　　　　　　　DATE : MAY 6, 2006

TO : AOLIN IMPORT & EXPORT TRADE CORPORATION

　　564-8, SUNAM-DONG, NAM-KU

　　BUSAN KOREA.

　　TEL : (052) 288-5300

FROM : SHANGHAI, CHINA TO : BUSAN PORT

SHIPPING MARKS :

　　AOLIN

　　SC601399

　　BUSAN

　　C/NO.1-30

DESCRIPTION	QTY	CTNS	G.W.(KGS)	N.W.(KGS)	CBM
Men's Suit Style no. : WWW050 Composition : 55%T 27%R 18%W	720 SETS	30	1450	1000	10M^3
TOTAL	720 SETS	30	1450	1000	10M^3

SHANGHAI QUNYING IMP. & EXP. CO., LTD.

经樟海

3. 补充资料。

出口口岸：上海松江海关 2221　　　　申报日期：2006-05-27

出口日期：2006-05-28　　　　　　　　预录入号：290312384

运费：USD1600.00　　　　　　　　　　保费：USD150.00

运输工具：JINHAI V. 905　　　　　　 提单号码：COSCO897441

集装箱号：YMLU2571980（1 个标准箱整箱）　报关单位：上海嘉文报关有限公司

H.S. 编码：61031200　　　　　　　　　报关员：朱一明 3105896336542396

出口公司：上海群英进出口公司（3101103586）　出口收汇核销单号：65987411

生产厂家：杭州时尚服装制造有限公司

第十三章　其他单证制作

【学习目标】

本章主要讲授其他几种特殊的单证制作。通过学习，使学生掌握装船通知、受益人证明等附属单证的填制。

【重点与难点】

进出口许可证件、受益人证明、装船通知等其他单据的操作。

第一节　进出口许可证

进出口许可证的管理，是世界上大多数国家普遍采用的管理进出口秩序的重要行政手段，也是我国对外贸易管理制度中的重要内容之一。我国商务部签发的进出口货物许可证是国家批准企业、单位或个人进口或出口货物的证明文件。

一、进出口许可证管理的含义和作用

进出口许可证管理是根据国家的法律、政策、对外贸易计划和国内市场的需求，对进出口经营权、经营范围、贸易国别、进出口货物品种、数量、技术及其相关产品等实行全面管理、有效监测、规范货物进出口许可的制度。从广义上讲，它是以进出口货物许可证管理为主体的国家对外贸易系列审批制度的总和。进出口许可管理，是国家对外经济贸易宏观管理的重要措施，也是海关对进出口货物实施监管的重要依据。

二、出口许可证的管理

出口许可证管理是出口管理的重要手段。为了合理配置资源，规范出口经营秩序，营造公平的贸易环境，履行我国承诺的国际公约和条约，维护国家经济利益和安全。国家对实行配额管理和限制出口的商品实行出口许可证

第十三章 其他单证制作

管理。出口许可证是国家主管机关签发的准许货物出口的证件,是海关监管验放出口货物的依据。

商务部是全国出口许可证的归口管理部门,负责制定出口许可证管理办法及规章制度,监督、检查出口许可证管理办法的执行情况,处罚违规行为。商务部授权配额许可证事务局统一管理、指导全国各发证机构的出口许可证签发工作,许可证局对商务部负责。

商务部根据《中华人民共和国对外贸易法》和《中华人民共和国货物进出口管理条例》制定了出口许可证管理规定。对下列情况之一,国家可以实行出口配额许可证或出口许可证管理:

(1) 为维护国家案例安全或者社会公共利益,需要限制出口的。

(2) 国内供应短缺或者为有效保护可能用竭的国内资源,需要限制出口的。

(3) 对任何形式的农业、牧业、渔业产品有必要限制出口的。

(4) 根据中华人民共和国所缔结或者参加的国际条约、协定的规定,需要限制出口的。

2012年商务部、海关总署发布《2012年出口许可证管理货物分级发证目录》,目录中规定,2012年实行出口许可证管理的货物共49种,由商务部配额许可证事务局、商务部驻各地特派员办事处及商务部授权的地方商务主管部门发证机构负责签发相应货物的出口许可证。对于受许可证管理的商品办理出口之前,由出口单位提出书面申请,填写"中华人民共和国出口许可证申请表"(见表13-1),发证机关在申请表送交后的三个工作日内,签发"中华人民共和国出口许可证"一式四联,将第一、二、三联交领证人,凭此向海关办理货物出口报关和银行结汇手续。同时,收取一定的办证费用。

出口许可证管理实行"一证一关"制、"一批一证"制和"非一批一证"制。"一证一关"指出口许可证只能在一个海关报关;"一批一证"指出口许可证在有效期内一次报关使用。下列情况实行"非一批一证"制,签发出口许可证时应在备注栏内注明"非一批一证":①外商投资企业出口许可证管理的货物;②补偿贸易项下出许可证管理的货物;③其他在《出口许可证管理货物目录》中规定实行"非一批一证"的出口许可证管理货物。"非一批一证"指出口许可证在有效期内可以多次报关使用,但最多不超过12次,由海关在"海关验放签注栏"内逐批签注出运数。

表 13-1　中华人民共和国出口许可证申请表

1. 出口商：　　代码： 领证人姓名：　电话：	3. 出口许可证号：
2. 发货人：代码：	4. 出口许可证有效截止日期： 　　　　　　年　　月　　日
5. 贸易方式：	8. 进口国（地区）：
6. 合同号：	9. 付款方式：
7. 报关口岸：	10. 运输方式：

11. 商品名称：　　　　　　　　商品编码：					
12. 规格、等级	13. 单位	14. 数量	15. 单价(币别)	16. 总值(币别)	17. 总值折美元
18. 总计					

19. 备注 申请单位盖章 申领日期：	20. 签证机构审批（初审）： 经办人： 终审：

填表说明：1. 本表应用正楷逐项填写清楚，不得涂改、遗漏，否则无效。
　　　　　2. 本表内容需打印多份许可证的，请在备注栏内注明。
　　　　　3. 本表填写一式二份。

三、进口许可证的管理

进口许可证管理是进口管理的重要手段。为了维护货物进口秩序，促进对外贸易健康发展，国家对限制进口的货物实行进口许可证管理。进口许可证是国家主管机关签发的准许货物进口的证件，是海关监管验放进口货物的依据。

商务部是全国进口许可证的归口管理部门。商务部授权配额许可证事务局及商务部驻各地特派员办事处和各省、自治区、直辖市、计划单列市以及商务部授权的其他省会城市商务厅（局）、外经贸委（厅、局）为进口许可证发证机构，在许可证局统一管理下，负责授权范围内的发证工作。各类进出口企业在申领进口许可证时，应填写"中华人民共和国进口许可证申请表"（见表13-2）。

根据《中华人民共和国对外贸易法》和《中华人民共和国货物进出口管理条例》，商务部和海关总署发布了《2012年进口许可证管理货物目录》，2012年实行进口许可证管理的货物有2种，许可证局负责签发重点旧机电产品的进口许可证，地方发证机构负责签发消耗臭氧层物质的进口许可证。凡列入《目录》中的进口货物，必须申领进口货物许可证。否则，货物到达进口港口海关后，海关不予放行。进口许可证管理实行"一证一关"管理。一般情况下进口许可证为"一批一证"，如要实行"非一批一证"，应当同时在进口许可证备注栏内打印"非一批一证"字样。申请符合要求的，发证机构应当自收到申请之日起3个工作日内发放进口许可证。特殊情况下，最多不超过10个工作日。

进口许可证自签发之日起1年内有效，如1年内尚未对外签订合同，不予展期，许可证作废。如仍需进口，须重新申领进口许可证。如1年内已对外签订合同，但货物尚未进口，可持进口合同到原发证机关申请进口许可证展期。特殊情况需要跨年度使用时，有效期最长不得超过次年3月31日。

表 13-2 中华人民共和国进口许可证申请表

1. 进口商： 代码：	3. 进口许可证号：
2. 收货人：	4. 进口许可证有效截止日期： 　　　　　　　　年　　月　　日
5. 贸易方式：	8. 出口国（地区）：
6. 外汇来源：	9. 原产地国（地区）：
7. 报关口岸：	10. 商品用途：

11. 商品名称：　　　　　　　　　商品编码：					
12. 规格、型号	13. 单位	14. 数量	15. 单价(币别)	16. 总值(币别)	17. 总值折美元
18. 总计					

19. 领证人姓名：	不能获准原因：
	1. 公司无权经营；　　　8. 第（　）项须补充说明函；
联系电话：	2. 公司编码有误；　　　9. 第（　）项与批件不符；
	3. 到港不妥善；　　　　10. 其他。
申请日期：	4. 品名与编码不符；
	5. 单价（高）低；
下次联系日期：	6. 币别有误；
	7. 漏填第（　）项；

中华人民共和国商务部监制　　　　　　　　　　　　第二联（副本）取证凭证

填表说明：1. 本表应用正楷逐项填写清楚，不得涂改、遗漏，否则无效。
　　　　　2. 本表内容需打印多份许可证的，请在备注栏内注明。
　　　　　3. 本表填写一式二份。

第十三章 其他单证制作

第二节 受益人证明

一、受益人证明（BENEFICIARY'S CERTIFICATE）

是信用证方式下，出口商根据信用证要求出具的证明其已经履行某种义务或办理某项工作的单据。这是由受益人自己出具的证明，以便证明自己履行了信用证规定的条款，如证明所交货物品质、证明运输包装处理、证明已按要求寄单、发电等。一般无固定格式，内容多种多样，以英文制作，通常签发一份（见表13-3）。

表13-3 受益人证明示例

SHENGXING TRADING COMPANY LIMITED

169，East Shuanggang Road

Xialuo，Nanchang City

Jiangxi Province

China

Tel：09-12345678

Fax：02-87654321

BENIFICIARY'S CERTIFICATE

To whom it may concern：

Re：L/C No.0114347

Issuing Bank：Central Bank of Nigeria

Dated：Nov.15，2013

Amount：USD10,200.00

Commodity：2000pcs.of Safety Helmet

We hereby certify that one set of complete non-negotiable stipulated documents has been forward by courier to applicant（CHIT-TIM LTD）within 5 days of shipment.

SHENG XING TRADING CO.，LTD.

二、受益人证明的内容与缮制要求

（1）信头（Letterhead）和单证名称也叫标题，BENEFICIARY'S CERTIFICATE 不能少。这种单证的名称因所证明事项不同而略异，可能是寄单证明、寄样证明（船样、样卡和码样等）、取样证明、证明货物产地、品质、唛头、包装和标签情况、电抄形式的装运通知、证明产品生产过程、证明商品业已检验、环保人权方面的证明（非童工、非狱工制造）等。

（2）受益人证明里的第一句往往以"THIS IS TO CERTIFY"或"WE ARE CERTIFYING THAT..."开头（后面照抄信用证上的话）。

（3）证明的内容应严格与合同或信用证规定相符。如果信用证要求所有单证必须有 LC 号、发票号、合同号，则也要加上，以表明与其他单证的关系。

（4）因属于证明性质，按有关规定，落款就是受益人的名字，按信用证打，然后盖章，如果其他单证由受益人手签，那么这一份同样手签。

需注意的是：

第一，出具受益人证明的日期不能超过信用证的有效期。

第二，单据名称应合适恰当。

第三，一般的行文规则是以所提要求为准直接照搬照抄，但有时也应作必要的修改。如信用证规定"BENEFICIARY'S CERTIFICATE EVIDENCING THAT TWO COPIES OF NON-NEGOTIABLE B/L WILL BE DESPATCHED TO APPLICANT WITHIN TWO DAYS AFTER SHIPMENT"，在具体制作单据时应将要求里的"WILL BE DESPATCHED"改为"HAVE BEEN DESPATCHED"；再如对"BENEFICIARY'S CERTIFICATE STATING THAT CERTIFICATE OF MANUFACTURING PROCESS AND OF INGREDIENTS ISSUED BY ABC CO SHOULD BE SENT TO SUMITOMO CORP"的要求，"SHOULD BE SENT"最好改为"HAD/HAS BEEN SENT"。

三、信用证中涉及受益人证明相关条款

（1）寄单证明（Beneficiary's certificate for despatch of documents）。是最常见的一种，通常是受益人根据规定，在货物装运前后一定时期内，邮寄/传真/快递给规定的收受人全套或部分副本单证，并将证明随其他单证交银行议付。如 CERTIFICATE FROM THE BENEFICIARY STATING THAT ONE COPY OF THE DOCUMENTS CALLED FOR UNDER THE LC HAS

BEEN DISPATCHED BY COURIER SERVICE DIRECT TO THE APPLICANT WITHIN 3 DAYS AFTER SHIPMENT. 意思是受益人证明中明确规定了在货物装运3天后，快递将全套单证的副本寄送给申请人。

（2）寄样证明（Beneficiary's certificate for despatch of shipment sample）。例如，CERTIFICATE TO SHOW THAT THE REQUIRED SHIPMENT SAMPLES HAVE BEEN SENT BY DHL TO THE APPLICANT ON JULY 10, 2005（受益人只要按规定出单即可）。

（3）包装和标签证明。如某信用证要求：A CERTIFICATE FROM THE BENEFICIARY TO THE EFFECT THAT ONE SET OF INVOICE AND PACKING LIST HAS BEEN PLACED ON THE INNER SIDE OF THE DOOR OF EACH CONTAINER IN CASE OF FCL CARGO OR ATTACHED TO THE GOODS OR PACKAGES AT AN OBVIOUS PLACE IN CASE OF LCL CARGO，其意思是受益人应证明已把一套发票和箱单贴在集装箱箱门内侧（整箱货）或拼箱货的显眼的地方。

（4）其他规定。如CERTIFICATE CONFIRMING THAT ALL GOODS ARE LABELLED IN ENGLISH（货物加贴英文标签）；BENEFICIARY'S CERTIFICATE STATING ORIGINAL B/L OF 1 SET CARRIED BY THE CAPTAIN OF THE VESSEL（一套正本提单已交由船长携带）。

第三节　装船通知书

一、装船通知（SHIPPING ADVICE）

装船通知也叫装运通知，主要指出口商在货物装船后发给进口方的包括货物详细装运情况的通知，其目的在于让进口商作好筹措资金、付款和接货的准备，如成交条件为FOB/FCA、CFR/CPT等还需要向进口国保险公司发出该通知以便其为进口商办理货物保险手续，出口装船通知应按合同或信用证规定的时间发出，该通知副本（copy of telex/fax）常作为向银行交单议付的单证之一；在进口方派船接货的交易条件下，进口商为了使船、货衔接得当也会向出口方发出有关通知；通知以英文制作，无统一格式，内容一定要符合信用证的规定，一般只提供一份（见表13-4）。

表 13-4 装船通知示例

浙江福特进出口公司
ZHEJIANG FT I/E CORPORATION
NO.92 TIYUCHANG ROAD, HANGZHOU, CHINA
SHIPPING ADVICE

05-FEB, 2014

MESSRS: BDE COMPANY,
P.O.BOX 2002, DUBAI, U.A.E

Dear sirs:

We hereby inform you that the goods under the above mentioned credit have been shipped. The details of the shipment are stated below.

Commodity: Mens Printed Nylon Stretch Socks

Quantity: 140 CARTONS

Amount: USD16, 128.00

Name of the Carrying Vessel, : Red Star V.506

Bill of Lading Number: C021806

Invoice Number: XH-005

Invoice Date: 20 Feb., 2014

Letter of Credit Number, : ELC-TFS-200879

Name & Address with Telephone Number of the Carrying Vessel's Agent in Dubai:
DONKT SHIPPING AGENT
PO.BOX 2356.DUBAI, U.A.E
TEL: 0039-94-9334512

We hereby certify that the above content is true and correct.

Zhejiang FT I/E Corporation
浙江福特进出口公司
韩玉洁

二、装船通知的主要内容与缮制要求

1. 单证名称

主要体现为：Shipping/Shipment Advice，Advice of shipment 等，也有人将其称为 shipping statement/declaration，如信用证有具体要求，从其规定。

2. 通知对象

应按信用证规定，具体讲可以是开证申请人、申请人的指定人或保险公司等。

第十三章　其他单证制作

3. 通知内容

主要包括所发运货物的合同号或信用证号、品名、数量、金额、运输工具名称、开航日期、启运地和目的地、提运单号码、运输标志等，并且与其他相关单证保持一致，如信用证提出具体项目要求，应严格按规定出单。此外通知中还可能出现包装说明、ETD（船舶预离港时间）、ETA（船舶预抵港时间）、ETC（预计开始装船时间）等内容。

4. 制作和发出日期

日期不能超过信用证约定的时间，常见的有以小时为准（Within 24/48 hours）和以天（within 2 days after shipment date）为准两种情形，信用证没有规定时应在装船后立即发出，如信用证规定"Immediately after shipment"（装船后立即通知），应掌握在提单后三天之内。

5. 签署

一般可以不签署，如信用证要求"certified copy of shipping advice"，通常加盖受益人条形章。

三、信用证中涉及装船通知的相关条款

（1）ORIGINAL FAX FROM BENEFICIARY TO OUR APPLICANT EVIDENCING B/L NO., NAME OF SHIP, SHIPMENT DATE, QUANTITY AND VALUE OF GOODS. 其要求应向申请人提交正本通知一份，通知上列明提单号、船名、装运日期、货物的数量和金额。制作单证时只要按所列项目操作即可。

（2）SHIPMENT ADVICE WITH FULL DETAILS INCLUDING SHIPPING MARKS, CTN NUMBERS, VESSEL'S NAME, B/L NUMBER, VALUE AND QUANTITY OF GOODS MUST BE SENT ON THE DATE OF SHIPMENT TO US. 该项规定要求装运通知应列明包括运输标志、箱号、船名、提单号、货物金额和数量在内的详细情况，并在货物发运当天寄开证行。

（3）BENEFICIARY MUST FAX ADVICE TO THE APPLICANT FOR THE PARTICULARS BEFORE SHIPMENT EFFECTED AND A COPY OF THE ADVICE SHOULD BE PRESENTED FOR NEGOTIATION. 根据这条规定，受益人发出的装运通知的方式是传真，发出时间是在货物装运前，传真副本作为议付单证提交。

（4）BENEFICIARY'S CERTIFIED COPY OF FAX SENT TO APPLICANT WITHIN 48 HOURS AFTER SHIPMENT INDICATING CONTRACT NO. L/C NO. GOODS NAME, QUANTITY, INVOICE VALUE, VESSEL'S NAME, PACKAGE/CONTAINER NO., LOADING PORT, SHIPPING DATE AND ETA. 按这条信用证要求，受益人出具的装运通知必须签署，通知应在发货后48小时内发出，具体通知内容为合同号、信用证号、品名、数量、发票金额、船名、箱/集装箱号、装货港、装运日期和船舶预抵港时间。受益人应严格按所要求的内容缮制。

（5）SHIPMENT ADVICE QUOTING THE NAME OF THE CARRYING VESSEL, DATE OF SHIPMENT, NUMBER OF PACKAGES, SHIPPING MARKS, AMOUNT, LETTER OF CREDIT NUMBER, POLICY NUMBER MUST BE SENT TO APPLICANT BY FAX, COPIES OF TRANSMITTED SHIPMENT ADVICE ACCOMPANIED BY FAX TRANSMISSION REPORT MUST ACCOMPANY THE DOCUMENTS. 表明船名、装船日期、包装号、唛头、金额、信用证号、保险单号的装船通知必须由受益人传真给开证人，装船通知和传真副本以及发送传真的电讯报告必须随附议付单证提交。

第四节 船公司证明

一、船公司证明（Shipping Company's Certificate）

是为满足进口商的要求，出口人在交单议付时，往往还须按信用证要求出具船公司的有关证明。比较常用的有船籍证、航程证、船龄、船级证等，说明载货船只允许进入目的港的证明以及船公司的收费证明等（见表13-5）。

第十三章 其他单证制作

表 13-5 船公司证明示例

SHIPPING COMPANY'S CERTIFICATE

DATE : 05 MAR., 2014
HANGZHOU

TO WHOM IT MAY CONCERN :

THIS IS TO CERTIFY THAT THE CARRYING VESSEL RED STAR V.506 IS ALLOWED BY ARAB AUTHORITIES TO CALL AT ARABIAN PORTS AND IS NOT SCHEDULED TO CALL AT ANY ISRAELI PORT DURING ITS VOYAGE TO THE UNITED ARAB EMIRATES.

SIGNATURE
（船公司/代理签字）

二、船公司证明的主要内容与缮制要求

（1）出证地址和日期：一般应为签提单的地址和日期。

（2）船名和提单号：注承担本次运输的运载船只及其提单号。

（3）证明函名称：按信用证要求，通常为"Certificate"（证明）或"Statement"（声明）。如证内未注名称，可以不加。但如证内有名称，则应加注。

（4）抬头或称呼：一般都打"TO WHOM IT MAY CONCERN"（致有关人）。

（5）证明内容：根据实际情况，按信用证规定打。

（6）出证人盖章：应与提单签单人一致。通常为承运货物的船公司或其代理人，外轮代理公司，或者承担联运业务的外运公司等。

三、信用证中涉及船公司证明的相关条款

（1）THE VESSEL IS CLASSED WITH A CLASSFICATION SOCIETY WHICH IS A MEMBER OF THE INTERNATIONAL CLASSIFICATION SOCIETY OR A NATIONAL FLAG SOCIETY.（船只是国际船级社或国旗社会的一个成员。）

（2）CERTIFY TO THE EFFECT THAT THE VESSEL WHICH IS NOT MORE THAN 20 YEARS OLD, IS SEA WORTHY.（证明船龄少于20年，适航。）

◇ 单元练习题 ◇

一、根据所给资料制作受益人证明

L/C NO.：894010151719

BENEFICIARY：CATICO IMPORT AND EXPROT CORP.

　　　　　　87 LIANHU ROAD，NANJING，CHINA

APPLICANT：FLY TRAVEL GOODS I/E GROUP.

　　　　　　OSSERSTRA 12，7256DZ ENSCHEDE THE NETHERLANDS

DOCUMENTS REQUIRED：

-INVOICE IN TRIPLICATE

-PACKING LIST IN DUPLICATE

-FULL SET ORIGINAL CLEAN B/L IN TRIPLICATE

-CERTIFICATE ISSUED BY BEFICIARY STATING THAT GOODS UNDER ORDER NO.8561 HAS BEEN SHIPPED BEFORE MAR 06, 2004 AND ALL THE REQUIRED DOCUMENTS HAVE BEEN FAXED TO THE APPLICANT IN ONE WEEK AFTER SHIPPING DATE. （INVOICE & PACKING LIST NO.：SUNJA0306；B/L NO. NIFBCMAFF990887）

二、请根据所给内容缮制装船通知（唛头由卖方自行设计）

BUYER：WEILI INT'L TRADING CORP.

SELLER：SUNSHINE TOY CORP.

DESCRIPTION：

ORDER NO.	GOODS	QUANTITY/PACKAGES	COLOUR
A220	BAGS	3200PCS/100CTNS	GREY
A320		4000PCS/200CTNS	WHITE
C153		4000PCS/200CTNS	WHITE

SHIPMENT：MAR. 22, 2004 FROM SHANGHAI TO HAMBURG

CONTAINER NO. & SEAL NO.：1×40'GP MLCU4578610/ C423775

VOYAGE NAME & NO.：CMA CGM NEPTUNE V.485W

B/L NO.：CGLSHA0303088NA

INVOICE NO.& AMOUNT：SUNJA20040322 TOTAL USD22000.00

综合训练

综合训练一

根据合同和信用证填制商业发票、汇票和提单。

上海进出口贸易公司

SHANGHAI IMPORT & EXPORT TRADE CORPORATION.

1321ZHONGSHAN ROAD SHANGHAI, CHINA

SALES CONTRACT

TEL: 021-65788877 S/C　　　　　　　　　　　NO: HX050264

FAX: 021-65788876　　　　　　　　　　　　DATE: Jan.1, 2005

TO:

TKAMLA CORPORATION

6-7, KAWARA MACH

OSAKA, JAPAN

Dear Sirs,

　　We hereby confirm having sold to you the following goods on terms and conditions as specified below:

MARKS & NO	DESCRIPTIONS OF GOODS	QUANTITY	U/ PRICE	AMOUNT
T.C OSAKA C/NO. 1-250	COTTON BLANKET ART NO.H666 ART NO.HX88 ART NO.HE21 ART NO.HA56 ART NO.HH46 Packed in250 cartons	500 PCS 500 PCS 500 PCS 500 PCS 500 PCS	CIF OSAKA USD 5.50 USD 4.50 USD 4.80 USD 5.20 USD 5.00	USD 2 750.00 USD 2 250.00 USD 2 400.00 USD 2 600.00 USD 2 500.00

LOADING PORT: SHANGHAI

DESTINATION : OSAKA PORT

PARTIAL SHIPMENT : PROHIBITED

TRANSHIPMENT : PROHIBITED

PAYMENT : L/C AT SIGHT.

INSURANCE : FOR 110 PERCENT OF THE INVOICE VALUE COVERING ALL RISKS AND WAR RISK

TIME OF SHIPMENT : LATEST DATE OF SHIPMENT MAR.16，2005

THE BUYER :　　　　　　　　　　　THE SELLER :
TKAMLA CORPORATION　　　SHANGHAI IMPORT & EXPORT TRADE CORPORATION
高田一郎　　　　　　　　　　　　　童莉

信用证

SEQUENCE OF TOTAL	*27 :	1 / 1
FORM OF DOC, CREDIT	*40A :	IRREVOCABLE
DOC. CREDIT NUMBER	*20 :	33416852
DATE OF ISSUE	31C :	050112
DATE AND PLACE OF EXPIRY	*31D :	DATE 050317 PLACE IN THE COUNTRY OF BENEFICIARY
APPLICANT	*50 :	TKAMLA CORPORATION 6-7, KAWARA MACH OSAKA, JAPAN
ISSUING BANK	52A :	FUJI BANK LTD 1013, SAKULA OTOLIKINGZA MACHI TOKYO, JAPAN
BENEFICIARY	*59 :	SHANGHAI TOOL IMPORT & EXPORT CO., LTD 31, GANXIANG ROAD SHANGHAI, CHINA
AMOUNT	*32B :	CURRENCY USD AMOUNT 12 500.00
AVAILABLE WITH / BY	*41D :	ANY BANK IN CHINA

		BY NEGOTIATION
DRAFTS AT...	42C :	DRAFTS AT SIGHT
		FOR FULL INVOICE COST
DRAWEE	42A :	FUJI BANK LTD
PARTIAL SHIPMENTS	43P :	PROHIBITED
TRANSSHIPMENT	43T :	PROHIBITED
LOADING ON BOARD	44A :	SHANGHAI
FOR TRANSPORTATION TO...	44B :	OSAKA PORT
LATEST DATE OF SHIPMENT	44C :	050316
DESCRIPT OF GOODS	45A :	COTTON BLANKET
		ART NO.H666 500 PCS USD 5.50/PC
		ART NO.HX88 500 PCS USD 4.50/PC
		ART NO.HE21 500 PCS USD 4.80/PC
		ART NO.HA56 500 PCS USD 5.20/PC
		ART NO.HH46 500 PCS USD 5.00/PC
		CIF OSAKA
DOCUMENTS REQUIRED	46A :	

+SIGNED COMMERCIAL INVOICE IN TRIPLICATE.

+PACKING LIST IN TRIPLICATE IN TRIPLICATE

+CERTIFICATE OF ORIGIN GSP CHINA FORM A, ISSUED BY THE CHAMBER OF COMMERCE OR OTHER AUTHORITY DULY ENTITLED FOR THIS PURPOSE.

+3/2 SET OF CLEAN ON BOARD OCEAN BILLS OF LADING, MADE OUT TO ORDER OF SHIPPER AND BLANK ENDORSED AND MARKED "FREIGHT PREPAID" AND NOTIFY APPLICANT.

+FULL SET OF NEGOTIABLE INSURANCE POLICY OR CERTIFICATE BLANK ENDORSED FOR 110 PCT OF INVOICE VALUE COVERING ALL RISKS

CHARGES   71B： ALL BANKING CHARGES OUTSIDE JAPAN
                                            ARE FOR ACCOUNT OF BENEFICIARY.

PERIOD FOR PRESENTATION   48： DOCUMENTS MUST BE PRESENTED
                                            WITHIN 15 DAYS AFTER THE DATE OF
                                            SHIPMENT BUT WITHIN THE VALIDITY OF
                                            THE CREDIT.

补充资料：

（1）INVOICE NO：XH056671

（2）INVOICE DATE：FEB 01，2005

（3）PACKING

G.W：20.5KGS/CTN

N.W：20KGS/CTN

MEAS：0.2CBM/CTN

PACKED IN 250 CARTONS

PACKED IN TWO 20'CONTAINER（集装箱号：TEXU2263999；TEXU2264000）

（4）H·S.CODE：5802.3090

（5）VESSEL：NANGXING V.086

（6）B/L NO：COCS0511861

（7）B/L DATE：FEB.26，2005

（8）REFERENCE NO：20050819

（9）FREIGHT FEE：USD 1 100

（10）注册号：7895478966

（11）证书号：580511478

1. 商业发票

上海进出口贸易公司

SHANGHAI IMPORT & EXPORT TRADE CORPORATION.

1321ZHONGSHAN ROAD SHANGHAI，CHINA

COMMERCIAL INVOICE

TEL：021-65788877   INV NO：

FAX：021-65788876   DATE：

综合训练

S/C NO：

L/C NO：

TO：

FROM_____TO

MARKS & NO	DESCRIPTIONS OF GOODS	QUANTITY	U/ PRICE	AMOUNT

TOTAL AMOUNT：

WE HEREBY CERTIFY THAT THE CONTENTS OF INVOICE HEREIN ARE TRUE AND CORRECT.

SHANGHAI IMPORT & EXPORT TRADE CORPORATION

× × ×

2. 汇票

No.

For   **BILL OF EXCHANG**

Date

At_____ sight of this SECOND BILL of EXCHANGE（first of the same tenor and date unpaid）pay to the order of _____the sum of

Drawn under

L/C No._____ Dated

To.

3. 海运提单

Shipper	B/L NO.
	中国对外贸易运输总公司
	CHINA NATIONAL FOREIGN TRADE TRANSPORT CORPORATION
Consignee or order	直运或转船提单
	BILL OF LADING DIRECT OR WITH TRANSHIPMENT
	SHIPPED on board in apparent good order and condition (unless otherwise indicated) the goods or packages specified herein and to be discharged or the mentioned port of discharge of as near there as the vessel may safely get and be always afloat.
Notify address	

Pre-carriage by	Port of loading	THE WEIGHT, measure, marks and numbers quality, contents and value, being particulars furnished by the Shipper, are not checked by the Carrier on loading.
Vessel	Port of transshipment	THE SHIPPER, Consignee and the Holder of this Bill of Lading hereby expressly accept and agree to all printed, written or stamped provisions, exceptions and conditions of this Bill of Loading, including those on the back hereof.
Port of discharge	Frail destination	IN WITNESS where of the number of original Bill of Loading stated below have been signed, one of which being accomplished, the other (s) to be void.

Container Seal No. or marks and Nos.	Number and kind of packages Designation of goods	Gross weight (kgs.)	Measurement (m³)

REGARDING TRANSHIPMENT INFORMATION PLEASE CONTACT	Freight and charge	

Ex. rate	Prepaid at	Fright payable at	Place and date of issue
	Total Prepaid	Number of original Bs/L	Signed for or on behalf of the Master
			as Agent

综合训练二

一、修改信用证

审证：根据以下合同内容审核信用证，找出不符点并进行修改。

大连进出口贸易公司
DALIAN IMPORT & EXPORT TRADE CORPORATION.
231 XISHAN ROAD DALIAN，CHINA
SALES CONTRACT

TEL：65788877   S/C NO：HX050264

FAX：65788876   DATE：：Jan.11，2005

TO MESSRE：TKAMLA CORPORATION

        6-7，KAWARA MACH

        OSAKA，JAPAN

Dear Sirs,

    We hereby confirm having sold to you the following goods on terms and conditions as specified below：

DESCRIPTIONS OF GOODS	QUANTITY	U/ PRICE	AMOUNT
COTTON DISHCLOTH		CFR OSAKA	
ART NO.HX80	5000 PCS	USD 5.20	USD 26000.00
ART NO.HE27	5000 PCS	USD 5.00	USD 25000.00
Packed in250 cartons			

LOADING PORT：DALIAN

DESTINATION：OSAKA PORT

PARTIAL SHIPMENT：PROHIBITED

TRANSHIPMENT：PROHIBITED

PAYMENT：IRREVOCABLE LETTER OF CREDIT AT SIGHT.

TIME OF SHIPMENT：LATEST DATE OF SHIPMENT APR.16，2005

THE BUYER :   THE SELLER :
KAMLA CORPORATION   DALIAN IMPORT & EXPORT CORPORATION
高田一郎   童和

信用证

SEQUENCE OF TOTAL	*27 :	1 / 1
FORM OF DOC, CREDIT	*40A :	IRREVOCABLE
DOC. CREDIT NUMBER	*20 :	33416852
DATE OF ISSUE	31C :	050105
DATE AND PLACE OF EXPIRY	*31D :	DATE 050418 PLACE IN THE COUNTRY OF BENEFICIARY
APPLICANT	*50 :	FUJI BANK LTD 1013, SAKULA TOKYO, JAPAN
ISSUING BANK	52A :	FUJI BANK LTD 1013, SAKULA TOKYO, JAPAN
BENEFICIARY	*59 :	DALIAN IMPORT & EXPORT TRADE CORPORATION. 231XISHAN ROAD DALIAN, CHINA
AMOUNT	*32B :	CURRENCY USD AMOUNT 5100.00
AVAILABLE WITH / BY	*41D :	ANY BANK IN CHINA BY NEGOTIATION
DRAFTS AT...	42C :	DRAFTS AT 15 DAYS AFTER SIGHT FOR FULL INVOICE COST
DRAWEE	42A :	FUJI BANK LTD
PARTIAL SHIPMENTS	43P :	ALLOWED
TRANSSHIPMENT	43T :	PROHIBITED
LOADING ON BOARD	44A :	SHANGHAI
FOR TRANSPORTATION TO...	44B :	OSAKA PORT
LATEST DATE OF SHIPMENT	44C :	MAY.16, 2005

综合训练

DESCRIPT OF GOODS	45A :	COTTON DISHCLOTH
		ART NO. HX80 5000PCS USD 5.20/PC
		ART NO. HE27 5000PCS USD 5.00/PC
		CFR DALIAN
DOCUMENTS REQUIRED	46A :	+SIGNED COMMERCIAL INVOICE IN TRIPLICATE.
		+PACKING LIST IN TRIPLICATE
		+CERTIFICATE OF ORIGIN GSP CHINA FORM A, ISSUED BY THE CHAMBER OF COMMERCE OR OTHER AUTHORITY DULY ENTITLED FOR THIS PURPOSE.
		+3/2 SET OF CLEAN ON BOARD OCEAN BILLS OF LADING, MADE OUT TO ORDER OF SHIPPER AND BLANK ENDORSED AND MARKED "FREIGHT PREPAID" AND NOTIFY APPLICANT.
		+FULL SET OF NEGOTIABLE INSURANCE POLICY OR CERTIFICATE BLANK ENDORSED FOR 110 PCT OF INVOICE VALUE COVERING ALL RISKS
CHARGES	71B :	ALL BANKING CHARGES OUTSIDE JAPAN ARE FOR ACCOUNT OF BENEFICIARY.
PERIOD FOR PRESENTATION	48 :	DOCUMENTS MUST BE PRESENTED WITHIN 15 DAYS AFTER THE DATE OF SHIPMENT BUT WITHIN THE VALIDITY OF THE CREDIT.

根据销售合同的内容审核题中信用证，找出信用证中的不符点，并在下面详细列出：

二、修改单证

已知资料（1）：

SALES CONTRACT

Contract No. : NJT090218

Date : FEB.18, 2009

Signed at : Nanjing, China

The Seller : NANJING JINLING TEXTILE CO., LTD.

Address : UNIT A 18/F, JINLING TOWER, NO. 118 JINLING ROAD, NANJING, CHINA

The Buyer : DEXICA SUPERMART S.A.

Address : BOULEVARD PACHECO 44, B-1000 BRUSSELS, BELGIUM

This Sales Contract is made by and between the Sellers and the Buyers, whereby the sellers agree to sell and buyers agree to buy the under-mentioned goods according to the terms and conditions stipulated below :

Commodity and specifications	Quantity	Unit Price	Amount
GIRLS GARMENTS	10800PCS	CIF BRUSSELS EUR5.00/PC	EUR 54000.00

10% more or less in quantity and amount are acceptable.

Packing : IN CARTON   Shipping Mark : N/M

Time of Shipment : Within 30 days after receipt of L/C.

综合训练

From NINGBO PORT CHINA to BRUSSELS, BELGIUM

Transshipment and Partial Shipment: Allowed.

Insurance: to be effected by the Seller for 110% of full invoice value covering all risks up to port of destination and war risks included with claim payable at destination.

Terms of Payment: By 100% Irrevocable Letter of Credit in favor of the Sellers to be available by sight draft to be opened and to reach China before APRIL 1, 2009 and to remain valid for negotiation in China until the 21 days after the foresaid Time of Shipment. L/C must mention this contract number L/C advised by BANK OF CHINA JIANGSU BRANCH. ALL banking Charges outside China are for account of the Buyer.

The Seller	The Buyer
NANJING JINLING TEXTILE CO., LTD.	DEXICA SUPERMART S.A.
钟山	ALICE

已知资料（2）：

①装运信息：指定 APL 承运，装期 2009.04.19；船名 PRINCESS；航次 V.018

②装箱资料：合计 108 箱，装入 1×20' 集装箱。

③商业发票号：NJT090218-09，签发日期 2009 年 4 月 10 日。

④信用证号：CMKK9180205

1. 一般原产地证

1. Exporter (full name address and country) DEXICA SUPERMART S.A. BOULEVARD PACHECO 44 B-1000 BRUSSELS, BELGIUM	Certificate No. CCPIT 091810528 CERTIFICATE OF ORIGIN OF THE PEOPLE'S REPUBLIC OF CHINA
2. Consignee (full name address and country) NANJING JINLING TEXTILE CO., LTD. UNIT A 18/F, JINLING TOWER, NO.118 JINLING ROAD, NANJING, CHINA	
3. Means of transport and route FROM NANJING PORT, CHINA TO BRUSSELS, BELGIUM BY AIR	5. For certifying authority use only
4. Country/region of destination CHINA	

续表

6. Marks and Numbers DEXICA S/C NJT090218	7. Number and kind of packages; description of goods LADIES GARMENTS PACKED IN(108)TWO HUNDRED AND EIGHT CARTONS ONLY.	8. H.S code 6204430090	9. Quantity 10080 DOZEN	10. Number and date of invoices NJT090218 APR.9,2009
11. Declaration by the exporter 　　The undersigned hereby declares that the above details and statements are correct; that all the goods were produced in china and that they comply with the rules of origin of the people's republic of china. NANJING JINLING TEXTILE CO., LTD. ZHONG SHAN　　（出口商 申请章） NANJING APR.15,2009 Place and date, signature and stamp of certifying authority		12. Certification 　　It is hereby certified that the declaration by the exporter is correct. CHINA COUNCIL FOR THE PROMOTION OF INTERNATIONAL TRADE JIN LIAN CHENG　　（CCPIT 签证章） NANJING CHINA APR.16,2009 Place and date, signature and stamp of certifying authority		

2. 保险单

中国人民保险公司江苏省公司

THE PEOPLE'S INSURANCE COMPANY OF CHINA JIANGSU BRANCH

化物运输保险单

CARGO TRANSPORTATION INSURANCE POLICY

发票号（INVOICE NO.）NJT090218-09　　　　　　保单号次　PYIE2006080

合同号（CONTRACT NO.）NJT090218　　　　　　POLICY NO.

信用证号（L/C NO.）CCPIT 091810528

被保险人：Insured：NANJING JINLING TEXTILE LTD.

　　中国人民保险公司(以下简称本公司)根据被保险人的要求，由被保险人向本公司缴付约定的保险费，按照本保险单承保险别和背面所载条款与下列特款承保下述货物的运输保险，特立本保险单。

　　THIS POLICY OF INSURANCE WITNESSES THAT THE PEOPLE'S INSURANCE COMPANY OF CHINA (HEREINAFTER CALLED "THE COMPANY") AT THE REQUEST OF THE INSURED AND IN CONSIDERATION OF THE AGREED PREMIUM PAID TO THE

COMPANY BY THE INSURED, UNDERTAKES TO INSURE THE UNDERMENTIONED GOODS IN TRANSPORTATION SUBJECT TO THE CONDITIONS OF THIS OF THIS POLICY ASPER THE CLAUSES PRINTED OVERLEAF AND OTHER SPECIL CLAUSES ATTACHED HEREON.

标记 MARKS&NOS	包装及数量 QUANTITY	保险货物项目 DESCRIPTION OF GOODS	保险金额 AMOUNT INSURED
DEXICA S/C NJT090218	10800 DOZEN	LADIES GARMENTS	USD54000.00

总保险金额 TOTAL AMOUNT INSURED : US DOLLARS FIFTY FOUR THOUSANDS ONLY

保费　　　　　　　　　启运日期

AS ARRANGED　　DATE OF COMMENCEMENT : APR 09, 2009

装载运输工具
PER CONVEYANCE:PRINCESS V.018

自　　　　　经　　　　至

FROM: NANJING PORT CHINA　VIA _____ To BRUSSELS，BELGIUM

承保险别 :CONDITIONS:Covering F. P. A up to PORT OF DESTINATION

所保货物，如发生保险单项下可能引起索赔的损失或损坏，应立即通知本公司下述代理人查勘。如有索赔，应向本公司提交保单正本 (本保险单共有 __3__ 份正本) 及有关文件。如一份正本已用于索赔，其余正本自动失效。

IN THE EVENT OF LOSS OR DAMAGE WITCH MAY RESULT IN A CLAIM UNDER THIS POLICY, IMMEDIATE NOTICE MUST BE GIVEN TO THE COMPANY'S AGENT AS MENTIONED HEREUNDER. CLAIMS, IF ANY, . ONE OF THE ORIGINAL POLICY WHICH HAS BEEN ISSUED IN __3__ ORIGINAL (S) TOGETHER WITH THE RELEVENT DOCUMENTS SHALL BE SURRENDERED TO THE COMPANY. IF ONE OF THE ORIGINAL POLICY HAS BEEN ACCOMPLISHED. THE OTHERS TO BE VOID.

中国人民保险公司广州市分公司
THE PEOPLE'S INSURANCE COMPANY OF CHINA JIANGSU BRANCH

赔款偿付地点
CLAIM PAYABLE AT Nanjing,CHINA　　　　　　王天华
出单日期 ISSUING DATE APR. 20,2009　　　　Authorized Signature

三、根据合同资料用英文缮制开证申请书

合同资料：

买方：长城贸易公司 天津市生力路123号 TEL：022-87654321

卖方：TAKAMRA IMP. & EXP. CORP.

　　　324，OTOLIMACH TOKYO，JAPAN TEL：028-54872458

品名：48英寸彩色电视机

单价：每台1000美元CIF天津

数量：100台

包装：每台装一纸箱

总值：100000美元

装运时间：2005年8月31日前，不准分批装运和转运

装运港：大阪　　　　目的港：天津

开证方式：电开

支付：不可撤销即期跟单信用证，最迟开证日期2005年7月20日

保险：按发票金额加一成投保一切险和战争险

单证条款：商业发票一式五份，注明信用证号和合同号

　　　　　装箱单一式四份

　　　　　全套清洁已装船正本提单，做成空白抬头，空白背书，注明运费预付

　　　　　检验检疫机构出具的品质检验证书一份

　　　　　保险单正本一份，作空白背书

合同号：GWM050831

开户行及账号：中国银行 1357924680

买方法人代表：李红

IRREVOCABLE DOCUMENTARY CREDIT APPLICATIION

TO：BANK OF CHINA　　　　　　　　　　　　　　　Date：

Beneficiary（full name and address）	L/C No.
	Ex-Card No.
	Contract No.
	Date and place of expiry of the credit

综合训练

续表

Partial shipments ☐ allowed ☐ not allowed	Transhipment ☐ allowed ☐ not allowed	☐ Issue by airmail ☐ With brief advice by teletransmission ☐ Issue by express delivery
Loading on board/dispatch/taking in charge at/from not later than for transportation to		☐ Issue by teletransmission (which shall be the operative instrument)
		Amount (both in figures and words)
Description of goods: Packing:		Credit available with ☐ by sight payment ☐ by acceptance ☐ by negotiation ☐ by deferred payment at against the documents detailed herein ☐ and beneficiary's draft for % of the invoice value at on
		☐ FOB ☐ CFR ☐ CIF ☐ or other terms

Document required: (marked with ×)
1. ( ) Signed Commercial Invoice in____copies indication L/C No. and Contract No.
2. ( ) Full set of clean on board ocean Bills of Lading made out_____ and ( ) blank endorsed, marked "freight" ( ) to collect/ ( ) prepaid.
3. ( ) Air Waybills showing "freight ( ) to collect / ( ) prepaid ( ) indicating freight amount" and consigned to.
4. ( ) We normal issued by consigned to.
5. ( ) Insurance Policy / Certificate in____ copies for % of the invoice value showing claims payable in China in currency of the draft, blank endorsed, covering ( ) Ocean Marine Transportation / ( ) Air Transportation / ( ) Over Land Transportation ( ) All Risks, War Risks.
6. ( ) Packing List / Weight Memo in____copies indicating quantity / gross and net weights of each package and packing conditions as called for by the L/C.
7. ( ) Certificate of Quantity / Weight in copies issued by an independent surveyor at the loading port, indicating the actual surveyed quantity / weight of shipped goods as well as the packing condition.
8. ( ) Certificate of Quality in____ copies issued by ( ) manufacturer / ( ) public recognized surveyor / ( ).
9. ( ) Beneficiary's Certified copy of cable / telex dispatched to the accountees within hours after shipment advising ( ).

name of vessel / ( ) flight No. / ( ) wagon No., date, quantity, weight and value of shipment.

10. ( ) Beneficiary's Certificate Certifying that extra copies of the documents have been dispatched according to the contract terms.

11. ( ) Shipping Co's certificate attesting that the carrying vessel is chartered or booked by accountee or their shipping agents.

12. ( ) Other documents, if any.

Additional Instructions:

1. ( ) All banking charges outside the opening bank are for beneficiary's account.
2. ( ) Documents must be presented within days after the date of issuance of the transport documents but within the validity of this credit.
3. ( ) Third party as shipper is not acceptable. Short Form / Blank Back B/L is not acceptable.
4. ( ) Both quantity and amount % more or less are allowed.
5. ( ) Prepaid freight drawn in excess of L/C amount is acceptable against presentation of original charges voucher issued by shipping Co / Air Line / or it's agent.
6. ( ) All documents to be forwarded in one cover, unless otherwise stated above.
7. ( ) Other terms, if any.

Account No.,　　　　　　　　with＿＿＿＿＿＿＿＿＿＿（name of bank）

Transacted by:　　　　　　　（Applicant: name signature of authorized person）

Telephone No.:　　　　　　　　　　　（with seal）

综合训练

综合训练三

一、单证改错

1. 信用证中有关资料如下：

ORDER	STYLE	QTY/PCS	USD/PCS
152-038	28367-J	1200	3.95
152-068	27247-W	1500	1.72.

WOMENS 100PCT POLYESTER KNIT SPRING JACKET

FOB SHANGHAI, CHINA

CMMERCIAL INVOICE CERTIFY THAT COMMODITES ARE OF CHINA ORIGIN AND H.S.CODE6109.1000

2. 已经制作的商业发票（局部）如下：

MARKS & NUMBERS	DESCRIPTION OF GOODS	QUANTITY	UNIT PRICE	AMOUNT
	WOMENS JACKET	1500pcs 1200pcs	USD3.95/pc USD1.72/pc	USD7989.00

3. 根据上述资料用英文改正商业发票（局部）上错误的地方，并将应添加的内容补齐：

MARKS & NUMBERS	DESCRIPTION OF GOODS	QUANTITY	UNIT PRICE	AMOUNT
	WOMENS 100PCT POLYESTER KNIT SPRING JACKET ORDER NO.152-038 STYLE NO.28367-J ORDER NO.152-068 STYLE NO.27247-W	1200pcs 1500pcs TOTAL: 2700pcs	USD3.95/pc USD1.72/pc	USD4740.00 USD2580.00 USD7320.00

二、根据合同审核信用证

SALES CONTRACT

BUYER: Jae & Sons Papers Company   NO.ST05-016

　　　　Busan, Korea   SIGNED AT: Nanjing, China

SELLER: Wonder International Company Limited

　　　　No. 529, Qijiang Road He Dong District,

　　　　Nanjing, China

　　This Contract is made by the Seller; whereby the Buyers agree to buy and the Seller agrees to sell the under –mentioned commodity according to the terms and conditions stipulated below:

1. COMMODITY: UNBLEACHED KRAET LINEBOARD.

　　UNIT PRICE: USD390.00/PER METRIC TON, CFR BUSAN KOREA

　　TOTAL QUANTITY: 100METRIC TONS, ±10% ARE ALLOWED.

　　PAYMENT TERM: BY IRREVOCABLE L/C 90 DAYS AFTER B/L DATE

2. TOTAL VALUE: USD39 000.00 (SAY U.S.DOLLARS THIRTY NINE THOUSAND ONLY.*** 10% MORE OR LESS ALLOWED.)

3. PACKING: To be packed in strong wooden case (s), suitable for long distance ocean transportation.

4. SHIIPPING MARK: The Seller shall mark each package with fadeless paint the package number, gross weight, measurement and the wording: "KEEP AWAY FROM MOUSTURE", "HANDLE WITH CARE", etc. and the shipping mark: ST05-016

BUSAN KOREA

5. TIME OF SHIPMENT: BEFORE OCTOBER 02, 2005

6. PORT OF SHIPMENT: MAIN PORTS OF CHINA

7. PORT OF DESTINATION: BUSAN, KOREA

8. INSURANCE: To be covered by the Buyer after shipment. (F.O.B Terms)

9. DOCUMENT:

+ Signed invoice indicating LC No and Contract No.

+ Full set (3/3) of clean on board ocean Bill of Lading marked "Freight to Collect" / "Freight Prepaid" made out to order blank endorsed notifying the applicant.

+ Packing List/Weight List indicating quantity/gross and net weight.

+ Certificate of Origin.

+ No solid wood packing certificate issued by manufacturer.

10. OTHER CONDIGTIONS REQD IN LC：

+ All banking charges outside the opening bank are for beneficiary's a/c.

+ Do not mention any shipping marks in your L/C.

+ Partial and transshipment allowed.

11. REMARKS：The last date of L/C opening：20 August，2005.

BANK OF KOREA LIMITED, BUSAN

SEQUENCE OF TOTAL	*27：	1 / 1
FORM OF DOC. CREDIT	*40A：	IRREVOCABLE
DOC. CREDIT NUMBER	*20：	S100-108085
DATE OF ISSUE	31C：	20050825
EXPIRY	*31D：	DATE 20051001 PLACE APPLICANT'S COUNTRY
APPLICANT	*50：	JAE & SONS PAPERS COMPANY
		203 LODIA HOTEL OFFICE 1564, DONG-GU,
		BUSAN, KOREA
BENEFICIARY	*59：	WONDER INTERNATIONAL COMPANY LIMITED
		NO. 529, QIJIANG ROAD HE DONG DISTRICT,
		NANNING, CHINA
AMOUNT	*32B：	CURRENCY HKD AMOUNT 39 000.00
AVAILABLE WITH/BY	*41D：	ANY BANK IN CHINA BY NEGOTIATION
DRAFTS AT...	42 C：	DRAFT AT 90 DAYS AT SIGHT
		FOR FULL INVOICE COST
DRAWEE	42A：	BANK OF KOREA LIMITED, BUSAN
PARTIAL SHIPMENTS	43P：	NOT ALLOWED
TRANSSHIPMENT	43T：	NOT ALLOWED
LOADING IN CHARGE	44A：	MAIN PORTS OF CHINA
FOR TRANSPORT TO...	44B：	MAIN PORTS OF KOREA
LATEST DATE OF SHIP.	44C：	20051031
SHIPMENT PERIOD	44：	
DESCRIPT. OF GOODS	45A：	

+COMMODITY : UNBLEACHED KRAET LINEBOARD.

U/P : HKD 390.00/MT

TOTAL : 100MT ± 10% ARE ALLOWED.

PRICE TERM : CIF BUSAN KOREA

COUNTRY OF ORIGIN : P.R.CHINA

PACKING : STANDARD EXPORT PACKING

SHIPPING MARK : ST05-016

BUSAN KOREA

DOCUMENTS REQUIRED   46A :

1. COMMERCIAL INVOICE IN 3 COPIES INDICATING LC NO. & CONTRACT NO.ST05-018

2. FULL SET OF CLEAN ON BOARD OCEAN BILL OF LADING MADE OUT TO ORDER AND BLANK ENDORSED, MARKED FREIGHT TO COLLECT, NOTIFYING THE APPLICANT.

3. PACKING LIST/WEIGHT LIST IN 3 COPIES INDICATING QUANTITY/GROSS AND NET WEIGHTS

4. CERTIFICATE OF ORIGIN IN 3 COPIES

ADDITIONAL COND.	47B :	ALL DOCUMENTS ARE TO BE PRESENTED TO US IN ONE LOT BY COURIER/SPEED POST.
DETAILS OF CHARGES	71B :	ALL BANKING CHARGES OUTSIDE OF OPENING BANK ARE FOR BENEFICIARY'S ACCOUNT.
PRESENTATION PERIOD	48 :	DOCUMENTS TO BE PRESETNED WITHIN 21 DAYS AFTER THE DATE OF SHIPMENT BUT WITHIN THE VALIDITY OF THE CREDIT
CONFIRMATION INSTRUCTIONS	*49 : 78 :	WITHOUT

+WE HEREBY UNDERTAKE THAT DRAFTS DRAWN UNDER AND IN COMPLY WITH THE TERMS AND CONDITIONS OF THIS CREDIT

WILL BE PAID MATURITY.
SEND. TO REC. INFO.   72 :   /SUBJECT U.C.P.1993 ICC PUBLICATION
                                          500

经审核信用证存在的问题如下：

三、根据合同资料用英文缮制单证

1. 资料：

（1）出口商公司名称：SHANGHAI JINHAI IMP&EXP CORP. LTD.

（2）进口商公司名称：ANTAK DEVELOPMENT LTD.

（3）支付方式：20%T/T BEFORE SHIPMENT AND 80% L/C AT 30 DAYS AFTER SIGHT

（4）装运条款：FROM SHANGHAI TO SINGAPORE NOT LATER THAN SEP. 30 2005

（5）价格条款：CFR SINGAPORE

（6）货物描述：MEN'S COTTON WOVEN SHIRTS

货号/规格	装运数量及单位	总金额	毛重/净重（件）	尺码
1094L	700 DOZ	USD19180.00	33KGS/31KGS	68×46×45CM
286G	800 DOZ	USD31680.00	45KGS/43KGS	72×47×49CM
666 1	60 DOZ	USD5440.00	33KGS/31KGS	68×46×45CM

包装情况：一件一塑料袋装，6件一牛皮纸包，8打或10打一外箱。

尺码搭配：1094L：   M   L   XL

$$
\begin{array}{cccc}
& 3 & 3 & 4 = 10\text{打}/\text{箱} \\
286G: & M & L & XL \\
& 1.5 & 3 & 3.5 = 8\text{打}/\text{箱} \\
666; & M & L & XL \\
& 1.5 & 3.5 & 3 = 8\text{打}/\text{箱}
\end{array}
$$

（7）唛头由卖方决定（要求使用标准化唛头）

（8）L/C NO.123456 DATED AUG.18，2005 ISSUED BY BANK OF CHINA SINGAPORE BRANCH ADVISING BANK：BANK OF CHINA，SHANGHAI

（9）船名：HONGHE v.188 B/L NO.：ABC123 B/L DATE：2005年9月20日

（10）S/C NO. 00SHGM3178B DATE AUG.2，2005

（11）INVOICE NO. SHGM70561

2. 制作汇票、装箱单、装船通知。

（1）缮制汇票：

No.

For   **BILL OF EXCHANG**

                                                             Date

At_____ sight of this SECOND BILL of EXCHANGE（first of the same tenor and date unpaid）pay to the order of _____the sum of

Drawn under

L/C No. _____   Dated

To.

（2）缮制装箱单：

                                   PACKING LIST

TO：

                                                        INVOICE NO._____

                                                              S/C NO._____

                                                              L/C NO._____

SHIPPING MARKS：

综合训练

C/NOS.	NOS & KINDS OF PKGS	QUANTITY	G.W.(KGS)	N.W.(KGS)	MEAS.(M^3)
TOTAL					

（3）缮制装船通知：

SHIPPING ADVICE

TO :

INVOICE No. : _____

L/C No. : _____

S/C No. : _____

DEAR SIRS :

WE HEREBY INFORM YOU THAT THE GOODS UNDER THE ABOVE MENTIONED CREDIT HAVE BEEN SHIPPED. THE DETAILS OF THE SHIPMENT ARE STATED BELOW.

COMMODITY : _____

NUMBER OF PKGS : _____

TOTAL G.W : _____

OCEAN VESSEL : _____

DATE OF DEPARTURE : _____

B/L No. : _____

PORT OF LOADING : _____

DESTINATION : _____

SHIPPING MARKS :

SHANGHAI JINHAI IMP&EXP CORP. LTD

王 红

习题答案

第一章　国际商务单证

一、单项选择题

1.A　2.B　3.A　4.D　5.A　6.C　7.C　8.C　9.D　10.B

二、多项选择题

1.AB　2.ABCD　3.ABCD　4.ABCD　5.ABCD　6.BC　7.ABC　8.ABCD　9.AB　10.ABD

三、判断题

1-5：TTTFT　6-10：FTFTF

四、简答题

1.答：国际商务单证可以分成四类。根据贸易双方涉及的单正可分为进口单证和出口单证；根据单证的性质可分为金融单证和商业单证；根据单证的用途可分为资金单证、商业单证、货运单证、官方单证和附属单证；根据进出口贸易的环节可分为托运单证、结汇单证、进口单证等。

2.答：因为"单单相符"是以"单证相符"为前提的，离开了这个前提，单单之间即使相符，也会遭到银行的拒付。至于"单货相符"，主要是指单证的内容应该与实际的交货相符，亦即与合同相符。这里，单货相符也必须要具备"单证相符"的前提和条件。因为信用证虽然体现了合同的内容，但对银行来说，信用证是一个独立的文件，它既不依附与合同，也不管实际交货是否与单证的论述相一致。因此，当信用证的某一封面与合同不符，而且未作修改时，缮制出口单证应以信用证的规矩为准。所以，从安全收汇的角度来说，结汇单证必须首先注意处理好单证是否相符的问题。

3.答："正确"。至少包括两个方面的内容：一是各种单证必须做到"三相符"，即单证与信用证相符，单证与单证相符，单证与贸易合同相符；二是各种单证必须符合有关国际惯例和进口国的有关法令和规定。

综合训练

第二章 进出口交易程序

一、单项选择题

1.D 2.C 3.A 4.B 5.B 6.B 7.B 8.D 9.D 10.D

二、多项选择题

1.BCD 2.ACD 3.ABC 4.ABC 5.ABC 6.ACE 7.BE 8.AD 9.ABCD 10.ABCDE 11.ABCD 12.ABCD 13.ABCD

三、简答题

1.答：构成发盘的必要条件一是发盘应向一个或一个以上特定的人提出；二是发盘内容必须十分确定；三是发盘必须表明，发盘一旦被受盘人接受，发盘人即受其约束；四是发盘必须送达受盘人。

2.答：发盘效力终止的三个原因：（1）由于在有效期内未被接受而过时。在发盘规定时间内未收到受盘人答复，超过了有效期，原发盘即失效；（2）由于受盘人拒绝或还盘；（3）因战争、灾难或发盘人死亡、法人破产等不能控制的因素所致。

3.答：构成接受的条件：一是接受必须由受盘人作出；二是必须表示出来；三是接受必须是无条件地同意发盘的全部内容；四是接受必须在发盘规定的有效期内送达发盘人。

四、案例分析

1.答：甲公司不应赔偿乙公司。乙公司在发盘有效期内复电要求将货物价格降低为每公吨240美元，该行为构成了还盘。还盘一经发出，原发盘即失效，合同因而没有成立。

2.答：我方的接受不能使合同成立。因为我方在8月20日曾向对方复电："若价格能降至56美元/件，我方可以接受。"该复电已构成还盘。该还盘一经作出，原发盘即告失效。所以，当我方8月21日得知国际市场行情有变，向对方表示的接受已不具有效力。因此，我方的接受不能使合同成立。

第三章 国际贸易术语

一、填空题

1.《1932年华沙—牛津规则》《1941年美国对外贸易定义修订本》《2010年国际贸易术语解释通则》 2.适用于任何运输方式或多种运输方式的术语 适用于海运及内河水运的术语 3.买方 4.价格 交货地点 确定风险 责任费用

5. 货物装到装运港船上 货交承运人处置时 6. 买 卖 7. FAS 8. 卖方 9. 装运 交货 到货 DAP 完成交货 10. 不承担

二、单项选择题

1. D 2. D 3. C 4. C 5. B 6. D 7. C 8. C 9. B 10. B 11. D 12. D 13. B 14. B 15. C 16. D 17. C 18. A 19. A 20A

三、多项选择题

1. BC 2. ABD 3. ABC 4. AB 5. BD 6. ACD 7. ABCD 8. AD 9. ABD 10. ABC

四、简答题

1. 答：《国际贸易术语解释通则》是国际商会为了统一对各种贸易术语的解释而制定的，它的英文缩写形式为 INCOTERMS，中文简称《通则》。《2010年国际贸易术语解释通则》考虑了无关税区的不断扩大、商业交易中电子信息使用的增加、货物运输中对安全问题的进一步关注以及运输方式的变化。

2. 答：贸易术语是用来表示商品的价格构成，说明交货地点，确定风险、责任费用划分等问题的专门术语。贸易术语是国际贸易发展到一定历史阶段的产物，它的出现又推动了国际贸易的发展。贸易术语的出现和广泛应用，对于简化交易手续、缩短洽谈时间和节省费用开支，都发挥了重要的作用。

3. 答：①船上交货（插入指定装运港）Free on Board（insert named port of shipment），英文缩写 FOB。卖方的义务是必须在约定的日期或期限内，在指定的装运港，按照该港习惯方式，将符合合同的货物交至买方指定的船只上，或以取得已经在船上交付的货物的方式交货，并给予买方充分的通知，必须自担风险和费用，取得所需的出口许可或其他官方授权，办理出口货物所需的一切海关手续；承担货物在装运港装上船前与货物相关的一切费用和风险；负责提供商业发票和证明货物已交至船上的通常证据，以及合同要求的其他与合同相符的证据。在双方约定或符合惯例的情况下，任何单据可以是同等作用的电子记录或程序，应买方要求并由其承担风险和费用，卖方必须及时向买方提供或协助其取得相关货物进口和（或）将货物运输到最终目的地所需要的任何文件和信息，包括安全相关信息。买方的义务是：负责租船或订舱，支付运费，并给予卖方关于船名、装船点和要求交货时间的充分通知。承担货物在装运港装上船时起发生的一切费用和风险，必须自担风险和费用，取得进口许可或其他官方授权，办理货物进口和从他国过境运输所

综合训练

需的一切海关手续，接受卖方提供的与合同相符的有关凭证，按照买卖合同约定支付价款，买方必须及时告知卖方任何安全信息要求。应卖方要求并由其承担风险和费用，买方必须及时向卖方提供或协助其取得货物运输和出口及从他国过境运输所需要的任何文件和信息，包括安全相关信息。②成本加运费（插入指定目的港）Cost and Freight（insert named port of destination），英文缩写CFR（卖方的义务：必须自担风险和费用，取得出口许可或其他官方授权，办理货物出口所需的一切海关手续，必须签订或取得运输合同，支付运费，经由通常航线，由通常用来运输该类商品的船舶运输，必须在装运港，约定的日期或期限内，按照该港的习惯方式，将符合合同的货物交至运往指定目的港的船上，或者以取得已装船货物的方式交货，并及时通知对方，承担货物在装运港装上船前发生的一切费用和风险，负责提供商业发票和货物运往约定目的港的通常运输凭证，以及合同要求的其他与合同相符的证据。在双方约定和符合惯例的情况下，任何单证可以是同等作用的电子记录或程序，应买方要求并由其承担风险和费用，卖方必须及时向买方提供或协助其取得相关货物进口和（或）将货物运输到最终目的地所需要的文件和信息，包括安全相关信息。买方的义务：接受卖方提供的与合同相符的有关运输凭证，按照合同约定支付价款，承担货物在装运港装上船起的一切费用和风险，必须自担风险和费用，取得进口许可或其他官方授权，办理货物进口及他国过境运输所需的一切海关手续，买方必须及时告知卖方任何安全信息要求，应卖方要求并由其承担风险和费用，买方必须及时向卖方提供或协助其取得货物运输和出口及从他国过境运输所需要的任何文件和信息，包括安全相关信息。③成本、保险费加运费（插入指定目的港）Cost, Insurance and Freight（insert named port of destination），英文缩写CIF。卖方的义务：同上另附加一条必须自付费用取得货物保险。买方的义务：同上。④货交承运人（插入指定交货地点）Free Carrier（insert named place of delivery），英文缩写FCA，卖方的义务：必须在指定的交货地点，在约定的交货日期或期限内，将货物交付给买方指定的承运人或其他人，并给予买方货物已交付的充分通知，必须自担风险和费用，取得出口许可或其他官方授权，办理货物出口所需的一切海关手续，承担货物交给承运人以前发生的一切费用和风险，负责提供商业发票和证明货物已交给承运人的通常单据，以及合同要求的其他与合同相符的证据。在双方约定或符合惯例的情况下，任何单证可以是同等作用的电子记录或程序，应买方要求并由其承担风险和费用，卖方必须及时向买方提供或协助其取得相关货物进口和（或）将货物运输到最终目的地所需要的任何文件和信息，包括安全相关信息。买方的义务：必须自付费用订立自指定的地点运输货物的合同，并给予卖方关于承运人名称、运输方式。具体交货点和交货日期或期限的充分通知，承担货物交给承运人后发生的一切费用和风险，必须自担风险和费用，取得进口许可等其他官方授权，办理货物进口和从他国过境所需的一切海关手续，接受卖方提供的有关交货凭证，按照合同规定受领货物并支付价款，买方必须及时告知卖方任何安全信息要求，应卖方要求并由其承担风险和费用，买方必须及时向卖方提供或协助其取得货物运输和出口及从他国过境运输所需要的任何文件和信息，包括安全相关信息。⑤运费付至（插入指定目的地）Carriage Paid to（insert named place of destination），英文缩写CPT，"运费付至…"指卖方在指定交货地向承运人或由其（卖方）指定的其他人交货并且其（卖方）须与承运人订立运输合同，载明并实际承担将货物运送至指定目的地的所产生的必要费用。这一术语无例外地用于所选择的任何一种运输方式以及运用多种运输方式的情况。卖方义务包括自费订立按通常条件，通常路线及习惯方式将货物运至指定目的地约定地点的运输合同，并支付有关运费；在约定的日期或期限内，将合同规定的货物置于买方指定的第一承运人的控制下，并于交货后充分通知买方；承担自货物交到承运人控制之前的一切风险和费用；自担风险和费用，取得出口许可证或其他官方许可，并在需要办理海关手续时，办理货物出口所需的一切海关手续；提交商业发票，自费向买方提供在目的地提货所用的通常的运输单据，或具有同等作用的电子信息。买方义务包括按照销售合同的规定接受单据、受领货物并支付货款；承担自货物交至承运人控制之后的一切风险和费用；自担风险和费用，取得进口许可证或其他官方许可，并在需要办理海关手续时，办理货物进口所需的一切海关手续。⑥运费和保险费付至（插入指定目的地）Carriage and Insurance Paid to（insert named place of destination），英文缩写CIP。"运费和保险费付至"含义是在约定的地方（如果该地在双方间达成一致）卖方向承运人或是卖方指定的另一个人发货，以及卖方必须签订合同和支付将货物运至目的地的运费。"卖方还必须订立保险合同以防买方货物在运输途中灭失或损坏风险。该术语可适用于各种运输方式，也可以用于使用两种以上的运输方式时。与CPT相比，采用CIP

术语时，卖方还要订立保险，支付保险费，其他与 CPT 相同"。

4. 答：前三种贸易术语适用于任何运输方式或多种运输方式，与后三种的不同点是风险转移界限不同，前三种为货交承运人处置时，后三种为货物装到装运港船上。

5. 答：从交货上看，CIF 是一种典型的象征性交货，即卖方只要按期在约定地点完成装运，并向买方提交合同规定的包括物权凭证在内的有关单据，就算完成了交货义务，而无须保证到货。

6. 答：DAT 术语要求卖方办理出口清关手续，如果双方希望由卖方承担由运输终端至另一地点间运送和受理货物的风险和费用，则应当使用 DAP。

7. 答：两者所在买卖双方承担的责任和风险不同，需提交的单据也不同。

五、案例分析

1. 答：甲公司不应承担损失。根据《INCOTERMS 2010》，采用 FCA 术语成交时，货物交给承运人后风险即可提前转移给承运人，因而卖方不需承担此案中的损失。

2. 答：甲公司应承担货物损失的责任，因为根据《INCOTERMS 2010》，CFR 术语情况下，卖方负责办理租船订舱，买方负责办理投保手续，同时，卖方负有在装船完毕后必须及时向买方发出装运通知以便买方办理保险的责任，否则，卖方应承担应因其延误通知而产生的风险。此案中，甲公司未及时发出装运通知，导致乙公司无法及时办理投保手续，未能将风险及时转移给保险公司，所以风险应由甲公司承担。

第四章 汇付与托收

一、填空题

1. 信用证 银行　2. 相同 相反　3. 大　4. 电汇 信汇 票汇　5. 跟单托收
6. 汇付 托收 信用证 汇付 托收 信用证　7.《托收统一规则》或《URC522》
8. 付款 承兑汇票　9. 委托人（出票人）付款人（受票人）托收行 代收行
10. 付款 承兑

二、单项选择题

1.B　2.B　3.B　4.B　5.A　6.B　7.C　8.B　9.A　10.B

三、多项选择题

1.BCD　2.AB　3.BCD　4.ABCD　5.ABD

四、案例分析

1. 答：责任应由代收行承担。因为，在 D/P60 天结算方式下，代收行的交单应以付款人的付款为条件。而本案中，代收行在付款期限未到，买方向其出具信托收据（即 T/R）的情况下，将提货单借给提货人提货，此行为的风险由代收行承担。

2. 答：国际商会《URC522》第 19 条第 6 款规定："跟单托收时，部分付款只有在托收指示特别授权时才被接受。然而，除非另有指示，代收行只有在全部款项收讫时才能把单证交予受票人"。本案例中，托收指示没有授权代收行可部分付款交单，代收行也没有征得委托人的同意，而是根据付款人的授权执行部分付款交单，这种做法是错误的。

第五章　信用证

一、单项选择题

1.B　2.A　3.C　4.B　5.B　6.B　7.D　8.D　9.A　10.B　11.C　12.B　13.C　14.C　15.B

二、多项选择题

1.ABD　2.BC　3.ACD　4.ABC　5.ADE　6.ABCD　7.CD　8.BD　9.BCD　10.ABD

三、判断题

1-5：×××××　6-10：√√√√×　11-15：×√×××

四、案例分析

1. 答：BANK I 的拒付理由是成立的。因为此份信用证规定的有效期到期地点在法国，且信用证指定的银行是开证行本身，而不是通知行中国银行江苏分行。在本案中，中国银行江苏省分行仅仅是寄单行，甲公司将单证在有效期内交给寄单行并不能满足信用证的要求。对于这种境外到期信用证。甲公司应该以前至少一个邮程（至少 5 天）将单证交给寄单行中国银行江苏省分行，这样，单证才能在有效期前到达开证行柜台。

2. 答：这是一起由于单证不符遭致拒付的案例，按《UCP600》的规定，银行审单遵循"严格相符"的原则，即受益人提交的单证必须做到"单证与信用证规定一致"和"单证与单证一致"，银行才会接受单证并付款。这是一条刚性原则，虽然曾有不少人提出应软化这一刚性原则，即银行应接受只有轻微瑕疵的单证并付款，但这一主张并未得到大多数国家的接受，也未得到国际商会的认可。实际上，对"轻微瑕疵"的认定，即何种程度的不符才能构成银行拒付的理由，《UCP600》没有作明确的规定，法院或仲裁庭有很大的自由裁量权。

本案给我们的启示是，议付行一定要本着认真、负责的态度审好每笔单子，以把各个不符点尽可能扼杀在萌芽状态。如本案，若我们及早发现、及早更改的话是完全可以做到单单、单证一致的。我们绝不能存有侥幸心理。当然在具体处理时，我们作为议付行也可据理力争，多找一些有利于我方的判例，争取此事得以圆满解决。

五、操作题

1. 修改信用证。

经审核，信用证存在的问题如下：

（1）40A 信用证种类错，应该是 IRREVOCABLE TRANSFERABLE；

（2）31D 信用证到期地点错，应该是 CHINA；

（3）43P 分批要求错，应该是 ALLOWED；

（4）44A 起运港错，应该是 DA LIAN；

（5）45A 品名错，应该是 LADIES SKIRTS；

（6）45A 货号错，应该是 A101 和 A102；

（7）45A 单价错，应该是 @USD60/DOZ 和 @USD84/DOZ；

（8）46A 保单加成错，应该是 PLUS 10 PCT MARGIN；

（9）46A 保单险别错，应该是 COVERING F.P.A. RISKS；

（10）47A 唛头错，应该是 BBB，S/C LT07060，GDANSK，C/NO.。

2. 修改信用证。

经审核，信用证存在的问题如下：

（1）31C 开证日期不符，根据合同，开证日期应为 090702 之前；

（2）31D 有效期不符，根据合同，有效期应为 090915；

（3）31D 到期地点不符，根据合同，到期地点应在中国；

（4）59 受益人名称不符，受益人名称应为"SHANGHAI WILL TADING CO.，LTD."；

（5）32B 信用证金额不符，根据合同，信用证金额应为 USD91500.00；

（6）42C 汇票付款期限不符，汇票付款期限应为"AT SIGHT"；

（7）42A 汇票受票人有误，汇票受票人应为开证行［ING BELGIUM NV/SV（FORMERLY BANK BRUSSELS LAMBERT SA），GENT］或付款行，不应是开证申请人；

（8）43P 应为允许分批装运；

（9）44E 装运港不符，装运港应为"SHANGHAI"；

（10）44C 最迟装运期不符，最迟装运期应为 090831；

（11）45A 品名不符，品名应为"WORK SHORT TROUSERS"；

（12）45A 单价币别不符，单价币别应为"USD"，不应为"EUR"；

（13）45A 贸易术语不符，贸易术语应为"CIF"，不应为"CFR"；

（14）45A 合同号有误，应为 WILL09068；

（15）46A 提单运费项目应注明"FREIGHT PREPAID"，不应为"FREIGHT COLLECT"；

（16）46A 保险单的保险金额应为发票金额的"110PCT"，不应为"120PCT"；

（17）46A 保险险别应为"ALL RISKS AND WAR RISK"；

（18）71B 所有费用由受益人负担不合理；

（19）48 交单期应为装运日期后"15 天"，不应是装运日期后"5 天"；

（20）50 申请人有误，应为 NU BONNETERIE DE GROOTE，AUTOSTRADEWEG 6 9090 MEUE BELGIUM。

第六章 发票与包装单证

一、单项选择题

1-5：BCBDA　6-10：DCBBC　11-15：DAACA

二、多项选择题

1.ACD　2.CD　3.ABCD　4.ABCD　5.ABD　6.ACD　7.ACD　8.ABCD　9.ABCD　10.ABC

三、操作题

1.填写发票与箱单。

DALIAN TAISHAN SUITCASE & BAG CO.，LTD.

66 ZHONGSHAN ROAD

DALIAN 116001，CHINA

COMMCERCIAL INVOICE

To :
ORTAI CO., LTD.
30 EAST 40TH STREET, NEW YORK,
NY 10016

From : DALIAN

Invoice No. : TSI0801005
Date : AUG.5, 2008
S/C No. : TSSC0801005
L/C No. : N5632405TH11808

To : NEW YORK U.S.A

MARKS	DESCRIPTION	QUANTITY	CIF NEWYORK	AMOUNT
ORTAI	Trolley Cases			
TSI0601005		1104PCS		USD7176.00
NEW YORK	TS503214	1149PCS	USD6.50/PC	USD6894.00
C/NO.1-1231	TS503215	1440PCS	USD6.00/PC	USD8352.00
TOTAL	TS503216	3693PCS	USD5.80/PC	USD22422.00

TOTAL VALUE IN WORDS : SAY U.S.DOLLARS TWENTY TWO THOUSAND FOUR HUNDRED AND TWENTY TWO ONLY

WE HEREBY CERTIFY THAT THE CONTENTS IN THIS INVOICE ARE TRUE AND CORRECT.

DALIAN TAISHAN SUITCASE & BAG CO., LTD.

张平

ISSUER DALIAN TAISHAN SUITCASE & BAG CO., LTD. 66 ZHONGSHAN ROAD DALIAN 116001, CHINA			PACKING LIST				
TO ORTAI CO., LTD. 30 EAST 40TH STREET, NEW YORK, NY 10016			INVOICE NO. TSI0801005		DATE AUG.5, 2008		
			S/C NO. TSSC0801005		L/C NO. N5632405TH11808		
MARKS AND NUMBERS	C/NOS	NUMBER AND KIND OF PACKAGES ; DESCRIPTION	QUANTITY	G.W. (KGS)	N.W. (KGS)	MEAS (CBM)	

续表

			Trolley Cases				
ORTAI TSI0601005 NEW YORK C/NO.1-1231	1-368		TS503214—368CTNS	1104PCS	5078.4	4416	57.8864
	369-751		TS503215—383 CTNS	1149PCS	4596	4021.5	57.833
	752-1231		TS503216—480 CTNS	1440PCS	5040	4320	58.8
Total				3693PCS	14714.4	12757.5	174.519
TOTAL PACKAGE IN WORDS	SAY ONE THOUSAND TWO HUNDRED AND THIRTY ONE CARTONS ONLY.						

2. 修改发票。

缮制错误的地方有：

（1）L/C NO._____

填写 LC-320-0254771

（2）MARKS & NUMBERS 错误，改成

MQ

HA1101

OSAKA

NOS1-3400

（3）UNIT PRICE 错误，改成

CFR OSAKA

（4）AMOUNT 错误，改成

11000

11000

24000

24000

（5）TOTAL AMOUNT：

SAY US DOLLARS SEVENTY THOUSAND ONLY

（6）TOTAL NUMBER OF PACKAGE 错误，改成

3400 CASES

（7）漏填

APPLICANT'S REF. NO. SCLI-98-0474 .

（8）漏掉手签

（9）"品名描述"处漏级别的 SPEC

第七章　汇票

一、依据以下资料填写汇票

托收项下的汇票：

BILL OF EXCHANGE

凭　　　　　　　　　　　　　　　　不可撤消信用证

Drawn under S/C No.ABC151256 Irrevocable L/C No.

Date _____支取 Payable With interest @ _____% _____按____息____付款

号码　　　　　　　汇票金额 上海

No. TT060605　　　Exchange for USD 87523.00　　　Shanghai JUL.26，2006

见票　　　　　　日后（本汇票之副本未付）付交　　　　　　金额

　D/P　AT *********** sight of this FIRST of Exchange（Second of Exchange being unpaid）

Pay to the order of BANK OF CHINA SHANGHAI BRANCH the sum of SAY US DOLLARS EIGHTY SEVEN THOUSAND FIVE HUNDRED AND TWENTY THREE ONLY.

款已收讫

Value received

To UNITEX MACHINERY LTD

307 FIFTH AVENUE，NEW YORK 10016 U.S.A

　　　　　　　　　　SHANGHAI IMPORT & EXPORT TRADE CORPORATIONT

　　　　　　　　　　　　　　王力

L/C 项下的汇票：

No. TT060605

For USD 87523.00　　　　**BILL OF EXCHANG**　　　SHANGHAI JUL.26，2006

　　　　　　　　　　　　　　　　　　　　　　　　Date

At 30 DAYS AFTER sight of this SECOND BILL of EXCHANGE（first of the same tenor and date unpaid）pay to the order of BANK OF CHINA SHANGHAI BRANCH the sum of SAY US DOLLARS EIGHTY SEVEN THOUSAND FIVE HUNDRED AND TWENTY THREE ONLY.

Drawn under <u>NATIONAL PARIS BANK</u>

L/C No.<u>TH2003</u>   Dated <u>MAY.30，2006</u>

To. <u>NATIONAL PARIS BANK</u>

<u>24 MARSHALL VEDONCASTER NEW YORK，U.S.A</u>

      SHANGHAI IMPORT & EXPORT TRADE CORPORATIONT

        王力

二、根据所给资料审核并修改填制错误的汇票

1. Drawn Under：后应为 ROYAL BANK OF NEW YORK

2. 信用证号应为 98765

3. 开证日期应为 APR.15，2009

4. 汇票编号应为 1234567

5. 金额小写应为 USD97，200.00

6. 出票日期：不早于 2009 年 5 月 15 日，不晚于 2009 年 5 月 31 日

7. 汇票期限应为 At 30 days after sight

8. 金额大写应为 US DOLLARS NINETY-SEVEN THOUSAND TWO HUNDRED ONLY

9. 出票人应为 ABC LEATHER GOODS CO.，LTD.

10. 出票地点应为 TIANJIN

第八章　运输单证

一、判断题

1-5：√ × × × ×　6-10：√ × × × ×

二、单项选择题

1-5：BADBA　6-10：CBCBB　11-15：BABCB

三、多项选择题

1.BCD　2.AD　3.ABC　4.BCD　5.ABD

四、简答题

1.答：包括海运提单，租船提单，多式联运单证，不可转让海运单，空运单证，邮包收据，公路、铁路或内陆水运运输单证。

2.答：

（1）该提单的发货人：

China National Mine Import and Export Corp.Beijing，P.R.China

收货人：to order

通知人：Nissho Lwai Corporation

No.4-5 Akaasaka 2-Chome Mi—Natou Tokyo，Japan

（2）提单上运费的支付方式"freight prepaid"

（3）该提单属于指示提单

五、操作题

1. 填写委托书。

货运委托书

经营单位（托运人）	上海进出口贸易公司		公司编号	
提单 B/L 项目要求	发货人：上海进出口贸易公司 Shipper：SHANGHAI IMPORT & EXPORT TRADE CORPORATION 收货人：TO ORDER OF SHIPPER Consignee： 通知人：UNITEX MACHINERY LTD Notify Party：307 FIFTH AVENUE，NEW YORK 10016 U.S.A			
洋运费（√） Sea freight	预付（√）或（ ）到付 Prepaid or Collect	提单份数	3	提单寄送地址	中山路1321号
起运港	上海	目的港	纽约	可否转船	不许	可否分批	不许
集装箱预配数		20'× 1 40'×		装运期限	2006.07.25	有效期限	
标记唛码	包装件数	中英文货号 Description of goods	毛重 （公斤）	尺码 （立方米）	成交条件 （总价）		
U.M ABC151256 NEW YORK C/NO.1-256	265箱	100% 全棉女式套装 100% COTTON GIRL'S SUITS	896	10.24	CIF NEW YORK USD175046		
内装箱（CFS）地址			特种货物 冷藏货 危险品		重件：每件重量			
				大件 （长×宽×高）			
			特种集装箱：（ ）				
门对门装箱地址			资物备妥日期	2006年 6月 25日			
外币结算账号	WB68432144		资物进栈：自送（√）或会发派送（ ）			

续表

声明事项	人民币结算单位账号	RMB061222
	托运人签章	王力
	电话	65788877
	传真	
	联系人	王力
	地址	上海中山路1321号
	制单日期：2006年6月25日	

2. 提单改错。

（1）Consignee 应为 To Order

（2）Port of Loading 应为 TIANJIN

（3）Port of Discharge 应为 NEW YORK

（4）唛头中的目的港应为 NEW YORK

（5）包装件数应为"500 CARTONS"，不应是"5000 PCS"

（6）品名应为 Leather Bags

（7）毛重应为 2408KGS

（8）尺码应为 21.70CBM

（9）大写件数应为 SAY FIVE HUNDRED CARTONS ONLY

（10）运费支付地点应为 TIANJIN

（11）提单签发日期应为 MAY 15，2009

（12）装船日期应为 MAY 15，2009

第九章 保险单证

一、单项选择题

1-5：CCBCB 6-10：ADCCC

二、多项选择题

1.AB 2.ABC 3.ABC 4.AC 5.BC 6.BCDE 7.ABC 8.CDE 9.BD
10.ABD

三、判断题

1.√ 2.× 3.× 4.× 5.× 6.× 7.× 8.√ 9.× 10.×

四、操作题

1. 修改保险单。

保险单缮制错误的地方有：

（1）少被保险人，要填写受益人的名称：AAA IMPORT AND EXPORT CO.。

（2）品名错，应该是 LADIES SKIRTS。

（3）金额大小写都错，应该是 USD50160 以及它的大写。

（4）目的港错，应该是 GDANSK。

（5）险别错，应该是 F.P.A.RISKS。

（6）保单日期错，应该在 2005 年 12 月 15 日之前。

2. 填写投保单。

货物运输保险投保单

被保险人 Assured's Name SHANGHAI IMPORT & EXPORT TRADE CORPORATIONT			
发票号码（出口用）或合同号码（进口用）	包装数量	保险货物项目	保险金额
.INVOICE NO：TT060605	256CTNS	100% COTTON GIRL'S SUITS	USD 192551.00
装载运输工具 <u>HEHAI</u> 航次、航班或车号 <u>V.881</u> 开航日期 <u>JUL.25，2006</u> Per Conveyance Voy. No. Slg. Date			
自 <u>SHANGHAI</u> 至 <u>NEW YORK</u> 转运地＿＿＿＿＿＿ 赔款地 <u>NEW YORK</u> From To W/Tat Claim Payable at			
承保险别：FOR 110 PCT OF INVOICE VALUE			
投保人签章及公司名称、电话、地址：COVERING ALL RISKS AND WAR RISK Condition & / or Applicant's Signature and Co.'s Name，Add. And Special Coverage Tel. No. 　　　　SHANGHAI IMPORT&EXPORT TRADE CORPORATIONT 　　　　1321 ZHONGSHAN ROAD SHANGHAI CHINA 　　　　　　　　TEL：（21）65788877			
备注： Remarks		投保日期：JUL.23，2006 　　　　　Date	

第十章　原产地证书

一、单项选择题

1-5：BCBDA　　6-10：DCBBC　　11-15：DAACB

二、多项选择题

1.ABC   2.ABCD   3.ABC   4.AB   5.AB   6.ABCD   7.ABCD   8.BCD

三、判断题

1.×   2.×   3.×   4.√   5.×   6.√   7.×   8.×

四、操作题

1. 补充原产地证。

1. Exporter: AAA IMPORT AND EXPORT CO. 222 JIANGUO ROAD, DALIAN CHINA	Certificate No.　CCPIT064814623 CERTIFICATE OF ORIGIN OF THE PEOPLE'S REPUBLIC OF CHINA			
2. Consignee: BBB TRADING CO. P. O. BOX 203, GDANSK, POLAND				
3. Means of transport and route SEA FREIGHT FROM DALIAN TO GDANSK	5. For certifying authority use only			
4. Country / region of destination POLAND				
6. Marks & Nos. BBB S/C LT07060 GDANSK C/NO. 1-740	7. Number and kind of packages; Description of goods SEVEN HUNDRED AND FORTY (740) CARTONS OF LADIES SKIRTS. **********	8. H. S. Code 6204430090	9. Quantity 600DOZ	10. Numbers and Date of Invoice CBA001 DEC.10,2005

11. Declaration by the exporter The undersigned hereby declares that the above details and statements are correct, that all the goods were produced in China and that they comply with the Rules of Origin of the people's Republic of China. AAA IMPORT AND EXPORT CO. ZHANG LI DALIAN CHINA DEC. 10，2005 Place and date，signature and stamp of authorized signatory	12. Certification It is hereby that the declaration by the exporter is correct. CHINA COUNCIL FOR THE PROMOTION OF INTERNATIONAL TRADE JIN LIAN CHENG DALIAN CHINA DEC. 15, 2005 Place and date, signature and stamp of certifying authority

2. 根据一般原产地证书回答问题

（1）出口商：SHANGHAI KNITWEAR IMP. & EXP.CO. LTD.，

1040 NORTH SUZHOU ROAD .SHANGHAI，CHINA

进口商：I.C. ISAACS & CO. LTD.，3840 BANK STREET. BALTIMORE，MARYLAND 21224，U.S.A

（2）FROM SHANGHAI TO BALTIMORE BY SEA

（3）65% POLYESTER 35% COTTON LADYIES KNIT JACKET FORTY FIVE（45）CARTONS

（4）发票号 29B00558Y 日期 JUNE.8th，2004

第十一章　报检单证

一、简答题

1. 答：商检机构主要职责为：

（1）法定检验：是根据国家法律法规，对规定的进出口商品实行强制检验。凡列入《检验检疫商品目录》内的进出口商品，必须经出入境检验检疫机构实施检验检疫，海关凭货物报关出口口岸出入境检验检疫局签发的《出（入）境货物通关单》验放，实行"先报检后报关"的货物出入境制度。

（2）公证鉴定：按国际惯例，由检验检疫局对进出口商品进行各项检验、鉴定业务称作公证鉴定，包括对外贸易关系人申请的进出口商品的重量鉴定、货载衡量鉴定、进口商品的残损鉴定、短缺鉴定、出口商品船舱检验和监视装载鉴定等，出具重量证明、产地证明、价值证明、包装证明、签封样品、发票签证等。

（3）实施监督管理：检验检疫局对法定检验以外的进出口商品实施监督管理。商检机构接受国际贸易相关人包括生产单位、经营单位、进出口商品的收发货人和外国检验机构等委托，对进出口原材料、半成品和成品实施化验、检验、测试、鉴定等，签发各种鉴定证书。

2. 答：商品检验基本程序：

凡属法定检验检疫商品或合同规定需要检疫机构进行检验并出具检验证书的商品，对外贸易关系人均应及时提请检疫机构检验。我国进出口商品的检验程序主要包括以下几个环节：

（1）报检。进出口报检是指对外贸易关系人向检验检疫机构申请检验检疫，凡属于检验检疫范围内的进出口商品，都必须报检。

出境报检必须填写"出境货物报检单"（表11-1）。报检人必须按报检单的要求详细填写，每份"出境货物报检单"仅限填报一个合同、一份信用证的商品。对同一个合同、同一信用证，但标记号码不同者应分别填写。报检一般在发运前7天提出。

进口商品的报检人应在一定期限内填写"入境货物报检单"（表11-2），填明申请检验鉴定项目的要求并附合同、发票、海运提单（或铁路、航空、邮包运单）、品质证书、装箱单，用货部门已验收的记录等资料，向当地检验部门申请检验。如果货物有残损、短缺还须附理货公司与轮船大副共同签署的货物残损报告单、大副批注或铁路商务记录等有关证明材料。

（2）抽样。检验检疫机构接受报检后，需及时派人到货物堆存地点进行现场检验鉴定，其内容主要包括：货物的数量、重量、包装、外观等项目。

（3）检验。报检的出口商品，原则上由商检机构进行检验，或由国家商检部门指定的检验机构进行检验。商检机构也可视情况，根据生产单位检验或外贸部门验收的结果换证，也可派出人员与生产单位共同进行检验。检验的内容包括商品的质量、规格、数量、重量、包装以及是否符合安全、卫生要求。检验的依据是法律、行政法规规定有强制性标准或者其他必须执行的检验标准（如输入国政府法令、法规规定）或对外贸易合同约定的检验标准。

综合训练

二、操作题
填写出境货物报检单：

中华人民共和国出入境检验检疫
出境货物报检单

报检单位（加盖公章）： 宁波华东食品有限公司　　　　　　　　＊编号

报检单位登记号： 4478633213　联系人：　　　电话：　　报检日期：2007年6月2日

发货人	（中文）	宁波华东食品有限公司				
	（外文）	NINGBO HUADONG FOOD CO., LTD.				
收货人	（中文）					
	（外文）	TOKO TRADE CORPORATION				
货物名称（中/外文）		H.S.编码	产地	数/重量	货物总值	包装种类及数量
冷冻豌豆 FROZEN PEAPODS		8712.1000	宁波	30公吨	30600美元	1500箱
运输工具名称号码		PRESIDENT V.006	贸易方式	一般贸易	货物存放地点	宁波
合同号		JP070525	信用证号	H486-2001689	用途	食用
发货日期	2007.6.10	输往国家(地区)		日本	许可证/审批号	
启运地	宁波海关	到达口岸		大阪	生产单位注册号	221089763214
集装箱规格、数量及号码		1×40'/CGHU2332159				

合同、信用证订立的检验检疫条款或特殊要求	标记及号码	随附单证（画"√"或补填）	
	TOKO MADE IN CHINA NO.1-1500	√合同 □信用证 √发票 □换证凭单 √装箱单 □厂检单	□包装性能结果单 □许可/审批文件

需要证单名称（画"√"或补填）			＊检验检疫费	
√品质证书	1正2副	□植物检疫证书　__正__副	总金额	
□重量证书	__正__副	□熏蒸/消毒证书　__正__副	（人民币元）	
□数量证书	__正__副	□出境货物换证凭单　__正__副	计费人	
□兽医卫生证书	__正__副			
□健康证书	__正__副		收费人	
□卫生证书	__正__副			
□动物卫生证书	__正__副			

续表

报验人郑重声明： 　1. 本人被授权报检。 　2. 上列填写内容正确属实，货物无伪造或冒用他人的厂名、标志、认证标志，并承担货物质量责任。 　　　签名：×××	领 取 证 单	
	日期	
	签名	

注：有"*"号栏由出入境检验检疫机关填写　　　　◆国家出入境检验检疫局制

[1-2 (2000.1.1)]

第十二章　进出口货物报关单

一、简答题

1. 答：进出口货物报关是指进出口货物收发货人、进出境运输工具负责人、进出境物品的所有人或其代理人向海关办理货物、运输工具、物品进出境手续及相关手续的全过程。《中华人民共和国海关法》第八条规定："进出境运输工具、货物、物品，必须通过设立海关的地点进境或者出境。"由此可见，报关是运输工具、货物、物品进出境的基本规则，也是进出境运输工具负责人、进出口货物收发货人、进出境物品所有人必须履行的一项基本义务。

2. 答：运费单价、总价或运费率三种方式之一填报，同时注明运费标记，并按海关规定的《货币代码表》选择填报相应的币种代码。运保费合并计算的，运保费填报在本栏目。

运费标记："1"表示运费率，"2"表示每吨货物的运费单价，"3"表示运费总价。填制纸质报关单时，"运费"栏不同的运费标记填报如下：

（1）运费率：直接填报运费率的数值，如5%的运费率填报为5；

（2）运费单价：填报运费币制代码＋"/"＋运费单价的数值＋"/"＋运费单价标记。例如，24美元的运费单价填报为502/24/2；

（3）运费总价：填报运费币制代码＋"/"＋运费总价的数值＋"/"＋运费总价标记，如7000美元的运费总价填报为502/7000/3。

二、操作题

编制出口报关单：

综合训练

中华人民共和国海关出口货物报关单

预录入编号：　　　　　　　　　　　　　海关编号：

出口口岸 上海松江海关 2221	备案号	出口日期 2006-05-28	申报日期 2006-05-27
经营单位 上海群英进出口公司 3101103586	运输方式 江海 2	运输工具名称 JINHAI V. 905	提运单号 COSCO897441
发货单位 上海群英进出口公司 3101103586	贸易方式 一般贸易 0110	征免性质 一般征税 101	结汇方式 L/C 6
许可证号	运抵国（地区） 韩国 133	指运港 釜山 1480	境内货源地 杭州
批准文号 65987411	成交方式 CIF 1	运费 502/1600/3	保费 502/150/3	杂费
合同协议号 SC601399	件数 30	包装种类 纸箱	毛重（公斤） 1450	净重（公斤） 1000
集装箱号 YMLU2571980*1(1)	随附单证		生产厂家 杭州时尚服装制造有限公司	
标记唛码及备注 AOLIN SC601399 BUSAN C/NO.1-30				

项号	商品编号	商品名称、规格型号	数量及单位	最终目的国（地区）	单价	总价	币制	征免
1	61031200	男士套装 Men's Suit STYLE NO.： WWW050 COMPOSITION： 55%T 27%R 18%W	720 套	韩国	100	72000	美元	照章征税

税费征收情况

录入员　　朱一明 录入单位 上海嘉文报关有限公司	兹声明以上申报无讹并承担法律责任	海关审单批注及放行日期（签章）	
报关员　　朱一明　　3105896336542396 申报单位（签章） 单位地址 上海嘉文报关有限公司 邮编 200001　　电话 53086655 填制日期　　2006-05-27		审单	审价
		征税	统计
		查验	放行

第十三章　其他单证制作

一、制作受益人证明

CATICO IMPORT AND EXPROT CORP.

87 LIANHU ROAD, NANJING, CHINA

CERTIFICATE

MESSERS : FLY TRAVEL GOODS I/E GROUP　　　　DATE : B/L 日期后

PLACE : NANJING, CHINA

RE : L/C NO. : 894010151719, INVOICE NO : SUNJA0306

WE HEREBY INFORM YOU THAT THE GOODS UNDER ORDER NO.8561HAVE

BEEN SHIPPED ON 日期（2011.3.6 之前）AND ALL THE REQUIRED DOCUMENTS

HAVE BEEN FAXED TO YOU IN ONE WEEK AFTER SHIPPING DATE.

CATICO IMPORT AND EXPROT CORP.

二、缮制装船通知

SUNSHINE TOY CORP.

221/18 SUNSHINE BUILDING, SHANGHAI, CHINA

SHIPPING ADVICE

TO : WEILI INT'L TRADING CORP.　　　　　　　DATE : 2011.3.22 以后

RE : INVOICE NO : SUNJA 20110322

WE HEREBY INFORM YOU THAT THE GOODS UNDER THE ABOVE MENTIONED INVOICE HAVE BEEN SHIPPED.THE DETAILS OF THE SHIPPMENT ARE AS FOLLOWS:

MARKS:

  WEILI

  HAMBURG

  SUNJA20040322

  S/NO.1-500

COMMODITY: BAGS

QUANTITY: 11200PCS

PACKAGE: 500CTNS

AMOUNT: USD22,000。00

PORT OF LOADING: SHANGHAI

PORT OF DESTINATION: HUMBURG

DATE OF SHIPPMENT: MAR.22.2011

VESSEL'S NAME: CMA CGM NEPTVNE V.485W

B/L NO: CGLSHA 0303088NA

ETD: MAR.28.2011

ETA: MAY.15.2011

            SUNSHINE TOY CORP.

              STAMP

综合训练一

1. 商业发票

上海进出口贸易公司

SHANGHAI IMPORT & EXPORT TRADE CORPORATION.

1321ZHONGSHAN ROAD SHANGHAI, CHINA

COMMERCIAL INVOICE

TEL: 021-65788877	INV NO: XH056671
FAX: 021-65788876	DATE: FEB.01, 2005
	S/C NO: HX050264

国际商务单证实务

TO   L/C NO : 33416852 :

　　　TKAMLA CORPORATION

　　　6-7, KAWARA MACH

　　　OSAKA, JAPAN

FROM　SHANGHAI　TO　OSAKA PORT

MARKS & NO	DESCRIPTIONS OF GOODS	QUANTITY	U/ PRICE	AMOUNT
			CIF OSAKA	
T.C OSAKA C/NO. 1-250	COTTON BLANKET ART NO.H666 ART NO.HX88 ART NO.HE21 ART NO.HA56 ART NO.HH46	500 PCS 500 PCS 500 PCS 500 PCS 500 PCS	USD 5.50 USD 4.50 USD 4.80 USD 5.20 USD 5.00	USD 2 750.00 USD 2 250.00 USD 2 400.00 USD 2 600.00 USD 2 500.00
	Packed in 250 cartons			USD 12 500.00

TOTAL AMOUNT : SAY U.S. DOLLARS TWELVE THOUSAND FIVE HUNDRED ONLY.

WE HEREBY CERTIFY THAT THE CONTENTS OF INVOICE HEREIN ARE TRUE AND CORRECT.

　　　　　　　　　　　　SHANGHAI IMPORT & EXPORT TRADE CORPORATION

　　　　　　　　　　　　　　　　　　TONG LI

2. 汇票

No. XH056671

For 12 500.00　　　　　**BILL OF EXCHANG**　　　　SHANGHAI, FEB.26, 2005
　　　　　　　　　　　　　　　　　　　　　　　　　　　　　Date

At *************** sight of this SECOND BILL of EXCHANGE (first of the same tenor and date unpaid) pay to the order of BANK OF CHINA the sum of SAY U.S. DOLLARS TWELVE THOUSAND FIVE HUNDED ONLY

Drawn under FUJI BANK LTD

L/C No. 33416852　　　　　　　　Dated JAN.12, 2005

To. FUJI BANK LTD

1013, SAKULA OTOLIKINGZA MACHI TOKYO JAPAN

　　　　　　　　　　　　SHANGHAI IMPORT & EXPORT TRADE CORPORATION

3. 海运提单

TONG LI

Shipper SHANHAI IMPORT & EXPORT TRADE CORPORATION 1321 ZHONGSHAN ROAD SHANGHAI CHINA		B/L NO. COCS0511861　　　ORIGINAL 中国对外贸易运输总公司 CHINA NATIONAL FOREIGN TRADE TRANSPORT CORPORATION 直运或转船提单 BILL OF LADING DIRECT OR WITH TRANSHIPMENT
Consignee or order TO ORDER OF SHIPPER		SHIPPED on board in apparent good order and condition (unless otherwise indicated) the goods or packages specified herein and to be discharged or the mentioned port of discharge of as near there as the vessel may safely get and be always afloat. THE WEIGHT, measure, marks and numbers quality, contents and value, being particulars furnished by the Shipper, are not checked by the Carrier on loading. THE SHIPPER, Consignee and the Holder of this Bill of Lading hereby expressly accept and agree to all printed, written or stamped provisions, exceptions and conditions of this Bill of Loading, including those on the back hereof. IN WITNESS where of the number of original Bill of Loading stated below have been signed, one of which being accomplished, the other (s) to be void.
Notify address TALAMLA CORPORATIN 6-7 KAWARA MACH OSAKA JAPAN		
Pre-carriage by	Port of loading SHANGHAI	
Vessel NANGXING V.086	Port of transshipment	
Port of discharge OSAKA	Frail destination	

Container Seal No. or marks and Nos.	Number and kind of packages Designation of goods	Gross weight (kgs.)	Measurement(m³)

T.C OSAKA C/NO.1-250	COTTON BLANKET SAY TWO HUNDRED FIFTY （250） CARTONS ONLY TOTAL TWO 20' CONTAINER CY TO CY FREIGHT PREPAID	5125KGS ON BOARD	50CBM
REGARDING TRANSHIPMENT INFORMATION PLEASE CONTACT		Freight and charge FRIGHT PREPAID	
Ex. rate	Prepaid at	Fright payable at SHANGHAI	Place and date of issue SHANGHAI FEB.26，2005
	Total Prepaid	Number of original Bs/L THREE	Signed for or on behalf of the Master 丁毅　　as Agent

综合训练二

一、修改信用证

1. 开证日 050105 应改为 050120

2. 有效期 050418 应改为 050501

3. 汇票付款期限 DRAFTS AT 15 DAYS AFTER SIGHT 应改为 DRAFT AT SIGHT

4. 价格条款 CFR DALIAN 应改为 CFR OSAKA

5. 申请人 APPLICANT FUJI BANK LTD

　　1013，SAKULA

　　TOKYO，JAPAN

应改为 TKAMLA CORPORATION

　　6-7，KAWARA MACH

　　OSAKA，JAPAN

6. PARTIAL SHIPMENTS：ALLOWED 应改为 PROHIBITED

7. AMOUNT：CURRENCY USD AMOUNT 5100.00 应改为 51000.00

8. LOADING ON BOARD：SHANGHAI 应改为 DALIAN

9. LATEST DATE OF SHIPMENT：MAY.16，2005 应改为 APR.16，2005

10. 删除保险条款：

+ FULL SET OF NEGOTIABLE INSURANCE POLICY OR CERTIFICATE BLANK ENDORSED FOR 110 PCT OF INVOICE VALUE COVERING ALL RISKS

二、修改单证

1. 一般原产地证

（1）Exporter 栏应填写 "NANJING JINLING TEXTILE CO.，LTD. UNIT A 18/F，JINLING TOWER，

NO. 118 JINLING ROAD，NANJING，CHINA"

（2）Consignee 栏应填写 "DEXICA SUPERMART S.A.

BOULEVARD PACHECO 44 B-1000

BRUSSELS，BELGIUM"

（3）Means of transport and route 栏应填写 "FROM NINGBO PORT，CHINA TO

BRUSSELS，BELGIUM BY SEA"

（4）Country/region of destination 栏应填写 "BELGIUM"

（5）Marks and Numbers 栏应填写 "N/M"

（6）Number and kind of packages 应填写 "PACKED IN（108）ONE HUNDRED AND EIGHT CARTONS ONLY."；

description of goods 应填写 "GIRLS GARMENTS"

（7）Quantity 栏应填写 "10800 PCS"

（8）Number and date of invoices 栏应填写 "NJT090218-09 APR.10，2009"

2. 保险单

三、根据合同资料用英文缮制开证申请收

IRREVOCABLE DOCUMENTARY CREDIT APPLICATIION

TO : BANK OF CHINA   Date : 2005-07-18

Beneficiary (full name and address) TAKAMRA IMP. & EXP. CORP. 324，OTOLIMACH TOKYO, JAPAN	L/C No. Ex-Card No. Contract No. GWM050831
	Date and place of expiry of the credit 2005-9-15 OSAKA
Partial shipments ( ) allowed (×) not allowed | Transhipment ( ) allowed (×) not allowed	( ) Issue by airmail ( ) With brief advice by teletransmission ( ) Issue by express delivery (×) Issue by teletransmission (which shall be the operative instrument)
Loading on board/dispatch/taking in charge at/from OSAKA not later than 2005-08-31 for transportation to TIANJIN	Amount (both in figures and words) USD100000 SAY US DOLLARS ONE HUNDRED THOUSAND ONLY
Description of goods : COLOUR TELEVISION 48 INCHES Packing : PACKED IN CARTON OF ONE SET EACH	Credit available with (×) by sight payment ( ) by acceptance (×) by negotiation ( ) by deferred payment at against the documents detailed herein (×) and beneficiary's draft for 100% of the invoice value at on
	( ) FOB ( ) CFR (×) CIF ( ) or other terms

Document required : (marked with ×)
1. (×) Signed Commercial Invoice in 5 copies indication L/C No. and Contract No.
2. (×) Full set of clean on board ocean Bills of Lading made out to order and (×) blank endorsed, marked "freight" ( ) to collect/ (×) prepaid.
3. ( ) Air Waybills showing "freight ( ) to collect / ( ) prepaid ( ) indicating freight amount" and consigned to.
4. ( ) We normal issued by consigned to.
5. (×) Insurance Policy / Certificate in 1 copies for 110% of the invoice value showing claims payable in China in currency of the draft, blank endorsed, covering (×) Ocean Marine Transportation / ( ) Air Transportation / ( ) Over Land Transportation (×) All Risks, War Risks.

6. (×) Packing List / Weight Memo in 4 copies indicating quantity / gross and net weights of each package and packing conditions as called for by the L/C.
7. (   ) Certificate of Quantity / Weight in copies issued by an independent surveyor at the loading port, indicating the actual surveyed quantity / weight of shipped goods as well as the packing condition.
8. (×) Certificate of Quality in 1 copies issued by (   ) manufacturer / (×) public recognized surveyor / (   ).
9. (   ) Beneficiary's Certified copy of cable / telex dispatched to the accountees within hours after shipment advising (   ). name of vessel / (   ) flight No. / (   ) wagon No., date, quantity, weight and value of shipment.
10. (   ) Beneficiary's Certificate Certifying that extra copies of the documents have been dispatched according to the contract terms.
11. (   ) Shipping Co's certificate attesting that the carrying vessel is chartered or booked by accountee or their shipping agents.
12. (   ) Other documents, if any.
Additional Instructions:
1. (×) All banking charges outside the opening bank are for beneficiary's account.
2. (×) Documents must be presented within 7 days after the date of issuance of the transport documents but within the validity of this credit.
3. (×) Third party as shipper is not acceptable. Short Form / Blank Back B/L is not acceptable.
4. (   ) Both quantity and amount % more or less are allowed.
5. (   ) Prepaid freight drawn in excess of L/C amount is acceptable against presentation of original charges voucher issued by shipping Co / Air Line / or it's agent.
6. (×) All documents to be for warded in one cover, unless otherwise stated above.
7. (   ) Other terms, if any.

Account No., 1357924680   with   BANK OF CHINA   (name of bank)

Transacted by: Great Wall Trading Co. 李红

                                               (Applicant: name signature of authorized person)

Telephone No.: 022-87654321   (with seal)

综合训练三

一、单证改错

MARKS & NUMBERS	DESCRIPTION OF GOODS	QUANTITY	UNIT PRICE	AMOUNT
N/M	WOMENS 100PCT POLYESTER KNIT SPRING JACKET		FOB SHANGHAI	
	ORDER.152-038 STYLE.28367-J	1200PCS	USD3.95/PC	USD4740.00
	ORDER.152-068 STYLE.27247-W	1500PCS	USD1.72/PC	USD2580.00
			TOTAL：	USD7320.00
	IT IS TO CERTIFY THAT COMMODITES ARE OF CHINA ORIGIN H.S.CODE6109.1000			

二、根据合同审核信用证

1. 开证日期晚于合同要求

2. 效期早于最迟装期

3. 到期地点应为受益人所在地

4. 申请人地址有误

5. 受益人地址有误

6. 信用证金额币别有误

7. 汇票期限有误

8. 未注明金额允许10%增减

9. 应允许分批和转船

10. 目的港有误

11. 装期与合同不符

12. 单价币别有误

13. 贸易术语有误

14. 关于包装的表述与合同不符

15. 信用证上出现了唛头

16. 商业发票未要求签署
17. 合同号有误
18. 应注明正本提单一式三份
19. 运费到付有误
20. 漏要求提供非实木证明

三、根据合同资料用英文缮制单证

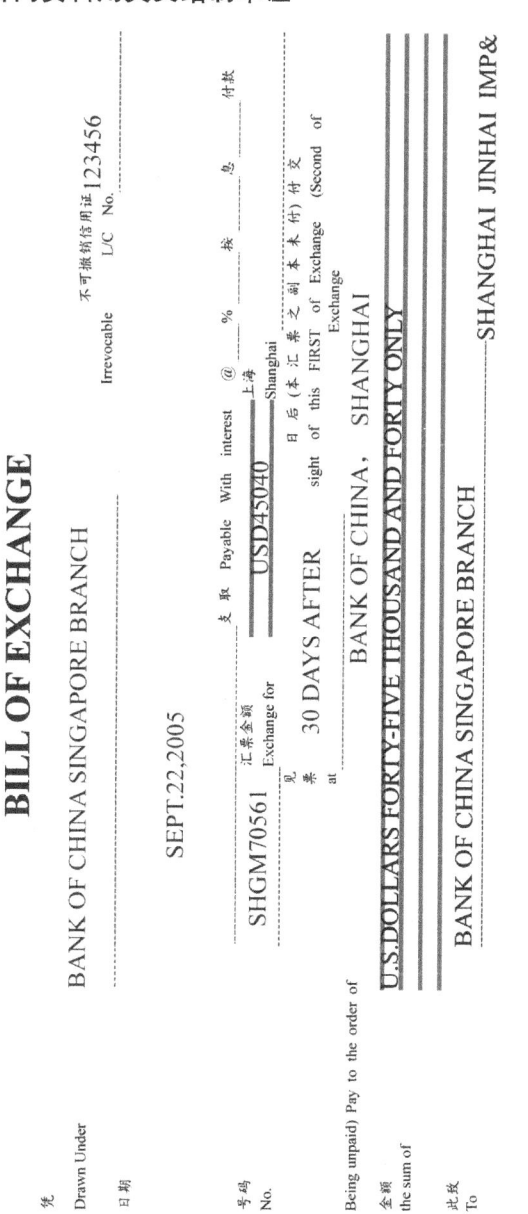

BILL OF EXCHANGE

BANK OF CHINA SINGAPORE BRANCH

SEPT.22,2005

SHGM70561

汇票金额 Exchange for USD45040

30 DAYS AFTER sight of this FIRST of Exchange (Second of Exchange 日后（本汇票之副本未付）付交

支取 Payable With interest @ ％ 按 息

不可撤销信用证 123456
Irrevocable L/C No.

上海 Shanghai

BANK OF CHINA, SHANGHAI

付款 SHANGHAI JINHAI IMP&EXP CORP. LTD.

Being unpaid) Pay to the order of U.S.DOLLARS FORTY-FIVE THOUSAND AND FORTY ONLY

BANK OF CHINA SINGAPORE BRANCH

凭 Drawn Under
日期
号码 No.
全额 the sum of
此致 To

347

PACKING LIST

TO : ANTAK DEVELOPMENT LTD.

INVOICE NO. SHGM70561

S/C NO. 00SHGM3178B___

L/C NO. 123456_____

SHIPPING MARKS : ANTAK

　　　　　　　　OOSHGM3178B

　　　　　　　　SINGAPORE

　　　　　　　　C/N : 1-190

C/NOS.	NOS & KINDS OF PKGS	QUANTITY	G.W. (KGS)	N.W. (KGS)	MEAS. (M^3)
1-70	MEN'S COTTON WOVEN SHIRTS 1pc in a polybag 6pcs in a kraft bag ART NO. : 1094L M L XL 3 3 4=10doz./cn	700 DOZ	2310KGS	2170KGS	9.8532 M^3
71-170	ART NO. : 286G M L XL 1.5 3 3.5 =8doz./cn	800 DOZ	4500KGS	4300KGS	16.5816 M^3
171-190	ART NO. : 666 M L XL 1.5 3.5 3=8doz./cn	160 DOZ	660KGS	620KGS	2.8152 M^3
TOTAL		1660DOZ 7470KGS		7090KGS	29.25 M^3

SHANGHAI JINHAI IMP& EXP CORP. LTD.

SHIPPING ADVICE

TO : ANTAK DEVELOPMENT LTD.

INVOICE NO. SHGM70561

S/C NO. 00SHGM3178B___

L/C NO. 123456_____

DEAR SIRS :

　　　WE HEREBY INFORM YOU THAT THE GOODS UNDER THE ABOVE MENTIONED

CREDIT HAVE BEEN SHIPPED. THE DETAILS OF THE SHIPMENT ARE STATED BELOW.

COMMODITY : MEN'S COTTON WOVEN SHIRTS

NUMBER OF PKGS : 190 CARTONS

TOTAL G.W : 7470KGS

OCEAN VESSEL : HONGHE v.188

DATE OF DEPARTURE : SEPT.20, 2005

B/L No. : ABC123

PORT OF LOADING : SHANGHAI

DESTINATION : SINGAPORE

SHIPPING MARKS : ANTAK
      OOSHGM3178B
      SINGAPORE
      C/N : 1–190

        SHANGHAI JINHAI IMP&EXP CORP. LTD

          王 红